13

cosas que los

PADRES

mentalmente
fuertes no hacen

13
cosas que los
PADRES
mentalmente
fuertes no hacen

AMY MORIN

13 cosas que los padres mentalmente fuertes no hacen

Título original: *13 Things Mentally Strong People Don't Do*
Publicado por acuerdo con HarperCollins Publishers, New York, NY.

Primera edición: febrero de 2018

D. R. © 2017, Amy Morin

D. R. © 2018, derechos de edición mundiales en lengua castellana:
Penguin Random House Grupo Editorial, S.A. de C.V.
Blvd. Miguel de Cervantes Saavedra núm. 301, 1er piso,
colonia Granada, delegación Miguel Hidalgo, C.P. 11520,
Ciudad de México

www.megustaleer.com.mx

D. R. © Penguin Random House / Amalia Ángeles, por el diseño de cubierta
D. R. © Istock, por la ilustración de portada
D. R. © Daniel Guerin, por la fotografía de la autora
D. R. © Sergio Jacinto Martínez Sánchez, por la traducción

Este libro contiene datos e información relativa al cuidado de la salud. No se pretende sustituir el consejo médico y se debe utilizar para complementar el cuidado regular de su médico. Se recomienda que pida la evaluación de su médico antes de iniciar cualquier programa médico o tratamiento. Se han hecho todos los esfuerzos para asegurar la exactitud de la información contenida en este libro a partir de la fecha de publicación. El editor y la autora no asumen responsabilidad alguna por los resultados médicos que puedan ocurrir como resultado de la aplicación de los métodos sugeridos en este libro.

ISBN: 978-607-316-195-4

Impreso en México – *Printed in Mexico*

El papel utilizado para la impresión de este libro ha sido fabricado a partir de madera procedente de bosques y plantaciones gestionadas con los más altos estándares ambientales, garantizando una explotación de los recursos sostenible con el medio ambiente y beneficiosa para las personas.

A todos los que quieren hacer
una diferencia en la vida de un niño

ÍNDICE

INTRODUCCIÓN

En una etapa temprana de mi vida, decidí que, cuando creciera, ayudaría a niños necesitados. A lo largo de mi infancia, mis padres siempre ayudaron a quienes pudieron. Ambos eran jefes de correos que tenían un don especial para reconocer a un desamparado. Ya sea que hicieran donaciones anónimas a alguien necesitado o que le dieran la mano a alguien que pasara por una mala racha, eran generosos con lo que teníamos.

Así, no sorprende que mi hermana y yo hayamos sido trabajadoras sociales; mis padres fueron trabajadores sociales no oficiales durante años. Mucho antes de que obtuviera mi licencia de trabajadora social, mi meta era volverme padre adoptivo.

Crecí sabiendo que había niños que no tenían familias. Algunos de ellos no tenían hogar. Y muchos de ellos nunca se habían sentido amados. Así que decidí que un día, cuando tuviera mi propia casa, alojaría a niños que necesitaran un lugar para vivir.

Cuando estaba en la preparatoria conocí a Lincoln, mi futuro esposo. Era una persona aventurera que amaba viajar, conocer a nuevas personas e intentar nuevas cosas. Le comenté que una de mis metas era ser padre adoptivo. Afortunadamente, le encantó la idea. Justo después de casarnos —cuando estaba por terminar la universidad— compramos una casa de cuatro recámaras y comenzamos el proceso para un permiso para una casa hogar. Escogimos volvernos padres adoptivos temporales, lo que significaba que criaríamos niños con serios problemas de conducta y emocionales. Había clases que teníamos que tomar, cursos a distancia que completar y modificaciones que hacer a nuestra casa para cumplir con los requerimientos para una licencia de padres adoptivos.

Sin embargo, un año después, justo cuando estábamos terminando el proceso para la licencia, mi madre murió de forma repentina de un aneurisma cerebral. En su funeral, escuché innumerables historias —muchas de personas que nunca conocí— sobre cómo ella los ayudó de una u otra manera. Al escuchar esas historias sobre todas las vidas que tocó me recordaron lo que era realmente importante en la vida: el legado que dejas atrás. La generosidad de mi madre llenó más que nunca mi deseo de ayudar a los niños.

Unos meses después, nuestro permiso para una casa hogar temporal llegó y nuestro viaje como padres adoptivos comenzó. Para ese entonces estaba trabajando como psicoterapeuta en un centro de salud mental de la comunidad. Trabajaba exclusivamente con niños —muchos de los cuales tenían problemas de conducta— y sus padres. Ser un padre adoptivo temporal me dio la oportunidad de aplicar los principios que enseñaba a los padres en mi consultorio en los niños que venían a nuestro hogar.

A Lincoln y a mí nos gustaba mucho ser padres adoptivos y comenzamos a hablar sobre adopción definitiva. No obstante, ninguno de los niños que estaban con nosotros estaban disponibles para adopción. Todos tenían planes para volver con sus familias de origen o para ser adoptados por otros familiares. Así que comenzamos a buscar la adopción y nos apuntamos en las listas de espera para ver si podíamos encontrar a un niño que pudiera ajustarse a nuestra familia.

Sin embargo, en el tercer aniversario de la muerte de mi madre todas nuestras expectativas de adoptar un niño cambiaron en un instante. Al caer la tarde del sábado, Lincoln dijo que no se sentía bien. Unos minutos más tarde tuvo un síncope. Llamé a una ambulancia y los paramédicos lo llevaron al hospital. Llamé a la familia de Lincoln y ellos me encontraron en la sala de emergencias. No estaba segura de cómo explicarles lo que había pasado. Todo había pasado tan rápido.

Nos sentamos en la sala de espera hasta que un doctor salió y nos invitó a pasar a la sala de urgencias. Pero más que llevarnos a ver a Lincoln, nos condujo a un pequeño cuarto privado e hizo que nos sentáramos. Las palabras que salieron de su boca cambiaron mi vida para siempre. "Siento decírselo, pero Lincoln falleció".

Y con esa frase, pasé de mis planes de adoptar a un niño a planear el funeral de mi esposo. Los meses siguientes fueron borrosos.

Más tarde supimos que murió de un ataque al corazón. Sólo tenía veintiséis años y no tenía historia alguna de problemas cardiacos. Pero, a fin de cuentas, no importa de qué había muerto. Todo lo que importaba y lo que sabía era que se había ido.

Afortunadamente, justo en ese momento no teníamos viviendo con nosotros a ningún niño. Tan sólo podía imaginar lo traumático que hubiera sido para un niño adoptado temporalmente haber estado ahí. En realidad, teníamos planes para que un niño pequeño se fuera a vivir con nosotros ese fin de semana. Cuando su guardián se enteró de la noticia, le encontró otro hogar adoptivo.

Por un tiempo no estuve segura de si quería ser un padre adoptivo sin pareja. Trabajaba de tiempo completo, y con niños adoptivos temporales siempre hay muchas citas, visitas a familias biológicas, y encuentros con guardianes y abogados. Podría considerarse un trabajo rudo desde un punto de vista práctico, pero también uno emocional. Me alejé de la adopción casi un año. Con la ayuda de mi fe en dios, el amor de mis amigos y de mi familia y del conocimiento que tenía del dolor a partir de mi trabajo como terapeuta, puse un pie delante del otro.

Tomó casi un año para que la neblina de mi dolor comenzara a disiparse. Pero una vez que sentí que estaba en una situación en la que podía ser un padre efectivo, notifiqué a los administradores de casas hogar que estaba lista nuevamente para ser un padre adoptivo.

Comencé mi nueva aventura como padre sin pareja trabajando sin descanso casi todos los fines de semana. Eso quería decir que atendía niños adoptivos cuyos padres adoptivos de tiempo completo necesitaban un descanso de unos días o necesitaban atender asuntos familiares sin que sus hijos adoptivos estuvieran presentes.

La transición de vuelta a la adopción se dio de manera suave y me dio algo con que contar los fines de semana. Como una viuda joven, me di cuenta de que a veces era un reto mantenerme activa. Pero atender niños me daba un sentido de significado y propósito.

Me tomó un par de años establecer un nuevo sentido de "normalidad" en mi vida sin Lincoln. Muchas de las cosas que disfrutaba hacer con Lincoln no eran tan divertidas sin él. Y aunque algunas personas me animaban a que empezara a salir con alguien, no estaba interesada.

Todo cambió, sin embargo, cuando conocí a Steve. Era distinto de cualquiera que hubiera conocido. Y no tomó mucho para que nos enamoráramos. Afortunadamente, a él no le asustaba el hecho de que fuera viuda y que mi meta fuera seguir siendo un padre adoptivo.

Después de salir durante un año, nos escapamos a Las Vegas y comenzamos un nuevo capítulo de nuestras vidas. Steve tenía que pasar también por el proceso para la licencia de padre adoptivo —revisión de sus antecedentes, clases y un estudio del hogar. Pero esta vez fue más rápido pues mi casa ya reunía los estándares para una licencia de padres adoptivos.

Nuestras vidas se mezclaron perfectamente y la vida por un momento fue viento en popa. Pero entonces Rob, el padre de Steve, fue diagnosticado con cáncer. En un principio tuvo un buen diagnóstico. Sin embargo, a pesar de los múltiples tratamientos, su salud se deterioró. Unos meses después, los doctores dijeron que su condición era terminal.

La noticia me golpeó como una tonelada de ladrillos. Ya había perdido a mi madre y a Lincoln. Rob y yo habíamos crecido cercanamente y no podía imaginar perderlo a él también. Comencé a pensar sobre cuán injusto era que tuviera que perder a otra persona tan cercana a mí en un periodo tan corto.

Pero antes de permitirme dar una larga y pesada fiesta de lástima, me recordé a mí misma que las personas mentalmente fuertes no sienten lástima de sí mismas. A lo largo de mi trabajo como terapeuta y de mis experiencias personales con el dolor, sabía que los malos hábitos como la autocompasión podrían robarme fuerza mental si los dejaba. Y por eso, me senté y escribí una lista de todas las cosas que las personas mentalmente fuertes no hacen.

Publiqué en mi blog la lista de las trece cosas que las personas mentalmente fuertes no hacen, esperando que alguien más la encontrara útil. En unos días mi lista se volvió viral y fue leída por decenas de millones de personas. Pero muy pocas personas sabían que yo había escrito ese artículo como una carta para mí durante uno de mis peores momentos.

Apenas dos semanas después de que el artículo se hubiera vuelto viral, Rob murió. Y a lo largo de mi luto me recordé no hacer las cosas que las personas mentalmente fuertes no hacen.

Ese artículo viral me brindó la oportunidad de escribir un libro sobre las trece cosas que las personas mentalmente fuertes no hacen. Fue un honor poder compartir esas lecciones que había aprendido sobre la resiliencia. Y, mientras recibí muchas preguntas de parte de los lectores, hubo una pregunta que recibí una y otra vez: ¿Cómo enseñamos estas habilidades a los niños?

También escuché decir a muchos lectores: "Ojalá hubiera aprendido esto hace tiempo". Así que estoy entusiasmada de poder proporcionar una guía para enseñar a los niños cómo construir la fortaleza mental. Desarrollar a edad temprana el músculo mental los preparará para un brillante y mejor futuro.

A lo largo de mi trabajo como terapeuta y de mi experiencia como padre adoptivo, sé que es posible que niños de todas las edades y orígenes pueden llegar a ser mentalmente fuertes. Pero es esencial que los adultos en sus vidas procuren ayudarlos a practicar los ejercicios que los ayudarán a volverse más fuertes.

LOS BENEFICIOS DE CRIAR NIÑOS MENTALMENTE FUERTES

Frederick Douglass dijo una vez: "Es más fácil construir niños fuertes que reparar hombres rotos". Como terapeuta sé que esto es cierto. Es más fácil ganar músculo mental durante la niñez. Y la niñez está llena de oportunidades para crecer.

No puedes evitar que tu hijo enfrente la adversidad. Va a fallar y ser rechazado. Va a experimentar pérdida y dolor del corazón. Y va a enfrentar tiempos difíciles.

Pero si le das las herramientas que necesita para construir la fortaleza mental, será capaz de transformar esas penurias en oportunidades y crecer más fuerte y ser mejor. No importa qué circunstancias enfrente en la vida, ni qué tipo de mano le tocó, él sabrá que es lo suficientemente fuerte para vencerlos.

Esto no quiere decir que tu hijo no luchará con sus emociones o que no tendrá dificultades para manejar el estrés. La fortaleza mental lo ayudará, no obstante, a superar las dificultades de una manera productiva. También le dará el valor para tratar los problemas de frente, ganar confianza en sus habilidades y aprender de sus errores.

LOS COMPONENTES DE LA FORTALEZA MENTAL

A medida que los niños crecen y aprenden, desarrollan creencias fundamentales sobre ellos mismos y sobre el mundo en general. Sin embargo, si no estás colaborando de manera proactiva a que tu hijo establezca una perspectiva sana, podría desarrollar creencias que limiten su potencial.

Las creencias fundamentales influyen en la manera en que los niños interpretan los hechos y cómo responden a las circunstancias. Más importante, esas creencias pueden volverse profecías autocumplidas. Un niño que se etiqueta como un perdedor, por ejemplo, no se esforzará por mejorar su vida. O también, un niño que cree que no puede tener éxito en la vida porque otras personas se lo impiden, es poco probable que cumpla con su potencial.

Las creencias fundamentales de tu hijo influyen en la manera en que piensa, siente y se comporta. Aquí doy un ejemplo de cómo las creencias fundamentales influyen en dos niños diferentes que no entran al equipo de baloncesto:

Niño # 1
Creencia fundamental: No soy muy bueno.
Pensamientos: Nunca seré bueno en baloncesto. No soy atlético.
Sentimientos: Triste y rechazado.
Conducta: Deja de jugar baloncesto.

Niño # 2
Creencia fundamental: Soy una persona capaz.
Pensamientos: Si practico, puedo mejorar. Tal vez ingrese al equipo el próximo año.
Sentimientos: Determinado y optimista.
Conducta: Practica baloncesto todos los días después de clase.

En tanto que las creencias fundamentales pueden ser modificadas más tarde en la vida, implica un reto mayor alterarlas en edad adulta. Después de aferrarte a una cierta creencia durante décadas, es más difícil "desaprender" lo que siempre habías considerado como cierto. Y los pensamientos malsanos, las conductas y los sentimientos que refuerzan esa creencia serán más difíciles de cambiar.

Además de ayudar a tu hijo a que construya creencias fundamentales sanas, necesitas también enseñarlo a regular sus pensamientos, a manejar sus emociones y a comportarse de una manera productiva. Aquí están tres componentes de la fortaleza mental:

Pensamientos. Pensamientos exageradamente negativos, dura autocrítica y predicciones catastróficas evitarán que tu hijo alcance su máximo potencial. Pero la solución no es sólo enseñar a tu hijo a ser optimista. Ser demasiado confiado e ignorar los peligros reales puede dejarlo mal equipado y mal preparado para las realidades de la vida. Hay que enseñarlo a tener una visión realista, de modo que pueda desempeñarse al máximo.

Conducta. La conducta improductiva, como quejarse y quedarse dentro de su zona de confort, interferirá con la educación de tu hijo, sus relaciones y su futuro carácter. Enseña a tu hijo a desafiarse y a tomar decisiones sanas, aun en los días en que no se sienta motivado.

Emociones. Quedar atrapado en el mal humor, perder la paciencia y evitar el miedo son sólo unas cuantas maneras en que la inhabilidad de tu hijo para regular sus emociones podría limitar su capacidad para vivir una vida rica y completa. Enseña a tu hijo a manejar sus emociones y disfrutará muchas recompensas para toda la vida, como un mejor autocontrol y mejores capacidades comunicativas.

POR QUÉ EL ENFOQUE ESTÁ EN LO QUE LOS PADRES MENTALMENTE FUERTES NO HACEN

En un mundo donde uno de cada trece niños en los Estados Unidos toma medicación psiquiátrica para problemas emocionales y de conducta y 31 por ciento de los adolescentes reporta sentirse abrumado por el estrés, es claro que actualmente la juventud no está aprendiendo cómo desarrollar la fortaleza mental. Muchos padres incluso no tienen idea de cómo ayudar a sus hijos a construir el músculo mental.

Ya se trate de un problema de manejo de la ira o un caso de imagen corporal, cada semana los padres llevan a sus hijos a mi consultorio preguntando: "¿Puede ayudar a mi hijo?". Aun cuando siempre estoy contenta de ayudar, enseñar a un niño a cambiar la manera en que piensa, siente y se comporta, es un proceso lento en el que sólo lo veo una vez a la semana durante una sesión de terapia de una hora. Pero si puedo enseñar a los padres a entrenar a sus hijos, verán resultados mucho más rápido.

Como padre, tienes una oportunidad de ayudar a tu hijo a desarrollar el músculo mental todos los días dándole a diario ejercicios para practicar. Y estarás con él durante algunos de los mejores momentos de enseñanza de la vida. Ya sea que tenga un mal día o que esté luchando con un problema, puedes enseñarle cómo superarla.

Como expliqué en mi primer libro, desarrollar la fortaleza mental es casi igual a desarrollar la fortaleza física. Si quieres ser físicamente fuerte, necesitas buenos hábitos, como ir al gimnasio. Pero si en verdad quieres ver resultados, también necesitas desechar los malos hábitos, como comer comida chatarra.

Para desarrollar la fortaleza mental también necesitas buenos hábitos. Pero esto, asimismo, requiere que te deshagas de los pensamientos enfermizos, de las conductas y de los sentimientos que te detienen. Muchas veces, de manera inconsciente, los padres inhiben el crecimiento de los hijos, pues sólo se requieren pocos hábitos de los padres para interferir con la habilidad de los hijos para fortalecer su músculo mental.

Los ejercicios de fortaleza mental entrenan al cerebro de la misma manera en que los ejercicios físicos fortalecen el cuerpo. Al apoyar a tu hijo en la práctica de los ejercicios que propongo en cada capítulo lo ayudarás a fortalecer su músculo mental.

Seguir los consejos de las trece cosas que los padres mentalmente fuertes no hacen le dará a tu hijo las oportunidades de usar su músculo mental, lo cual le ayudará a crecer aún más fuerte. También, desechar los malos hábitos parentales te ayudará a trabajar de manera más inteligente, y no de manera más ardua. Con menos esfuerzo le enseñarás a tu hijo las habilidades que necesita.

No puedes enseñarle a tu hijo cómo ser mentalmente fuerte sólo al aleccionarlo con una lista de hábitos que debe evitar. Por ejemplo, decirle: "No sientas pena por ti mismo", no parece que pueda poner fin a la autocompasión que sienta cuando tenga un mal día. Tampoco que elevarás de manera milagrosa su confianza cuando le digas que no se dé por vencido después de su primera falla.

Pero hay cosas que puedes llevar a cabo para mostrarle a tu hijo cómo evitar esos hábitos enfermizos que le roban su fortaleza mental. Las estrategias parentales descritas en este libro te ayudarán, de manera amigable, a enseñarle a tu hijo cómo poner en práctica las cosas que las personas mentalmente fuertes no hacen.

Cada capítulo provee estrategias para auxiliar a tu hijo a desarrollar creencias fundamentales que lo ayudarán a crecer de forma más efectiva. También encontrarás ejercicios para ti —y para tu hijo— que ayudarán a tu hijo a alcanzar todo su potencial.

No perdonan una mentalidad de víctima

"¡Cody tiene TDAH[1] y a la escuela no le importa! —exclamó la madre de Cody, de catorce años—. ¡En lugar de ponerlo al corriente en su trabajo, su consejero le sugirió que tomara terapia!"

En su primera sesión de terapia tanto Cody como sus padres expresaron preocupación por el hecho de que los maestros le daban demasiado trabajo. Cody se había retrasado y pensaba que nunca iba a poder ponerse al corriente. Sus padres no pensaban que necesitara tratamiento, pero lo trajeron a la sesión con la esperanza de que abogara por él en la escuela.

Cody había sido diagnosticado con TDAH el año anterior. Desde entonces, su pediatra le ha estado prescribiendo medicación para que mejore su nivel de atención y descienda su hiperactividad. "Está más tranquilo ahora que está tomando el medicamento. Definitivamente notamos una diferencia cuando olvida tomar su pastilla", explica su padre.

Lo más interesante, sin embargo, era que las calificaciones de Cody no habían mejorado. Y sus padres expresaban frustración porque la escuela no lo estaba ayudando. Firmaron los papeles necesarios que me concedían el permiso de hablar con sus maestros y su pediatra. Así que después de la sesión, llamé a la escuela para obtener más información.

---

[1] Trastorno por déficit de atención e hiperactividad. (N. del T.)

Los maestros de Cody pusieron en práctica distintas estrategias, como sentarlo cerca del frente de la clase para reducir las distracciones y darle tiempo extra para completar los exámenes y los trabajos de clase. Adicionalmente, pidieron a los padres que firmaran su libreta de tareas todos los días para que se aseguraran de que había entendido la tarea. Cody también era invitado a quedarse después de clase todos los días para que asistiera al club de la tarea, donde podría recibir ayuda adicional por parte de los maestros.

Todos sus maestros decían lo mismo, estaba fallando porque no se estaba aplicando. Nunca terminaba su tarea. Nunca se quedaba después de clase. Y nunca sacó ventaja del tiempo extra que le permitían para que terminara sus exámenes.

Me puse en contacto con el pediatra de Cody, quien confirmó que, a todas luces, la medicación de Cody estaba ayudando. Sus maestros y sus padres habían completado informes sobre su comportamiento después de que empezara a tomarlo y todos concordaban en que estaba más tranquilo y más atento.

Cuando los padres de Cody asistieron a su sesión con él la semana siguiente, presenté la información que había reunido. Estuvieron de acuerdo con los hechos básicos —el efecto de la medicación, las estrategias realizadas en la escuela y que Cody tenía una oportunidad de quedarse después de clase para recibir ayuda extra—. "Pero el tiempo extra y la ayuda extra no son suficientes", dijo su madre. "Tiene TDAH. No deberían esperar que realice la misma cantidad de trabajo que los otros niños."

Esa afirmación aclaró todo. Los padres de Cody creían que el TDAH debería excusarlo de hacer su trabajo. Y enviaron ese mensaje a Cody. Él creyó en la idea de que el TDAH significaba que no podía mantenerse al día con los demás estudiantes. Así que dejó de tratar.

Los padres de Cody querían que él se desempeñara mejor en la escuela. Pero antes de que pudiera hacer eso, la familia tenía que realizar algunos cambios profundos, pues al parecer el problema real era que:

1. **La familia de Cody creía que el TDAH le impedía tener éxito.** Los padres de Cody pensaban que su TDAH significaba que no podía hacer lo mismo trabajo que los demás niños.
2. **Cody había dejado de intentar hacer su trabajo.** Cody dejó de aplicarse porque creía que no sería capaz de mantenerse al día.

Tres grandes problemas que quería abordar en el tratamiento:

1. **Los padres de Cody tenían que apoyar su educación.** Los padres de Cody pensaban que estaban promoviendo su educación al abogar para que la escuela implementara más cambios. El verdadero cambio necesitaba empezar en casa.
2. **La familia necesitaba educación en TDAH.** Con más información, los padres de Cody hubieran aprendido cómo ayudar a que Cody manejara sus síntomas.
3. **Cody tenía que verse a sí mismo como capaz de tener éxito.** Cody necesitaba saber que el TDAH no necesitaba ser un obstáculo al éxito. Podía encontrar maneras de vencer los retos.

Pasé las siguientes semanas educando a la familia respecto al diagnóstico de Cody y los pasos que tenían que dar para ayudarlo a tener éxito. Cody estaba sorprendido de saber que la mayor parte de los estudiantes con TDAH son capaces de mantenerse a la par de los de su edad.

Estaba entusiasmado al descubrir que diversos músicos, atletas y empresarios famosos también habían sido diagnosticados con TDAH. Le dio a él —y a sus padres— la esperanza de que todavía podía hacer lo que quisiera en la vida, a pesar de su diagnóstico.

Sus padres se involucraron para apoyar su educación ayudándolo a ponerse al día en todo su trabajo atrasado, un paso a la vez.

No querían que Cody asistiera al club de la tarea después de clases, pues pensaban que debía tener tiempo para recuperar algo de energía luego de un largo día de escuela. Así que decidieron que después de clases podía regresar a casa y tirar unas canastas o pasear en bicicleta antes de empezar su tarea. Entonces lo ayudaban a terminar su trabajo. Sólo le dejaban usar sus juegos electrónicos una vez que su tarea nocturna —y al menos una tarea atrasada— estaba completa. Y sus padres revisaban su libreta de tareas todos los días y monitoreaban sus calificaciones.

Una vez que sus padres lo consideraron responsable, Cody hacía su tarea todas las noches. En unas pocas semanas, sus calificaciones mejoraron y los maestros notaron una diferencia en su actitud en la escuela. Se sintió menos abrumado por su tarea atrasada y en mejores condiciones de enfrentar sus tareas.

Todo lo que la familia tenía que hacer era cambiar su modo de pensar. Más que ver a Cody como una víctima del TDAH y de un equipo de maestros poco colaborativo, sólo tenían que entender que el TDAH era un reto que Cody podía manejar.

¿Perdonas una mentalidad de víctima?

Algunos padres se ven a sí mismos como víctimas de circunstancias desfavorables. Su creencia en su incapacidad para tener éxito o encontrar la felicidad puede originarse en su propia niñez. Incluso pueden verse a sí mismos como víctimas de la mala conducta de su niño. Otros padres no se sienten como víctimas, pero sin darse cuenta transfieren a sus hijos la mentalidad de víctima. Y eso puede tener serias consecuencias. ¿Te suena alguna de estas afirmaciones?

En tu vida personal:

- Piensas que alguien más —o algunas circunstancias desafortunadas— impide que seas el mejor.
- Piensas que otras personas generalmente son más afortunadas que tú.

- Mientras ciertas soluciones pueden funcionar para otras personas, tus problemas son excepcionales.
- Gastas mucho tiempo quejándote sobre la conducta de otras personas y cómo te afecta.
- Crees que nada está bien en tu vida.

En tu vida en familia:

- Piensas que la mala conducta de tu hijo es prueba de que has sido castigado por el universo (o un más alto poder espiritual).
- Te disculpas por las fallas o defectos de tu hijo.
- Sientes pena por tu hijo.
- Gastas más tiempo hablándole a tu hijo sobre problemas que sobre soluciones.
- A veces piensas que tu hijo no tiene remedio.

Por qué los padres crían a sus hijos con una mentalidad de víctima

Los padres de Cody no tenían idea de que el TDAH no era el problema —era su idea sobre el TDAH la que era el problema. Más que facultar a su hijo para que enfrentara los retos, insistieron en que todos tenían que mimarlo.

Pensaron que estaban haciendo lo correcto al abogar para que se le diera menos tarea. Pero al hacer eso, le enviaron el mensaje de que no era capaz de ser un buen estudiante.

Aun cuando tu hijo no tenga un diagnóstico de TDAH, considera las lecciones de vida que le estás enseñando cuando enfrenta circunstancias desfavorables o injustas.

LA CULTURA DE LA VICTIMIZACIÓN HACE DE TODOS UNA VÍCTIMA

En el pasado, podías ser considerado una víctima si soportabas un crimen violento. Sin embargo, ahora la gente se considera víctima cuando quiebra el mercado inmobiliario.

Sociólogos expertos dicen que nuestra "cultura del victimismo" se evidencia por el incremento en quejas de individuos que alegan ser víctimas cuando se encuentran ofensas menores. Y las víctimas modernas no sólo quieren ser oídas, están exigiendo a otras personas que dejen de ofenderlas.

Tomemos por ejemplo la polémica por los vasos rojos de Starbucks en la temporada de Navidad de 2015. Cuando el distribuidor vendió el café en vasos sólidos rojos —en lugar de los vasos con tema de invierno— los clientes se indignaron. De pronto la gente comenzó a acusar a Starbucks de "hacer la guerra a la Navidad". Los furiosos clientes recurrieron a las redes sociales para expresar su indignación ante la decisión de la compañía de "sacar a Cristo de la Navidad". Extrañamente, sin embargo, la temporada anterior los vasos presentaban imágenes de copos de nieve y un perro deslizándose por una colina —nada específicamente relacionado con una celebración cristiana.

Más que boicotear a Starbucks, la enojada clientela quería expresar públicamente su enojo. Irónicamente, estaban contentos de ejercer su derecho de libre expresión, mientras trataban de reprimir a una empresa privada su capacidad de expresarse a través de sus productos.

Las noticias están llenas de ejemplos de personas que claman ser víctimas, y a veces hay una fina línea entre ayudar a personas que son marginadas y fomentar una cultura de la victimización. Un artículo publicado en *Comparative Sociology* titulado "Microaggression and moral cultures" subraya ese cambio en la mentalidad de la víctima.

Los autores, los sociólogos Bradley Campbell y Jason Manning, describen cómo la cultura dicta los modos apropiados para responder a una ofensa. En una cultura del honor, como el Lejano Oriente o en una banda en nuestros días, con frecuencia se usa la agresión física. En una cultura de la dignidad, como la del Oriente del siglo XX, la mayoría de las personas responde calladamente a ofensas menores. Una ofensa menor puede llevar a la persona agraviada a cortar la relación, y una ofensa mayor puede llevar a una llamada a la policía para que el asunto pueda ser resuelto por las autoridades.

En la cultura de nuestros días, sin embargo, muchas personas se quejan con terceras partes sobre ofensas menores. Anuncian su opresión y piden ayuda cada vez que se sienten ofendidas. Luego tratan de conseguir apoyo para su causa al reclamar que la ofensa menor que han sufrido es parte de un problema cultural mayor.

Las redes sociales son una herramienta que la gente usa para convencer a otros que se vean a sí mismos como víctimas. "Nos están discriminando", puede ser un intento de hacer que los otros unan fuerzas. Mientras que unirse para resolver un problema o resolver una injusticia puede ser saludable, a veces esos mensajes conducen a una mentalidad de masas.

Una investigación de la Universidad de Leeds demuestra cuán fácil es que unas cuantas personas influyan en una multitud. A través de una serie de experimentos, se pidió a unas personas que caminaran al azar en un pasillo largo. A unos cuantos de ellos les dieron en secreto detalles sobre adonde caminar. No se les permitió comunicarse y tenían que estar a una distancia de un brazo unos de otros. En todos los casos, los individuos informados pudieron conseguir que todos los demás los siguieran. El cinco por ciento de las personas a quienes dijeron adonde caminar pudieron influir en los movimientos de toda la multitud. El otro 95 por ciento no tenía idea de que estaban siendo influidos.

Formar a un niño mentalmente fuerte que acepta la responsabilidad personal de su vida puede ser un reto extra cuando todo el mundo está tratando de convencerlo de que es una víctima. Reprobar en la clase, ser ignorado en un trabajo o ser mandado a la banca por un coach no necesariamente significa que uno sea una víctima. Pero si tiene una mentalidad de víctima, verá las críticas y la falla como una prueba de que otras personas están evitando que tenga éxito.

UNA MENTALIDAD DE VÍCTIMA PUEDE SER HEREDADA

Los padres que crecen creyendo que fueron víctimas crían niños con mentalidad de víctimas. Aun cuando nunca se usa el término "víctima", los niños reciben un mensaje que dice: "No lo lograrás, así que no te preocupes en intentarlo". Los padres con estas creencias con frecuencia ven a sus hijos como una prueba más de que son víctimas. Dicen cosas como: "Actúa mal sólo para castigarme", o "Mi hijo abusa de mí como todos los demás en este mundo". Esa manera de pensar —y de relacionarse con su hijo— es increíblemente destructiva. Y, tristemente, prepara al niño para el fracaso.

Padres sanos no intentan educar víctimas. Pero muchos de ellos inadvertidamente enseñan a sus hijos que "otras personas te frenarán" o "no puedes hacer nada respecto a las cosas malas que pasan en tu vida". A veces, estas sutiles acciones hacen que los niños crean que son incapaces.

He aquí algunas formas de que podrías estar instalando una mentalidad de víctima en tu hijo sin saberlo.

- **Ejemplo de una mentalidad de víctima.** Decir cosas como "¿Por qué estas cosas siempre me pasan a mí?" cuando encuentras un obstáculo envía un mensaje de que eres una víctima impotente. Una actitud derrotista es contagiosa y tu hijo llegará a creer que tiene poco poder para controlar su destino.
- **Sentir pena por tu hijo.** A veces los padres secretamente sienten pena por un hijo que tiene una discapacidad o que ha sufrido circunstancias traumáticas. Pero sentir pena por tu hijo —aun cuando nunca se ha discutido abiertamente— enseña a tu hijo que es una víctima.

- **Subestimar las capacidades de tu hijo.** Ya sea que tu hijo tenga una discapacidad física o una deficiencia cognitiva, o que tan sólo dudes de sus habilidades en general, enfocándote en lo que tu hijo *no puede* hacer, más que en lo que sí puede, lo llevará a una mentalidad de víctima.
- **Rehusarse a mirar luchar a un niño.** Ver crecer a un niño frustrado por su incapacidad para hacer algo es duro. Pero rescatar a tu hijo al primer signo de una lucha le enseñará que tiene que depender de otros que hagan las cosas por él.

Educar a un niño con mentalidad de víctima puede volverlo una víctima

Los padres de Cody asumían que su diagnóstico de TDAH significaba que no tendría éxito. Miraban a su hijo como una víctima de un insensible sistema escolar, más que como a un niño lleno de potencial. Entre más se aferraron a la idea de que Cody no podía con el trabajo, tanto más se retrasaba.

Si bien es importante enseñar a un niño a levantarse por sí mismo y a ayudar a otros que son oprimidos, también lo es asegurarse de que tu hijo no crezca creyendo que es una víctima infortunada. La idea de que no puede tener éxito lo detendrá más que cualquier otro obstáculo, incapacidad o falta de talento.

UNA MENTALIDAD DE VÍCTIMA LLEVA A LA VICTIMIZACIÓN

Cuando niña, Leanne fue buleada sin compasión. Odiaba cada minuto en la escuela. El tormento que soportaba afectaba sus calificaciones y su autoestima. Incluso como adulta, su pasado seguía persiguiéndola.

Ahora que Leanne era madre, resentía el hecho de que tenía que enviar a sus hijos a la escuela. Temía que se metieran con ellos y le preocupaba que los bravucones arruinaran sus vidas, tal como arruinaron la de ella.

Desde edad temprana, les enseñó que "los otros niños son malvados". Los prevenía de que los otros niños podrían bulearlos y los adultos no harían nada al respecto.

Les compartía historias de sus propias experiencias de cuando era buleada: cómo los otros niños se metían con ella o le robaban el dinero de su almuerzo. Les dijo que los maestros incluso se unían a veces y se reían de los nombres con los que los niños la llamaban o la castigaban por acusar a alguien cuando trataba de conseguir ayuda.

De lo que Leanne no se dio cuenta fue que sus historias y advertencias no estaban protegiendo a sus hijos. Por el contrario, las historias de horror de su niñez provocaron que sus hijos aceptaran el mismo destino.

Cuando su hija era molestada, ella no hablaba. Y cuando empujaban a su hijo en el recreo, no se molestaba en llamar a un maestro. Ambos niños asumían que no tenía sentido tratar. Su madre los había convencido de que el bulismo era algo que debía soportarse, no un problema que debía tratarse.

De hecho, el mensaje de Leanne a sus hijos sobre el bulismo hizo que sus hijos se distanciaran de sus compañeros. Más que hacer amigos, se volvieron solitarios. Y parte del bulismo procedía de su conducta retraída.

Cuando los niños llegaban llorando de la escuela porque se metían con ellos, era más de lo que Leanne podía soportar. Evocó imágenes dolorosas de su niñez y no pudo soportar la idea de que sus hijos pasaran por las mismas cosas.

Fue entonces que buscó terapia. Pensó que su única opción era educar a sus hijos en casa; pero era una madre soltera con un trabajo de tiempo completo.

Leanne no había intentado educar a sus hijos con una mentalidad de víctima; pero eso es lo que estaba haciendo. Y vio el hecho de que se estaban metiendo con sus hijos como una prueba más de que *ella* era una víctima.

En muchos casos —como en el de los hijos de Leanne— una mentalidad de víctima se vuelve una profecía destinada a cumplirse. Los niños, que se ven a sí mismos como víctimas, no tienen iniciativa. No toman medidas para mantenerse a salvo o para mejorar sus situaciones. A fin de cuentas, su actitud aumenta el riesgo de victimización.

A nadie le toca una mano perfecta en la vida y con toda seguridad tu hijo deberá tener que tratar con algún tipo de dificultad. Ya sea que él sea el niño más bajo de la clase o que seas tú quien tiene menos dinero de todos en el vecindario, nadie es perfecto. Pero permitir a tu hijo que crea que no puede lidiar con las desventajas le hará un flaco favor.

Circunstancias difíciles no harán a tu niño una víctima. Es tu actitud sobre esas circunstancias lo que importa.

UNA MENTALIDAD DE VÍCTIMA ES UN CICLO DIFÍCIL DE ROMPER

Cuando los niños creen que son víctimas, afecta a la manera en que piensan y a la manera en que se comportan. Un niño que se siente impotente puede pensar: "No hay nada que pueda hacer para mejorar". Como resultado de ello, es probable que permanezca inactivo.

Veo esto todo el tiempo con niños y adolescentes con los que trabajo. Ya sea que se retrasen en sus deberes escolares o que tengan problemas para llevarse con sus compañeros, permiten que sus problemas se acumulen.

Los investigadores se refieren a esta cuestión como "invalidez aprendida". Uno de los estudios más famosos en la materia fue realizado en 1967 por Martin Seligman en la Universidad de Pensilvania. En la primera parte de su experimento, Seligman sometió a unos perros a descargas eléctricas. Un grupo de perros podía detener las descargas golpeando una palanca. El otro grupo no tenía manera de detener las descargas.

Durante la segunda parte del experimento, todos los perros fueron colocados en una jaula que tenía una división baja que separaba un lado del otro y los sometieron a descargas. Podían escapar a la descarga saltando sobre la división. Los perros que habían sido capaces de detener las descargas en el primer experimento saltaron sobre la división para detener las descargas. Sin embargo, los perros que no tuvieron control sobre las descargas en el experimento previo no trataron de salvarse de las descargas. Por el contrario, se echaron y no realizaron ninguna acción.

Aun cuando se les ofrecieron recompensas, los perros no se movieron. Por ello, los investigadores usaron otros perros para demostrar cómo escapar a las descargas, pero los perros seguían sin intentarlo. Era como si hubieran concluido que estaban condenados a sufrir.

Aunque perturbador, el estudio muestra cómo la impotencia aprendida se vuelve dominante. Un niño que aprende "No puedo hacer nada para mejorar mi vida", dejará de intentar mejorar su situación. En consecuencia, su sufrimiento continuará. Y es difícil cambiar esas creencias una vez que se han arraigado.

Qué hacer entonces

Los padres de Cody dejaron de verlo como una víctima una vez que supieron que el TDAH era un obstáculo común que mucha gente supera. Cuando su actitud cambió, su conducta cambió. Empezaron a tratar el problema resolviendo cómo manejar de la mejor manera los síntomas de TDAH y encontraron estrategias que ayudaron a Cody a tener éxito en la escuela.

Si no hubieran aprendido más sobre el TDAH, Cody pudo haber creído siempre que era incapaz de aprender. Hubiera insistido en que no podía trabajar tanto como sus compañeros. Y hubiera pasado buena parte de su vida pensando que era una víctima, pues el mundo no podía acomodarse a sus demandas. Porque eso es lo que pasa cuando la gente se ve a sí misma como víctima —no importa lo que los demás hagan por ellos, nunca es suficiente.

Examina las maneras en que estás reforzando la mentalidad de víctima de tu hijo, de modo que puedas tomar medidas para enseñarle que es un niño capaz de enfrentar los retos inevitables de la vida.

BUSCA SIGNOS DE ADVERTENCIA DE UNA MENTALIDAD DE VÍCTIMA

Los niños que tienen una mentalidad de víctima arrastran una creencia dominante que dice: "El mundo es un lugar malo y todos están ahí para atraparme". Esta creencia fundamental afecta cómo perciben los hechos, cómo piensan sobre el futuro, cómo se comportan con otros y cómo piensan de sí mismos.

He aquí unas claves para descubrir si tu hijo piensa que es una víctima.

1. **Organizar fiestas de autocompasión.** Un niño con mentalidad de víctima puede insistir en que nadie lo quiere o que nunca podrá pasar matemáticas. Más que buscar soluciones, se mantiene enfocado en el problema. Es probable que se queje, que esté de mal humor y esté deprimido, mientras está cruzado de brazos sintiendo lástima de sí mismo.

2. **Enfocarse en lo negativo.** Es difícil ver el bien en el mundo cuando tienes una mentalidad de víctima. Un niño podría hablar sobre el único niño malo en la escuela e ignorar el hecho de que el resto de los niños son realmente simpáticos, o apresurarse a exagerar las penurias que padece.

3. **Malinterpretar hechos.** Cuando alguien es amable o cuando algo bueno sucede, los niños con mentalidad de víctima generalmente sospechan. Tu hijo puede decir: "Realmente no estaba siendo amable cuando dijo que hice un buen trabajo. Realmente se estaba burlando de mí".

4. **Actuar indefenso.** Tu hijo podría no hacer intento alguno por mejorar su situación. Y si le das sugerencias sobre cómo actuar de forma positiva, insistirá en que tus ideas no funcionan.
5. **Buscar compasión.** Tu hijo puede esforzarse para asegurarse de que los demás lo vean como una víctima. Podría tratar de convencerlos de que también son víctimas o insistir en decirle a todos que lo que le pasó fue injusto.

SÉ UN BUEN EJEMPLO

Una mentalidad de víctima es generalmente una conducta aprendida. Si tiendes a ser del tipo de persona del vaso medio vacío, probablemente le estés enseñando a tu hijo involuntariamente que es una víctima de circunstancias desafortunadas de la vida.

El quejarte sobre tu vida —sin realmente tomar una acción— convencerá a tu hijo de que eres una víctima impotente. O al culpar a otras personas o a ciertos grupos de personas de retrasarte en la vida, le enseñará a tu hijo que otras personas tienen el poder de evitar que alcance sus metas.

A continuación te damos unas sugerencias para ser un buen ejemplo:

1. **Sé positivo.** Sé consciente de cuánto te quejas sobre otras personas y circunstancias difíciles. Ya sea que insistas que el tráfico pesado no es justo o que no puedes conseguir una mejor casa, tus quejas afectarán la manera en que tu hijo concibe el mundo. Ofrece más declaraciones positivas que negativas.
2. **Resiste la urgencia de desahogarte.** Aunque puedas pensar que revivir tu día con tus amigos y familia es útil porque te permite "sacar tu frustración", el desahogarse hace más daño que bien —tanto para el que escucha como para el que habla. Por ello, mientras puede ser útil procesar tus emociones, asegúrate de que no estás descargando a diario tu negatividad.

3. **Crea un cambio positivo.** Muéstrale a tu hijo que puedes hacer una diferencia en el mundo —o al menos en el mundo de alguien. Lleva a cabo actos de amabilidad y ayuda a otras personas. Enséñale a tu hijo que todos tienen la habilidad de mejorar el mundo.

4. **Sé firme.** Si alguien se te cuela en la fila, habla amablemente, o, si recibes un servicio pobre, coméntalo con el administrador. Tu hijo aprenderá que no debe ser una víctima pasiva cuando te vea dispuesta a hablar por ti mismo.

BUSCA LO BUENO

A Lilly no le gustaba la escuela. Y todos los días no podía esperar a irrumpir en la puerta y contarle a su mamá todos los problemas que había tenido. "Mamá, no vas a creer lo que pasó hoy a la hora del almuerzo. Los maestros nos hicieron comer en silencio porque algunos de los niños estaban haciendo demasiado ruido". Al día siguiente decía: "Mamá, hoy los niños en el camión fueron muy malos. ¡No quiero volver a viajar en el autobús nunca más!"

Todos los días Holly, su madre, escuchaba con atención todas las injusticias que sufría su hija, le respondía diciéndole cosas como: "Eso es horrible. Siento que tengas que pasar por eso". Holly pensaba que prestar a su hija un oído comprensivo era lo mejor que podía hacer.

Lo que no imaginó fue que le estaba dando a su hija la atención positiva para hacer de ella una víctima. La animaba a seguir hablando de todo lo que estaba mal. Cuanto más duraba eso, más se enfocaba Lilly en todas las razones por las que odiaba la escuela.

Cambiar la actitud de "pobre de mí" de Lilly requería que Holly cambiara sus interacciones diarias después de la escuela. Más que continuar invitando a Lilly a que se quejara sobre todas las cosas malas que pasaban, Holly necesitaba buscar lo bueno.

Eso significaba hacer preguntas como: "¿Hoy cuál fue tu parte favorita en la escuela?", o "Comienza contándome lo mejor que te pasó en la escuela". En lugar de permitir que su hija pensara demasiado en todas las injusticias y maltratos que sufría, Holly podía ayudarla a reconocer algunos aspectos positivos.

Si tu hijo se enfoca en lo negativo, evita preguntas como: "¿Cómo estuvo tu día?" En su lugar, busca lo bueno preguntándole: "¿Qué parte fue la más feliz de tu día?" Muéstrate dispuesta a escuchar también las partes difíciles y no hagas de la adversidad el centro de tu conversación.

Cómo enseñar a los niños a que ellos mismos se vean como fuertes

En el caso de Cody y su diagnóstico de TDAH, la solución de sus problemas educativos fue cambiar las creencias de la familia. Una vez que sus padres comenzaron a verlo como alguien capaz, Cody creyó que podía mejorar sus notas. Enseña a tu hijo a que crea en sí mismo y se esforzará por alcanzar su máximo potencial.

AYUDA A TU HIJO A ENFOCARSE EN LO QUE PUEDE CONTROLAR

Ya sea que estés pasando por un divorcio o que tu hijo odie la escuela, puede ser fácil que te convenzas de que tu hijo es una víctima indefensa. Pero la verdad es que, no importa con qué se enfrente tu hijo, siempre tiene la habilidad para controlar algo.

Una organización llamada Niños Pateando el Cáncer prueba que incluso los niños que se encuentran en las circunstancias más difíciles pueden tener control sobre algo. Este grupo hizo su misión el ayudar a que los niños con cáncer reconocieran que, aunque no pueden controlar su enfermedad ni sus tratamientos, pueden obtener algo de control sobre su dolor y su malestar.

Se enseña a los niños técnicas mente-cuerpo, tales como artes marciales, técnicas de respiración y meditación. La meta es ayudarlos a volver a tener un sentido de control sobre el caos y a sentirse facultados en su propia curación. Algunos niños que han pasado por este programa reportan que son capaces de estarse quietos durante una extracción de sangre (cuando en el pasado se necesitaban varias enfermeras para mantenerlos quietos) y otros dicen que pueden estarse tranquilos durante los escaneos, gracias a las técnicas de respiración que aprendieron.

Si niños con enfermedades potencialmente mortales pueden descubrir cosas sobre las que tienen control, definitivamente hay cosas con las que puedes ayudar para que tu hijo sienta que tiene control sobre ellas. Aun cuando no pueda controlar su entorno, puede controlar sus pensamientos, su esfuerzo y su actitud.

Cuando tu hijo se queje, hazle preguntas como:

- ¿Qué puedes controlar en esta situación?
- ¿Cuáles son tus opciones?
- ¿Qué tipo de actitud vas a elegir?

DIFERENCIAR ENTRE PENSAMIENTO BLUE Y PENSAMIENTOS VERDADEROS

Tu hijo necesita reconocer que no porque piense que algo es de una manera significa que es cierto. Cuando ha tenido un mal día o está de mal humor es probable que sus pensamientos sean negativos en exceso. Y creer esos pensamientos negativos no sólo empeorará su humor, sino que podría reforzar la idea de que es una víctima.

En tanto hay diversos tipos de errores de pensamiento, el acrónimo BLUE[2] es una buena manera de ayudar a los niños a recordar cuándo sus pensamientos son demasiado terribles para ser verdad. Desarrollado por Practice Wise, es una herramienta común usada en terapia para

---

[2] Blaming Myself Looking for the Bad News Unhappy Guessing Exaggerating.

ayudar a los niños a combatir el pensamiento negativo. Aquí está lo que puedes estar buscando:

- **Culpar a todos los demás.** Pensar cosas como: "Mi maestro nunca nos dice qué estudiar para los exámenes, por eso siempre tengo malas notas", evita que tu hijo vea qué puede hacer la próxima vez. En tanto no quieras que tu hijo tome responsabilidades adicionales (como asumir que la derrota del equipo es *toda* culpa suya), no lo dejes que culpe a otros o a circunstancias externas.
  - **Hablar sobre responsabilidad.** Háblale sobre cómo aceptar su responsabilidad en los resultados. Hazle preguntas como: "¿Realmente *todo* es culpa de tu maestro?"
- **Buscar las malas noticias.** Los niños con mentalidad de víctimas rechazan todas las cosas buenas que les pasan y se centran sólo en las malas. Así, más que celebrar que fue a nadar, un niño que se ve como víctima diría: "¡Fue horrible! ¡Comenzó a llover, así que tuvimos que regresar a casa temprano!".
  - **Señala lo bueno.** Cuando tu hijo insiste en que nada bueno sucedió, toma un momento para señalar lo positivo. Pregúntale cosas como: "¿Te divertiste antes de que lloviera?" Ayúdalo a ver que las cosas buenas pasan, aun durante los días más difíciles.
- **Suposiciones tristes.** Una mentalidad de víctima lleva a los niños a realizar predicciones catastróficas. Pensar cosas como: "Mañana voy a reprobar mi examen", puede provocar que tu hijo crea que no tiene caso estudiar.
  - **Anima a tu hijo a que tome acción.** Cuando tu hijo prediga que sucederán cosas malas, no lo dejes ser una víctima pasiva. Pregúntale cosas como: "¿Qué puedes hacer para evitar que eso suceda?" Si es algo sobre lo que no tiene control (como que prediga que no va a llover), ayúdalo a pensar cómo va a enfrentar las dificultades cuando se le presenten.

- **Exageradamente negativo.** Es fácil que los niños permitan que sus imaginaciones saquen lo mejor de ellos. Especialmente cuando están disgustados. Un niño que piensa que es una víctima puede decir cosas como: "¡Todos en la escuela están enojados conmigo!", luego de haber discutido con dos amigos.
  - **Buscar excepciones.** Cuando tu hijo insiste en que las cosas *nunca* están bien o que *siempre* está en problemas, ayúdalo a encontrar excepciones a la regla. Dile cosas como: "Bueno, ¿Cómo sabes si por una vez las cosas salen bien?"

Cuando tu hijo comience a sentir pena por sí mismo, pregúntale: "¿Es ése un pensamiento BLUE o es un pensamiento verdadero?". Enséñalo a identificar los pensamientos BLUE, que contribuyen a su mentalidad de víctima; y recuérdale que, aunque algunas cosas pueden parecer ciertas, estos pensamientos no siempre serán confiables. Ayúdalo a ver que exagerar la verdad —incluso en su mente— no es útil. Entonces ayúdalo a remplazar su monólogo interno con pensamientos más realistas.

HABLA O CALLA

Los niños con mentalidad de víctima se apasionan demasiado cuando proclaman que sus derechos han sido violados o se vuelven demasiado sumisos y permiten que les pasen cosas malas. Mientras es importante que tu hijo aprenda a hablar por sí mismo cuando enfrente ciertas injusticias en su vida, es igualmente importante que no declare que ha sido victimizado cada vez que no está de acuerdo con alguien.

Hay veces en que es apropiado resistir a la autoridad y veces en que es sensato guardar un respetuoso silencio. Sin embargo, decidir cuál es el mejor plan de acción es una habilidad sofisticada.

Habla sobre los siguientes escenarios con tu hijo y presenta situaciones propias. Discute los pros y contras de hablar y los riesgos y los potenciales beneficios de quedarse callado. Escucha los juicios de tu hijo, así como las razones detrás de ellos. Ofrece tus propias palabras de sabiduría sobre cuándo hablar y cuándo quedarse callado:

- Un arbitro tomó una decisión con la que no estás de acuerdo.
- Un maestro te da una calificación que no crees que mereces.
- Un niño está insultando a otro en el patio de recreo.
- Alguien comparte un chiste inapropiado en redes sociales.
- Un maestro está regañando a un niño por no haber terminado su trabajo.
- Un amigo toma prestado algo tuyo y no te lo regresa.
- Un entrenador te grita porque no estás poniendo atención en el juego.
- Un amigo dice que sólo cierto tipo de niños puede sentarse con ustedes en la mesa del almuerzo.

DALE A TU HIJO TIEMPO LIBRE PARA JUGAR

Actualmente los niños pasan la mayoría de su tiempo libre realizando actividades estructuradas que son monitoreadas por adultos. Practicar baloncesto, lecciones de guitarra, pertenecer a los scouts y los campamentos de verano implican actividades dirigidas por adultos y reglas creadas por adultos.

Y, de acuerdo con el sociólogo Steven Horwitz, demasiada intervención adulta exacerba una mentalidad de víctima. Más que aprender cómo negociar, crear reglas y seguir normas sociales como grupo, los niños automáticamente se dirigen a un adulto para que intervenga al menor signo de desacuerdo.

Entonces, el adulto decide qué está "bien" y qué está "mal". El niño que buscó la ayuda del adulto gana la validación que necesita para que alguien más pelee sus batallas. Los otros niños reciben el mensaje de que no puedes ofender a nadie o una tercera parte será notificada para resolver el conflicto.

Dale a tu hijo un tiempo desestructurado para jugar. No merodees cuando esté jugando con amigos y no te apresures a intervenir cada que haya un asomo de problema. Dale una oportunidad de practicar cómo resolver un conflicto por su propia cuenta.

Por supuesto, es importante intervenir cuando es claro que hay un niño que repetidamente se están aprovechando. Pero habrá veces en que tu hijo resolverá los cosas por su cuenta cuando no haya un adulto que asegure que todo es "justo".

Enseña a los preescolares a reconocer sus elecciones

Hay muchas cosas que los preescolares no pueden hacer. Después de todo, sus habilidades motoras finas aún no se han desarrollado y sus habilidades para tomar decisiones aún se están desarrollando.

Habrá muchas ocasiones en las que tendrás que decir no o decirle a tu hijo que deje de hacer algo. Establece límites firmes y dale a tu hijo oportunidades de practicar el cumplimiento de las normas y de los límites que se le impusieron.

Sin embargo, decir constantemente: "¡No, no puedes hacer eso!", le enseñará a tu hijo que no tiene que opinar sobre nada. Cuando sea posible, dale a tu hijo dos opciones —sólo asegúrate que puedes vivir con cualquier elección. Aquí hay algunos ejemplos:

- ¿Quieres chícharos o zanahorias?
- ¿Qué quieres ponerte primero, tus zapatos o tu abrigo?
- ¿Quieres ponerte tu camisa roja o la azul?
- No puedes salir ahora, pero puedes jugar en la casa. ¿Quieres jugar con tus bloques o colorear un dibujo? Tú eliges.

Darle a tu hijo opciones lo ayudará a enfocarse en lo que *puede* hacer más que en lo que no puede. Le ayudará a formar su pensamiento en la medida en que aprenda a reconocer que es una persona competente que posee un cierto grado de control sobre sus circunstancias.

Enseña a los niños en edad escolar a buscar lo positivo

Los niños en edad escolar pueden aprender a reconocer que no todas las situaciones difíciles son malas. Cosas buenas pueden surgir de circunstancias realmente malas. Así, es una gran oportunidad de buscar lo positivo.

Cuando tu hijo tiene poco control sobre un hecho o el resultado —lo cortan del equipo de soccer o no lo invitan a una fiesta—, reconoce que no puede hacer nada al respecto. No puede controlar las elecciones de otras personas y no puede regresar en el tiempo para cambiar las cosas. Pero sobre lo que sí tiene control es su actitud.

Ayúdalo a aprender a cambiar su actitud buscando lo bueno. Mientras puede ser difícil tener hermanos pequeños, ser el mayor puede significar que puede disfrutar antes algunos privilegios. O mientras que es desalentador no estar en el equipo de soccer, significa por otro lado que tendrá más tiempo para pasear en su bicicleta.

No le pidas que busque lo bueno cuando sus sentimientos estén aún a flor de piel. Puede tomar unas horas o incluso unas semanas para que tome distancia.

Cuando haya tenido tiempo suficiente para procesar sus emociones, hazle preguntas como:

- ¿Qué cosa buena podría resultar de esto?
- ¿Cuál es una manera positiva de ver esta situación?
- ¿Cómo buscarías lo bueno cuando algo así ha sucedido?

Ofrece ideas cuando tu hijo está luchando para encontrarlas. Con la práctica, aprenderá a empezar a buscar lo bueno por su cuenta.

Un niño que es capaz de reconocer lo bueno en una circunstancia difícil tiene menos probabilidades de verse a sí mismo como una víctima. En cambio, verá que hay oportunidades de aprender y crecer aun cuando enfrente tiempos difíciles.

Enseña a los adolescentes maneras sanas de cubrir sus necesidades

Los adolescentes pueden ser dramáticos por naturaleza, así que es fácil que asuman que sus vidas son más difíciles que las de los demás y que nadie podría entender sus dificultades. Y el internet da ahora a los adolescentes una plataforma global para compartir las injusticias que perciben.

Publicar en las redes sociales mensajes vagos como: "Sólo puedo ser lastimado muchas veces antes de rendirme", puede ser una manera de ganar apoyo para una disposición de víctima. Y decir: "¡No podemos permitir que los maestros se salgan con la suya tratándonos de esta manera!", puede ser una manera de lograr que otros adolescentes se vean a sí mismos como víctimas para ganar apoyo para una causa.

Por ello es importante que eduques a tu hijo adolescente respecto a las maneras en que las redes sociales pueden exacerbar una mentalidad de víctima.

1. **Discutir lo que comparte tu hijo adolescente.** Habla de su intento por informar de una injusticia o comparte cómo fue ofendido por la conducta de otro.
2. **Habla sobre la mentalidad de rebaño.** Uniendo fuerzas con amigos, compartiendo memes o usando *hashtags* específicos que indican que es una víctima, sin pensar en lo que eso realmente significa, puede dañar su reputación y su futuro.

Alienta a tu hijo adolescente a evitar las quejas, los rumores y los juicios en general, especialmente en línea. Asegúrate de que tu muchacho se dé cuenta de que sus palabras son poderosas y pueden influir en cómo otros se perciben a sí mismos y a sus circunstancias.

Enseña a tu hijo adolescente maneras sanas de alcanzar sus metas. Si está triste, anímalo a usar la comunicación directa. Llamar a un amigo y decirle: "He tenido un mal día. ¿Puedes hablar?", tal vez lo ayude a obtener más apoyo que un mensaje críptico en redes sociales. Asegúrate de recordarle a tu hjo adolescente que mantener las amistades requiere que sea un buen amigo de los otros. Anímalo a estar para sus amigos y a tratarlos con amabilidad cuando también estén enfrentando problemas.

Niños facultados hacen adultos resistentes

Jim Abbot nació sin la mano derecha, pero sus padres no iban a permitir que eso evitara que realizara sus sueños.

Cuando Abbot hizo saber que quería jugar beisbol, sus padres preguntaron: "¿Por qué no?", y lo inscribieron en la Liga Pequeña.

Con sólo una mano, aprendió a lanzar. Eso significaba que tenía que balancear el guante en su mano izquierda, arrojar la pelota y luego rápidamente regresar el guante a su mano derecha para que pudiera fildear. Y cuando la bola le llegaba de hit, tenía que fildearla, quitarse el guante y lanzar la bola a primera con su mano izquierda. De alguna manera se las arregló.

Y siguió funcionando. Fue un pícher destacado en preparatoria y siguió jugando en la universidad, donde ganó numerosos premios. A la edad de veintiún años, ganó incluso una medalla de oro en los Juegos Olímpicos de 1988.

Sus habilidades llamaron la atención de la Liga Mayor de Beisbol. Fue reclutado por los Serafines de California sin siquiera haber jugado un juego en las ligas menores. Pasó diez años en las ligas mayores, donde ganó ochenta y siete partidos, incluyendo un dramático juego sin hits.

Los padres de Abbot reconocieron los cambios adicionales que enfrentó sin la mano derecha, pero le enseñaron que podía vencer esos retos. Abbot dice que su padre —quien tenía dieciocho años cuando Abbot nació— hizo con él todo lo que los otros padres hacían con sus hijos. Pescaban, andaban en bicicleta, jugaban beisbol. "Cuando salí al mundo sentí como si me hubieran arrojado al otro lado, mi padre me habría dado la vuelta, abierto la puerta y mandado de regreso", explica en su libro *Imperfecto: una vida improbable*.

Cuando un niño rechaza actuar el papel de víctima, no pierde su tiempo haciendo fiestas de autocompasión. Por el contrario, toma medidas. Creerá que tiene el poder de mejorar su vida —y la de otras personas. Se dedicará a hacer un mundo mejor, porque los niños fortalecidos se convierten en adultos incontenibles.

Las personas mentalmente fuertes no sienten lástima de sí mismas. Y si quieres criar a un niño que se convierta en un adulto que rehúse tener que ver con la autocompasión, no apruebes una mentalidad de víctima. Capacita a tu hijo para que ataque los desafíos de frente, más que insistir en que es una víctima indefensa.

La vida no siempre es fácil. Y es sano reconocer eso ante tu hijo. Pero déjale en claro que, aunque la vida es dura, tú eres más duro. Dale a tu hijo las habilidades que necesita para crear el tipo de vida que desee vivir y la confianza para vencer los obstáculos que salgan en su camino.

Solución de problemas y trampas comunes

Ten cuidado de no recompensar a tu hijo inadvertidamente por ser una "víctima". Si tu hijo dice que lo acosaron en el recreo, resiste el impulso de decir: "Vayamos a comer a tu restaurante favorito en la noche", para hacerlo sentir mejor. De otro modo, aprenderá que ser una víctima lo conducirá a recompensas.

Igualmente, si tu hijo está pasando por un momento difícil, no hagas demasiadas concesiones. Dejar que tu hijo evada sus tareas porque estás pasando por un divorcio o permitirle faltar a clase porque está abrumado por su trabajo sólo reforzará la idea de que es una víctima que merece tratamiento especial.

En el otro lado del espectro, los padres a veces minimizan los sentimientos de un niño. En un esfuerzo por "endurecerlo", un padre puede estar tentado a decir cosas como: "Deja de actuar como si fueras la víctima aquí". Sin embargo, ser demasiado frío podría reforzar la mentalidad de víctima de tu hijo, pues empezará a pensar que no te importa.

Muestra empatía diciendo cosas como: "Esto debe ser duro", o "Sé que esto es duro ahora". Pero déjale claro a tu hijo que no importa qué circunstancias enfrente, tiene opciones en la manera en que responde. Cuando muestras que tienes confianza en su habilidad para enfrentar los tiempos difíciles, se sentirá seguro de que puede lidiar con la adversidad.

No dejes que la mentalidad de víctima de tu hijo te distraiga del verdadero problema. Si tu hijo insiste en que está reprobando porque su maestro no lo quiere, no pierdas el tiempo discutiendo sobre si el maestro realmente lo quiere. En su lugar, enfócate en lo que vas a hacer para que mejore sus calificaciones.

LO QUE ES ÚTIL

* Buscar señales de alerta de una mentalidad de víctima
* Busca lo bueno
* Sustituir pensamientos BLUE con verdaderos pensamientos
* Darle a tu hijo dos opciones
* Enfocarte en lo que tu hijo puede controlar
* Buscar lo positivo

* Dar a tu hijo tiempo desestructurado para jugar
* Enseñar a tu hijo formas sanas de poner atención

LO QUE NO ES ÚTIL

* Sentir pena por tu hijo
* Asistir a las fiestas de autocompasión de tu hijo
* Recompensar a tu hijo por convertirse en una víctima
* Minimizar los sentimientos de tu hijo
* Señalar lo negativo, más que lo positivo
* Subestimar las capacidades de tu hijo

No son padres por culpa

El hijo de ocho años de Joe, Micah, tenía casi 45 kilos de sobrepeso. A pesar de las advertencias de los pediatras de que Micah tenía riesgo de serios problemas de salud, Joe seguía dándole de comer lo que el niño quería.

Cuando el pediatra amenazó con llamar a Servicios de Protección al Menor, se estableció la gravedad de la situación. Joe entró a terapia porque sabía que necesitaba ayuda para cambiar sus hábitos de crianza.

Durante la primera cita, Joe reconoció que le daba a Micah una segunda —o incluso una tercera— ración en la cena y lo dejaba comer golosinas cuando quería. Decía: "Sé que lo alimento demasiado, pero no puedo soportar verlo con hambre. Es un niño grande. Necesita comer, y ningún niño de ocho años quiere comer barritas de zanahoria".

Le pregunté si estaba preocupado por la salud de Micah y dijo: "Sí, he visto lo que le pasa a la gente cuando tiene sobrepeso. Mi padre tiene diabetes. Yo tengo colesterol alto y sé que debo perder algunos kilos."

Se sentía culpable de que Micah tuviera sobrepeso, pero se sentía aún más culpable cuando Micah lloraba y suplicaba. Para aligerar su culpa, siempre le permitía comerse una golosina más o le servía otra ración.

Pero ya no quería seguir haciendo eso. Le aterraba el hecho de que si no tomaba medidas de inmediato, el pediatra podría llamar a Servicios de Protección al Menor.

La meta de Joe era ayudar a Micah a perder peso. Así que, juntos, decidimos que los problemas que debían abordarse aquí eran:

1. **A Joe le faltaba información básica sobre nutrición.** No sabía cuánta comida debía comer su hijo y tampoco sabía qué tipos de comida eran altos en grasas y calorías.
2. **Joe no podía dejar de sentirse culpable.** Necesitaba confianza para decir no y tolerar sentirse mal.

Mis recomendaciones a Joe incluían:

1. **Llevar a Micah con un dietista.** Joe necesitaba garantías de que su hijo no se iba a ver privado si le limitaba su ingesta de alimento y también necesitaba aprender cómo darle de comer a su hijo los tipos correctos de comida.
2. **Escribir una lista de todas las razones por las que es saludable poner límites con la comida.** Mientras crecía la culpa en Joe, su pensamiento racional declinó. Crear una lista de las razones por las que necesitaba ayudar a Micah a mantener una dieta sana podría ayudarlo a mantener las cosas en perspectiva. Leer esa lista cuando estuviera tentado a rendirse podría mantenerlo en sus límites.
3. **Crear un plan disciplinario para tratar las reacciones negativas de Micah.** Como Micah no estaba acostumbrado a que le dijeran que no, era muy probable que fuera a gritar más fuerte y a rogar por más tiempo las primeras veces que Joe dijera que no. Joe necesitaba una estrategia para tratar con esa conducta.

Joe estuvo de acuerdo con el plan, y con ayuda del dietista, comenzó a entender la importancia de poner límites en la cantidad de comida que su hijo consumía todos los días. Entre más aprendía, más se motivaba para ayudar a su hijo a perder peso.

Luchó para soportar su culpa cuando le decía no a las peticiones de su hijo de más comida. Así que tuvimos que cambiar su pensamiento. Necesitaba dejar de creer que estaba privando a su hijo. En su lugar, tenía que comenzar a pensar sobre los beneficios que podría experimentar su hijo cuando comiera porciones saludables y menos golosinas.

Con el tiempo, se hizo más fácil decir no. Joe aún se sentía mal cuando Micah le reclamaba que estaba muriendo de hambre o cuando decía cosas como: "¡Si me quisieras, me dejarías tomar una golosina!". Pero su confianza y su habilidad para manejar la culpa y su deseo de hacer lo que era mejor para su hijo le ayudaban a resistir la tentación de ceder.

A los siguientes meses Micah perdió un poco de peso. Más importante aún, había dejado de ganar peso. Su progreso satisfacía a su dietista, y Joe prometía continuar ayudándolo a comer una dieta más sana y también aceptó ayudarlo a volverse más activo.

Durante su sesión final de terapia, Joe dijo: "Solía sentir culpa casi todo el tiempo porque sabía que Micah no estaba sano. Comer comida chatarra lo hacía feliz. Y cuando se sentía feliz, no me sentía culpable —al menos por un minuto o dos. Pero con el tiempo, dejarlo comer demasiado no fue bueno para ninguno de los dos".

¿Acaso la culpa de crianza está tomando lo mejor de ti?

Sentirte culpable después de que has hecho algo hiriente es un buen signo. Pero muchos padres llevan consigo demasiada culpa. Haz un balance de la manera en que manejas la culpa y considera si alguna de las siguientes declaraciones te parece familiar:

• Tengo problemas para decirle no a mi hijo porque me siento culpable.

- Regularmente me castigo por no ser tan buen padre como pienso que debería ser.
- Mirar a otros padres me hace pensar que debería estar haciendo más por mi hijo.
- Frecuentemente paso mucho tiempo pensando sobre los errores que he cometido como padre.
- Aun cuando no puedo identificar específicamente por qué, estoy convencido de que de alguna manera voy a arruinar a mi hijo para toda la vida.
- Me siento culpable sobre cosas de las que no tengo control.
- A veces le doy a mi hijo cosas extra porque me siento culpable.
- Cedo cuando me pide algo y dice: "¡Pero si todos los otros niños tienen uno!"
- No importa cuánto tiempo paso con mi hijo, siento que nunca es suficiente.
- Creo que me siento culpable, debe ser porque estoy haciendo algo mal.

Por qué los padres se sienten culpables

Joe estaba convencido de que negarle comida a su hijo estaba mal. Pensó que si decía que no cuando Micah tenía hambre, podría hacerlo sufrir.

Al igual que Joe, muchos padres intercambian la incomodidad a corto plazo por el dolor a largo plazo, aun cuando es a expensas del niño. Micah era el único que iba a sufrir problemas de salud a largo plazo, pero permitirle que comiera en exceso aliviaba a Joe de su culpa inmediata. Joe se sentía culpable de que Micah estuviera en riesgo de serios problemas de salud, pero se sentía aún peor cuando le negaba a Micah un segundo plato.

En tanto no puedas ver tales consecuencias, derivadas de la crianza por culpa, es probable que tus sentimientos de culpa opaquen a veces tus prácticas de crianza. Considera en qué medida estos sentimientos pueden conducir a una conducta no saludable.

TIPOS DE CULPA PARENTAL

Hay tres tipos principales de culpa que los padres experimentan:

1. Culpa apropiada

Una conciencia culpable puede ser una cosa buena. Los sentimientos de remordimiento pueden ser señal de que tus acciones no están en línea con tus valores, lo que podría motivarte a crear un cambio positivo.

Sentirte culpable después de haberle gritado a tus hijos puede ser una llamada de atención de que necesitas encontrar una nueva manera de disciplinarlos. O sentirte mal después de haber perdido la paciencia puede ser una señal de que necesitas reducir tu nivel de estrés. De cualquier manera, ese incómodo sentimiento de culpa puede motivarte a reparar la relación y el cambio en tu comportamiento.

2. Culpa innecesaria

Un día podrías decir: "Hoy hizo un día tan hermoso. Debí haber salido a jugar con los niños." Pero entonces, al día siguiente, te encuentras diciendo: "No debí haberme quedado afuera tanto tiempo con los niños. Tenían calor y ahora tienen comezón por los piquetes de los insectos".

Aunque tu actitud en realidad no es dañina, podrías convencerte a ti mismo de que le fallaste a tu hijo. Pero en realidad, tus acciones no están dañando la salud de tu hijo o tu relación con él.

3. Culpa crónica

Quizá sientas culpa todo el tiempo, sin una razón clara de por qué. Tal vez asumas que estás haciendo algo que marcará a tu hijo de por vida, o tal vez te preocupe que no estás haciendo lo suficiente para preparar a tu hijo para el futuro.

Cada que tu hijo luche, puedes sacar conclusiones demasiado generales que vinculen sus "incompetencias" con tus errores parentales. También es probable que hagas predicciones negativas sobre cómo tus elecciones actuales darán problemas a tu hijo más adelante en su vida.

LA CULPA EXCESIVA PROVIENE DE CREENCIAS INCORRECTAS

Mientras que muchos padres sienten culpa, las madres trabajadoras parecen ser las más susceptibles a ello. En una encuesta llevada a cabo por Baby Center, un aplastante 94 por ciento de las mamás reportó sentir culpa de madre.

En las décadas desde que se hizo un lugar común que las madres ingresaran a la fuerza de trabajo, muchas madres trabajadoras se sienten divididas mientras se esfuerzan por encontrar el balance "perfecto" vida-trabajo. Mientras algunos padres reclaman que realmente puedes "tenerlo todo", la mayoría de las madres han descubierto límites a sus habilidades sobrehumanas. Cualquier madre que se esfuerce por escalar el escalafón laboral al tiempo que mantiene su intención de ser elegida como la "madre del año", probablemente sentirá como si de alguna manera no cumpliera.

La culpa por ser una mala madre parece surgir de la noción idealizada de que, antes que las madres ingresaran a la fuerza de trabajo, las madres amas de casa eran todas como June Cleaver.[3] Preparaban comidas hechas en casa, mantenían la casa limpia, y todos los días pasaban una buena cantidad de tiempo con los niños.

Sin embargo, en realidad, estudios muestran que, desde 1985, el número de horas que los padres pasan con sus hijos cada semana ha estado al alza. Un estudio publicado en 2016 en el *Journal of Marriage and Family* reporta que los padres en los Estados Unidos pasan más tiempo con sus hijos que cualesquiera otros padres en el mundo desarrollado.

---

[3] June Cleaver, protagonista de la serie televisiva *Leave It to Beaver* (1957-1963), ha sido considerada por mucho tiempo como el arquetipo de la esposa ideal. (N. del T.)

No obstante, aún persiste esta idea de que los padres deberían dedicar aún más tiempo a sus hijos.

Otro estudio publicado en el *Journal of Marriage and Family*, éste de 2015, encontró que la cantidad de tiempo que uno pasa con su hijo en realidad no importa tanto. Los investigadores descubrieron que el tiempo que las mamás pasan con sus hijos no tiene efecto en la conducta, las emociones, lo académico o en su bienestar en general.

Hubo una excepción, la adolescencia. Cuando las madres pasan más tiempo con un adolescente, se reportan menos conductas delictivas. Pero eso es todo. No importa si la mamá había sido una ama de casa durante quince años o si había sido una madre que trabajó durante toda la etapa infantil.

Y curiosamente, el periodo en que los niños llegan a la adolescencia es precisamente el periodo en que muchas madres ingresan a la fuerza laboral. Después de todo, los muchachos ya están lo suficientemente grandes como para empezar a valerse por sí mismos. Pero la investigación mostraba que los años de la adolescencia son el periodo crítico en el que los niños necesitan pasar más tiempo con sus padres.

Eso no quiere decir que el tiempo con los niños no sea importante —es claro que es una parte integral del desarrollo saludable. Pero la calidad, más que la cantidad de tiempo es lo que más importa.

Ser madres amas de casa, no obstante, no las absuelve de culpa. He visto a muchas madres en consultorio que se sienten culpables de no amar cada minuto que pasan como madres amas de casa. Y he visto madres amas de casa que tienen una doble dosis de culpa: se sienten mal por no estar en la oficina y se sienten culpables de que no son capaces de jugar con sus hijos todo el día.

LAS COMPARACIONES SOCIALES HACEN QUE TE SIENTAS INADECUADO

Es fácil juzgar cómo te estás desempeñando como padre estableciendo comparaciones sociales. Cuando navegas por Facebook es probable que veas a mucha gente que parece que piensa que debe ser nominada a los padres del año. Vacaciones familiares divertidas, extravagantes fiestas de cumpleaños, cuartos del bebé hermosamente decorados y padres que hacen ver fácil todo eso.

Y no son sólo las redes sociales. Tal vez escuchaste decir a tu vecino que había inscrito a su hijo en una clínica de soccer y comenzaste a pensar: "¿Debería haber hecho eso?" O llevas a tu hijo a una fiesta de cumpleaños que hace que la última celebración a tu hijo parezca increíblemente patética y piensas: "Mi hijo merece algo mejor de lo que le he dado".

Por supuesto, los vendedores saben también cómo aprovecharse. Ya se trate de un producto que le enseñará a tu hijo a leer a la edad de tres años, o es el juguete más novedoso que le dará a tu hijo horas enteras de diversión, las compañías envían el mensaje de que tu hijo no sólo lo merece, sino que necesita ser verdaderamente feliz.

Para mantenerse al día con respecto a los Jones, unos padres están gastando más en regalos de lo que pueden pagar. Un estudio realizado por la revista *Parenting* encontró que el 76 por ciento de los padres malcrían a sus hijos durante las vacaciones porque quieren estar seguros de que sus hijos no estén decepcionados, porque si están decepcionados, ellos se sentirán mal.

Pero no pienses que tener más dinero para comprarle a tu hijo más cosas automáticamente aliviará tu culpa. En un reciente especial de la cadena PBS, la cantante y actriz Jennifer Lopez habló sobre la culpa que sufre como madre. A pesar de una fortuna estimada en 300 millones de dólares y un equipo completo que la ayuda a hacerse cargo de sus hijos, comenta que frecuentemente siente que no está haciendo lo suficiente por sus hijos. Así que ten la seguridad de que, aun cuando has hecho todo lo que está a tu alcance, es probable que tengas algún sentimiento de culpa.

La crianza por culpa no envía un mensaje sano

La culpa es una emoción incómoda que puede ser dura de soportar. Con frecuencia, es tentador tomar medidas drásticas para deshacerte de ella.

En el caso de Joe, cedió a las demandas de su hijo para ganar algún alivio temporal de su culpa. Sin embrago, al final de cuentas, a largo plazo causó más problemas.

La culpa también puede nublar tu pensamiento. Y si estás criando a tu hijo, lucharás por tomar las mejores decisiones para criarlo.

LA CULPA PUEDE MANTENERTE ATORADO EN UN PATRÓN DE MALOS HÁBITOS

Los sentimientos de culpa pueden influir en tu conducta. Puedes ser tentado a hacer cosas que aliviarán tu conciencia culpable, aun cuando no sean en el mejor interés de tu hijo.

He aquí lo que los padres hacen cuando se sienten culpables.

- **Eludir la culpa.** En un intento por evadir el incómodo sentimiento de culpa, puedes tomar medidas drásticas para evitar cualquier cosa que pueda provocar que te sientas un "mal" padre. Tal vez te niegues momentos a solas porque te sientes culpable de tomar una pausa. O tal vez no compras cosas para ti porque te sentirías mal al no gastar el dinero en tus hijos.
- **Reducir la culpa.** A veces los padres reducen la culpa cediendo a las peticiones de sus hijos —tal como Joe hizo con su hijo Micah. Cuando tu hijo llora o insiste en que eres el más malvado padre en el mundo, puede ser tentador darle lo que quiera. Aun cuando no sea en su mejor interés, ceder ayudará a que te sientas mejor, al menos temporalmente.
- **Sobrecompensar por culpa.** Un padre que se siente culpable por haberle gritado a su hijo temprano por la mañana puede per-

mitirle que se levante tarde. O un padre que se siente culpable por haberse divorciado puede permitirle a sus hijos que hagan lo que quieran durante su visita de fin de semana. Aun cuando esas acciones no mitiguen el problema, pueden aliviar la conciencia culpable del padre.

CEDER A SENTIMIENTOS DE CULPA ENVÍA MENSAJES EQUIVOCADOS

Si dices: "Está bien, ¡adelante!", después de que tu hijo te ha hecho caritas, o aceptas prestarle dinero a un familiar que insiste en que: "Las buenas familias se ayudan una a otra", le estás enseñando a tu hijo que también debería ceder a sentimientos de culpa.

Igualmente, ceder después de que tu hijo llora, suplica o te hace pucheros, pone en duda tu capacidad para tomar decisiones. Los niños necesitan consistencia y una figura de autoridad que puedan mantenerlos a salvo.

Si cambias tu opinión para aliviar la culpa que sientes por decir no, tu hijo puede sentir ansiedad si ves que eres un poco laxo cuando se trata de tomar decisiones. Aunque parece que los niños quieren que te rindas, hacerlo debilita su confianza general en ti. Tu hijo quiere ver que eres un líder fuerte que puede soportar la presión y no ceder cuando las cosas se ponen difíciles.

Los niños también saben cuándo hacer énfasis en la culpa. Mientras un padre puede ceder ante un niño que dice: "¡Pero no te he visto en todo el día!"; otro es más probable que retroceda cuando escuche: "¡Pero todos los demás niños lo hacen!" Ciertamente no quieres que tu hijo aprenda a manipular gente con sentimientos de culpa.

Qué hacer en su lugar

En el caso de Joe, tuvo que aprender a tolerar sentirse culpable cuando decía que no. Y tuvo que ver que sentirse culpable no necesariamente significaba que estuviera haciendo algo equivocado. De hecho en su situación, sentirse culpable significaba que estaba poniendo límites a su hijo.

Trabajé con muchos padres que decían cosas como: "Dejo a mis hijos jugar demasiado con los videojuegos", o "No paso tiempo suficiente con mis hijos". Pero no estaban seguros de si la solución era cambiar su conducta o cambiar sus emociones. Reconoce las razones de tu culpa y date cuenta de cómo afecta tu conducta. Entonces, puedes decidir qué acción tomar.

CAMBIA TU CONDUCTA CUANDO LA CULPA ES JUSTIFICADA

Para determinar si tu culpa es justificada, hazte estas cuatro preguntas:

1. **¿Hice algo que afectó negativamente a mi hijo?** Tal vez te has vuelto muy laxo con el tiempo frente a la pantalla y tu hijo está pasando la mayor parte de su tiempo viendo televisión. O tal vez reaccionaste exageradamente con ira y dijiste algo que no debías. Si tus acciones son dañinas, cambia tu conducta.
2. **¿Hay algo que debo cambiar?** Si te sientes culpable porque te divorciaste hace tres años, no puedes volver en el tiempo y cambiarlo. Pero si te sientes culpable porque no estás animando a tu hijo a que haga su tarea, puedes corregir el problema.
3. **¿Qué puedo hacer de manera distinta?** Identifica un pequeño paso que puedes dar para ser un mejor padre. Crea un plan específico que te ayude a cambiar tus hábitos. Así que en vez de revisar tu teléfono mientras pasas el tiempo con tu hijo, com-

prométete a darle tu entera atención. O más que comer enfrente de la televisión, crea una regla que diga que no hay aparatos electrónicos durante las comidas.

4. **¿Hay algo que pueda hacer para reconciliarme con mi hijo?** Mientras no necesites disculparte con un niño de tres años por estar estresado, reconcíliate cuando sea apropiado hacerlo. Di: "Siento que te haya gritado. Estaba enojado y debí haber encontrado otra manera de tratar mi enojo". Muéstrale a tu hijo que puedes hacer reparaciones luego de haber cometido un error.

Si no puedes cambiar tu conducta (como dejar tu trabajo para volverte un padre de tiempo completo), trata de cambiar la manera en que piensas sobre la culpa. Atormentarte o convencerte de que estás haciendo daño (aun cuando no hay evidencia de ello) no ayuda.

DEJA DE HACER PREDICCIONES CATASTRÓFICAS

Sólo porque te sientes mal, no quiere decir que en realidad estés haciendo algo malo. Sin embargo, muchos padres predicen que un error pequeño que cometieron hoy de alguna manera impedirá que su hijo alcance su máximo potencial en el camino. Pero hay una buena posibilidad de que tus suposiciones sobre el impacto de tu crianza en tu hijo sean correctas.

Aquí te mostramos un escenario:

Una madre olvida inscribir a su hijo para el campamento de beisbol. Comienza a pensar cosas como: "Soy una madre desorganizada. No logro hacer que participe en suficientes actividades. Todos sus amigos van a ir al campamento, donde crearán recuerdos para toda la vida, y mi hijo va a quedar fuera. Todos los otros niños van a mejorar sus habilidades, y mi hijo probablemente no entre al equipo de beisbol el próximo año".

Esta madre predice que su hijo se volverá un marginado social que nunca será capaz de jugar beisbol porque se perdió una semana del campamento. Tal vez pase el resto de su vida creyendo que su desorganización evitó que su hijo llegara a las Ligas Mayores.

Estén tranquilos, aún no he encontrado al adulto que entre a mi consultorio porque no fue al campamento de verano. Es más probable que vea a personas que dicen: "Mis padres estaban tan estresados todo el tiempo porque temían ser 'malos' padres, y nunca nos divertimos".

Una vez trabajé con una madre que creía firmemente que todas las madres buenas siempre tienen su casa limpia. Por ello pasaba la mayoría de su tiempo limpiando alfombras, limpiando pisos y limpiando ventanas. Se rehusó a permitir que sus hijos usaran materiales artísticos y nunca les permitió tener amigos porque temía que pudieran desordenar la casa. Irónicamente, su deseo de ser una "buena madre" con una casa limpia evitó que tuviera tiempo para jugar con sus hijos.

Así, mientras no es posible que una casa desordenada o un piso sin limpiar dejen marcados a sus hijos, su preocupación por la limpieza de la casa dejó una impresión no saludable.

No tienes forma de predecir la manera en que algunas de las experiencias de la infancia determinarán a tu hijo —o incluso cómo las recordará cuando sea un adulto. Cuando tenga treinta años, tal vez no recuerde ese incidente que tú creías que iba a marcarlo por toda su vida.

Tengo una amiga que describe su niñez como una experiencia maravillosa. Habla muy bien de sus padres, así como del gran esfuerzo que realizaron al cooperar juntos una vez que se divorciaron.

Sin embargo, si hablaras con su hermano, jurarías que fueron criados por personas diferentes. Él describe a sus padres como unos egoístas y recuerda su divorcio como un momento decisivo en su niñez, pues dice que, como resultado de ello, tuvo que crecer muy rápido.

Dos niños que padecieron la misma situación pueden tener experiencias muy diferentes. Por supuesto, pueden percibir las situaciones de manera muy distinta dependiendo de sus edades, pero nunca sabrás cómo les afectó. De manera que, antes de que concluyas que has dañado a tu hijo, recuerda: tus predicciones pueden no ser precisas.

REHÚSA SACAR CONCLUSIONES INEXACTAS

Unir los puntos entre causa y efecto puede ayudarnos a dar sentido a ciertas situaciones. Después de todo, ésa es la lección que tratamos de enseñar a nuestros hijos, ¿cierto? *Lanzaste la pelota, así que es tu culpa que el florero se haya roto. O golpeaste a tu hermana, así que es tu culpa que esté llorando.*

Sin embargo, a veces saltamos a conclusiones aun cuando no haya pruebas, porque nos sentimos como si necesitáramos algún tipo de explicación. Y con frecuencia esa conclusión no es exacta.

Una vez conocí a una madre que estaba convencida de que los problemas de aprendizaje de su hija se originaban del hecho de que durante el embarazo había tomado unas cuantas tazas de café. "A veces necesitaba un pequeño estimulante porque estaba cansada todo el tiempo. Sabía que estaba mal tomar cafeína, pero lo hice de todos modos", dijo.

Trabajé con muchas madres que estaban convencidas de que algo que habían consumido (o no consumido), o algo a lo que habían estado expuestas durante el embarazo explicaba los problemas en las vidas de sus hijos. Tuve que asegurarle a una madre que el vaso de vino que se tomó antes de que supiera que estaba embarazada probablemente no fue la causa de TDHA, y tuve que convencer a otra de que los vegetales no orgánicos que su hijo comió cuando pequeño no le causaban ansiedad.

Si bien es saludable estar sana durante el embarazo y a lo largo de la vida de tu hijo, hay estudios que muestran que tal vez, no altere tanto la vida como algunos padres predicen. Un estudio de 2011 publicado en la revista *Neurotoxicology and Teratology* encontró que los niños que nacieron adictos a la cocaína en crack terminaban haciéndolo tan bien en la vida como los bebés que no nacieron adictos a las drogas. Así que si el crack no dañó las oportunidades de tu hijo para tener éxito a lo largo de su vida, es improbable que tu insaciable antojo de salmón durante el embarazo sea la única razón por la que no es un buen estudiante.

Considera los tipos de conclusiones que has sacado para explicar algo en tu vida como padre y pregúntate si es posible que haya algunas respuestas alternativas. Si te culpas en exceso por algo, ábrete a la posibilidad de que tal vez no sea tu error. Puede ser tiempo de que empieces a cambiar la historia que te cuentas a ti mismo.

PERDÓNATE POR LOS ERRORES QUE COMETAS

Gabrielle apenas había salido de la habitación por un minuto cuando su curioso hijo de tres años Tyson miró por encima del mostrador de la cocina. Apenas podía ver lo que había ahí, así que cogió el cable eléctrico de la olla en un intento por empujarse hacia arriba. La olla se deslizó desde el mostrador y derramó sopa hirviendo sobre el pequeño niño.

Tyson pasó las siguientes semanas en el hospital recibiendo tratamiento por quemaduras que cubrían buena parte de su cuerpo. Y aunque se recuperó de sus heridas, le quedaron cicatrices en los brazos y la cara.

Gabrielle comenzó su terapia pocos meses después del accidente. Y cuando nos vimos en la primera sesión, me dijo: "Cada vez que veo las cicatrices en su cara me siento mal por permitir que eso le pasara. Nunca podré perdonarme".

De hecho, Gabrielle estaba convencida de que no *debía* perdonarse. Pensaba que no merecía ser feliz y el sentirse culpable era su penitencia. La única razón por la que vino a terapia fue para asegurarse de que no volvería a cometer ese "estúpido error".

Le tomó mucho tiempo a Gabrielle reconocer que lo que le había pasado a su hijo había sido un accidente. Y los accidentes no pueden prevenirse.

Tuvo que ver que atormentarse todos los días no era sano para su hijo. Necesitaba una madre emocionalmente presente que se quisiera a sí misma.

En el curso de varios meses, Gabrielle pudo reconocer que el accidente no servía como evidencia de que era una mala madre. Ella era una madre amable y amorosa.

Lento pero seguro, fue capaz de dejar ir algo de su culpa al cambiar la manera en que pensaba el accidente. Más que castigarse por lo sucedido, se enfocó en disfrutar el tiempo que pasaba con su hijo y trató de prevenir que lo mismo le sucediera a otras familias.

Un poco de culpa no es una cosa mala. Pero convencerte de que eres una mala persona o un padre horrible hace más mal que bien. No permitas que el autocastigo se interponga en tu camino para convertirte en el mejor padre que puedas ser.

PROCURA SER LO SUFICIENTEMENTE BUENO

Hoy por la mañana, me topé con un meme en internet que decía: "Suficientemente bueno nunca es suficientemente bueno". Y aun cuando no se refería específicamente a la crianza, pienso que es la actitud que muchos padres modernos han adoptado.

Sin embargo, ser un padre "suficientemente bueno" en realidad podría ser lo mejor para tu hijo, al menos de acuerdo con la investigación conducida por el fallecido D. W. Winnicott, un pediatra y psicoanalista. Él interactuaba con miles de madres y sus hijos y concluía: "Para ser una buena madre hay que ser suficientemente buena madre". Después, esta conclusión se extendió para incluir a los padres.

Winnicott reconocía que las madres suficientemente buenas se sienten confundidas en cuanto a ser desinteresadas y egoístas. Se dedicaban a su hijo, aunque aún sentían resentimiento. Cometieron muchos errores, aunque a través de sus imperfectas y humanas maneras, las madres suficientemente buenas criaron hijos sanos y resistentes.

Definitivamente hace sentido cuando piensas al respecto. Después de todo, imaginemos que fuiste el padre "perfecto" —lo que sea que esto signifique. Hiciste todo "bien" todo el tiempo.

¿Qué le pasará a tu hijo cuando se vuelva adulto? Luchará para sobrevivir en un mundo imperfecto lleno de seres humanos que cometen errores. Habrá ocasiones en que su futura pareja, su jefe y sus vecinos le fallen. Necesita saber cómo tratar con la decepción, con sentimientos heridos y con gente imperfecta.

Cada error de crianza que cometes es una oportunidad para que tu hijo desarrolle la fortaleza mental. Eso no quiere decir que debas salirte de tu camino para acelerar su proceso de desarrollo de fortaleza, sino que puedes darle experiencias de aprendizaje en la vida real a través de tus propios errores.

Así que no te atormentes por no ser un padre perfecto. Porque aun cuando fueras perfecto, no le estarás haciendo a tu hijo ningún favor. En cambio, date permiso de ser un padre suficientemente bueno, con todo y errores.

Así como quieres a tu hijo, aunque sea imperfecto, tu hijo te querrá por ser un padre lo suficientemente bueno. Apreciará tus esfuerzos y algún día reconocerá los sacrificios que hiciste para educarlo para ser un adulto responsable.

Cómo enseñar la culpa a los niños

Cuando Micah le suplicaba a Joe por una golosina y Joe cedía, le enseñaba a Micah que la culpa era intolerable. No era un mensaje sano y necesitaba enseñarle que los sentimientos de culpa no tenían que dictar su conducta.

Si tu hijo rompe el juguete de alguien o dice algo malo, quieres que sienta culpa. La falta de conciencia puede ser signo de que es un psicópata.

Pero en el lado opuesto del espectro, tampoco deseas un niño que se sienta culpable todo el tiempo. Un niño que se disculpa por todo o que se culpa innecesariamente puede ser más susceptible a tener problemas de salud mental, como ansiedad y depresión.

DILE A TU HIJO QUE ESCUCHE A SU ÁNGEL DEL HOMBRO

¿Recuerdas haber visto caricaturas donde aparecía un personaje con un diablo en un hombro y un ángel en el otro? El diablo en el hombro trata de convencer al personaje de que haga malas elecciones, mientras que el ángel del hombro trata de convencerlo de que haga lo que es correcto. Si alguna vez estudiaste psicología 101,[4] podrás recordar esto como la teoría psicoanalítica de la personalidad de Freud.

Comenta con tu hijo cómo cada uno experimenta de diferente manera cuando una parte del cerebro dice que rompas las reglas y la otra parte dice que hagas lo correcto. Si nunca ha visto una caricatura con el diablo y el ángel en cada hombro, una rápida búsqueda en línea te ayudará a encontrar un ejemplo.

Explica la importancia de escuchar al ángel de su hombro (que realmente es su conciencia). He aquí un diálogo de muestra.

Padre: ¿Acaso has visto alguna vez un personaje de caricatura que tiene un demonio en un hombro y un ángel en el otro y ambos le dicen que haga al personaje cosas diferentes?

Hijo: Sí.

Padre: Bueno, eso es algo parecido a lo que sucede en la vida real. Aunque no vemos realmente un demonio y un ángel, parte de nuestro cerebro nos dice que está bien romper las reglas o herir los sentimientos de alguien. Pero la otra parte de nuestro cerebro dice: "¡No, no hagas eso! ¡Esto está mal!" ¿Acaso eso te ha sucedido a ti?

Hijo: Sí. Cuando me dijiste que no podía comer una galleta, parte de mi cerebro dijo: "¡De todas formas, toma una!"

---

4   Psicología 101, se refiere al curso inicial de psicología, donde se enseñan los fundamentos de la disciplina. Entre las universidades de los Estados Unidos, es común nombrar el curso inicial de una materia con el número 101. (N. del T.)

Padre: Eso suena como algo que el demonio del hombro hubiera dicho. ¿Qué hubiera dicho el ángel?

Hijo: Él dijo: "¡No, no lo hagas! Debes escuchar a tu madre".

Padre: ¿Así que escuchaste a tu ángel del hombro?

Hijo: Sí.

Padre: ¡Buen trabajo! Es importante escuchar lo más posible a tu ángel del hombro.

Platica sobre las consecuencias potenciales de no escuchar al ángel del hombro. Tomar malas decisiones puede herir los sentimientos de otras personas o dañar las relaciones. Es posible que haga que tu hijo sienta culpa.

Señala que los sentimientos de culpa pueden ser un recordatorio de que hiciste una mala elección. Y algunas veces significa que debes tomar medidas para hacer reparaciones. Pero asegúrate de que tu hijo sepa que dar una disculpa o intentar reparar el daño no va a cambiar el hecho de que cometió un error.

INFUNDE CULPA, *NO* VERGÜENZA

Solía trabajar en una secundaria y muchos de los chicos que remitían a terapia eran los que mandaban regularmente a la dirección. Un día la escuela hizo una junta para discutir sobre un niño de doce años cuya conducta estaba fuera de control.

Su madre se tomó la tarde para asistir. Su molestia y frustración eran evidentes mientras escuchaba a los maestros, uno a uno alrededor de la mesa, exponiendo todos los malos comportamientos del niño. Ella se disculpó repetidamente por los exabruptos e insolencias de su hijo.

El chico fue invitado a acompañarnos durante los últimos minutos de la junta para que los profesores pudieran explicar el más reciente plan disciplinario. Tan pronto como entró por la puerta, su madre comenzó.

"¿Cómo has podido hacerme esto? ¡Te has convertido en un niño tan malo! Mira lo que has hecho. He tenido que estar sentada por una hora escuchando a tus pobres maestros hablar sobre cuán malo eres". Siguió al menos por otros cinco minutos y era claro que se sentía culpable porque su hijo no fuera exactamente un ciudadano modelo. Y estaba tratando de avergonzarlo por su mal comportamiento.

Pero avergonzar a los niños no los motiva a cambiar. Causa que los niños crean que tienen fallas de carácter que los hace incapaces comportarse. Un niño que crea "soy malo" con seguridad tratará de cumplir con esa etiqueta y no estará motivado a hacer buenas elecciones.

Es fácil confundir la vergüenza y la culpa. De hecho, muchos investigadores discuten para ponerse de acuerdo en una clara definición entre las dos. Aquí hay tres formas de distinguir las dos emociones.

- **La culpa presupone sentirse mal acerca de un comportamiento.** Sentirte mal por lo que hiciste indica culpa. Sentirte mal por quien eres constituye vergüenza. Pensar: "No debí haber dicho ese mal comentario", es culpa. Pensar: "Soy una persona horrible por decir eso", es vergüenza.
- **La culpa es usualmente privada.** La culpa es usualmente una emoción privada, pero la vergüenza tiende a involucrar el conocimiento público de lo que hiciste. Así que mientras puedes sentirte culpable por copiar en un examen, puedes experimentar vergüenza si todos tus amigos y familiares te condenan por ello.
- **La culpa surge de no hacer lo correcto.** La culpa ocurre cuando no logras hacer una buena elección. La vergüenza usualmente surge de hacer algo mal y a menudo supone la ruptura de un código moral. Así, tal vez te sientas culpable de no haber ayudado a tu amigo a mudarse, pero es más probable que sientas vergüenza si le robaras algo.

Si bien es útil asegurar que tu hijo desarrolle una sana cantidad de culpa, evita avergonzarlo. Los niños que experimentan vergüenza luchan para sentirse bien con ellos mismos y con frecuencia dejan de intentar tomar decisiones saludables.

Enseña a los preescolares los conceptos básicos de la culpa

Los investigadores nos dicen que niños pequeños, como de dos años, empiezan a mostrar signos de culpa cuando hacen algo malo. Por ejemplo, niños en edad preescolar evitan hacer contacto visual cuando se sienten mal. Por supuesto, todavía no comprenden completamente lo que significa la culpa.

Cuando tu hijo lastima a alguien, pon tu atención en la víctima y muestra cómo responder. Di cosas como: "Oh no, siento mucho que Johnny te pateara. ¿Estás lastimado?", ofrece un curita o da un abrazo.

Una vez que hayas atendido a la víctima, sigue con las consecuencias para tu hijo. Ponlo en tiempo fuera o quítale privilegios. También puedes inculcar una consecuencia que sirva para reparar el daño.

Por ejemplo, hazlo que preste su juguete preferido a la víctima por 24 horas. O haz que haga una tarea extra para su hermano. Hacer una acción amable para la víctima puede llegar lejos al mostrarle la importancia de hacer compensaciones.

Empieza a usar la palabra "culpa" en el vocabulario que usas con tu niño de preescolar y sé un ejemplo de cómo ofrecer una disculpa. Di cosas como: "Siento mucho que no podamos ir al parque hoy porque está lloviendo. Me siento culpable porque te prometí que lo haríamos, pero no es seguro que vayamos cuando todas las resbaladillas están mojadas".

Es también un buen momento para que empieces a señalar ejemplos de las veces que escuchaste a tu ángel del hombro.

Di algo como: "Realmente me gustaría estacionarme cerca de la puerta ya que está lloviendo, pero mi ángel del hombro me recuerda que no estaría bien estacionarse en el espacio reservado para las personas que tienen problemas para caminar. Me sentiría culpable si no escuchara a mi ángel del hombro". Con el tiempo tu hijo aprenderá lo que significa sentirse culpable y reconocerá la importancia de esforzarse por hacer la elección correcta.

Enseña a los niños en edad escolar cómo manejar la culpa

Algunos investigadores han encontrado que cuando los niños entre cinco y ocho años hacen algo hiriente, sólo quieren olvidar que el evento haya sucedido. Es más probable que busquen una ruta de escape —como correr a otro cuarto— más que tomar responsabilidad por su conducta.

Así que no te sorprenda si a tu hijo le cuesta trabajo tomar responsabilidad a esa edad. Puedes ayudarlo a enfrentar de frente su culpa, mostrándole cómo manejarla de forma saludable.

Cuando tu hijo lastime a alguien de forma física o emocional, piensen en conjunto cómo podrían reparar el daño. Pregúntale cosas como: "Le mentiste a tu amigo. ¿Qué crees que debas hacer al respecto?", o "Rompiste la muñeca de tu hermana. ¿Qué puedes hacer ahora?"

En algún momento, hacia los nueve o diez años de edad, los niños se muestran más interesados en reparar la relación. Tienen más posibilidades de disculparse o querer reparar el daño por sí mismos. Comienza las conversaciones sobre la culpa para que tu hijo aprenda a reconocerla cuando la está sintiendo.

Pregúntale cosas como: "¿Te sentiste culpable cuando tiraste esa pelota y le pegaste a la niña?", o "¿Te sentiste culpable cuando mentiste?" Señala que sentirse culpable es algo bueno, porque demuestra que está tratando de ser una buena persona y quiere ser mejor la próxima vez.

Discúlpate con tu hijo cuando te equivoques. Esto servirá como un buen modelo sobre cómo reparar una relación. Di cosas como: "Siento mucho haberte gritado antes. Estaba agobiado por el trabajo y me desquité contigo". Deja claro que planeas cambiar tu conducta y así le enseñarás a tu hijo cómo disculparse cuando cometa un error.

Enseña a los adolescentes que los chantajes emocionales no funcionan

Es posible que un adolescente tenga una buena comprensión de la culpa y que trate de chantajearte para que hagas algo que él quiere. Es posible que escuches cosas como: "¡Pero los papás de todos los demás los dejaron hacerlo!", o "¡Nunca me dejas divertirme!".

Cuando tu hijo diga estas cosas, respóndele de forma simple: "Yo te quiero y es mi trabajo mantenerte a salvo". No tienes que ofrecer una larga explicación. Pero independientemente de lo que hagas, no dejes que te chantajeen emocionalmente.

Acepta cuando te sientas culpable diciendo, "Me siento mal que seas el único de tus amigos que no tenga permiso para ir a la fiesta, pero no voy a cambiar de opinión". Enseña a tu hijo que vas a tomar decisiones inteligentes, aun cuando sean incómodas.

Además, no uses chantajes emocionales con tu hijo adolescente. Decir cosas como: "Si realmente te importara, no harías que me preocupara tanto", no es sano. Los chantajes emocionales de los padres tienen un profundo efecto negativo en los adolescentes. Un estudio de la Universidad de Virginia descubrió que adolescentes que fueron sometidos a chantajes emocionalmente son más propensos a tener problemas para desarrollar amistades y relaciones sanas más adelante en la vida.

Pon límites y sigue hasta el final las consecuencias, pero deja el chantaje emocional fuera de tu disciplina. Enséñale técnicas sanas para desarrollarse y demuestra cómo obtener lo que necesitas de una manera sana.

Tu hijo adolescente puede sentir culpa excesiva o innecesaria y puede necesitar ayuda para controlar esas emociones. Discusiones con los amigos pueden llevar a sentimientos de culpa, aun cuando tu hijo haga lo correcto. Dile a tu hijo: "Pienso que tomaste una buena decisión, pero no todo el mundo va a estar contento siempre con las elecciones que hagas. Tal vez te sientas culpable por ello, pero eso no significa que hayas hecho nada malo".

Los niños que entienden la culpa se convierten en adultos que ponen límites saludables

Imagina que el amigo de tu hijo de doce años le pide que le deje copiar su tarea. Cuando tu hijo se niega, su amigo dice: "Si fueras realmente mi amigo, me ayudarías". ¿Querrías que tu hijo cediera ante este chantaje emocional?

O qué tal si tu hija adolescente sale en una cita con chico que le dice: "Si me quisieras, tendrías sexo conmigo". ¿Te gustaría que cediera porque la chantajeó para ello?

Tu hijo aprende cómo manejar la culpa viéndote. Si sucumbes a los chantajes emocionales, él hará lo mismo. Rehusarte a rendirte, trabajar para hacer compensaciones y tolerar la culpa saludable ayudará a tu hijo a desarrollar un sentido ético. Aprenderá a reconocer que puede tolerar los chantajes emocionales de otros y que puede manejar emociones difíciles de forma saludable, como la culpa.

Las personas mentalmente fuertes no tratan de complacer a todos. En cambio, son capaces de tomar decisiones sanas, aun cuando otros no estén de acuerdo con sus elecciones. Cuando te rehúsas a criar por culpa, le muestras a tu hijo que los sentimientos de culpa no tienen que llevar a conductas improductivas o a una vergüenza no saludable.

Él crecerá sabiendo que puede establecer límites sanos con otras personas. Ya sea que diga que no a un compañero que trate de presionarlo para que beba, siendo un menor o que rehúse ser tratado como tapete en la oficina, él reconocerá que su trabajo no es hacer felices a otras personas.

Soluciones y trampas comunes

Por lo general, forzar a tu hijo a disculparse no es una buena idea. Si tu hijo se acerca con alguien y dice: "Lo siento", pero no lo siente, no estará haciendo nada para aliviar su sentido de culpa o reparar el daño. Así que, más que forzarlo a dar una disculpa, enfócate en ensayar modelos de disculpas. Así, cuando tu hijo sea lo suficientemente grande para entender qué significa genuinamente "lo siento", será más probable que ofrezca una disculpa sincera.

Desafortunadamente muchos niños andan por ahí diciendo "lo siento", sin ninguna intención de cambiar su conducta. Enseña a tu hijo que las disculpas sólo tienen sentido cuando tienen la intención de cambiar su conducta.

Ten cuidado de no caer en la trampa de tratar de aliviar la culpa de tu hijo demasiado rápido. Decir: "Está bien que hayas roto esa lámpara", puede hacer creer a tu hijo que su comportamiento no fue de importancia. Asegúrate de que sepa que su comportamiento puede herir a otras personas. Es saludable para él experimentar algún nivel de culpa, porque esa culpa puede llevar a un cambio positivo en la conducta.

No obstante, pon atención al exceso de culpa en tus hijos jóvenes. Con frecuencia tienen pensamientos mágicos donde creen que tienen el poder de controlar ciertas cosas que suceden en el universo. A veces este tipo de pensamiento conduce a un excesivo sentimiento de culpa cuando sucede algo malo.

Un niño que diga: "¡Odio a mi hermano!", puede sentir que es su culpa si su hermano se lastima. O uno al que le disgusta tener que ayudar a cuidar a su perro podría sentir que es su culpa si el perro fuera atropellado por un auto. Si ves signos de culpa innecesaria, asegúrale a tu hijo que no tiene nada que ver con ese tipo de resultados.

LO QUE ES ÚTIL

* Evaluar si tu culpa está fundamentada
* Esforzarse por ser suficientemente bueno
* Rehusarse a ser chantajeado emocionalmente
* Practicar la autocompasión
* Enseñar a tu hijo a compensar
* Mantener tus límites, aun cuando tu hijo trate de chantajearte emocionalmente para que cambies de opinión
* Alentar a tu hijo para que escuche a su ángel del hombro
* Ensayar cómo disculparse

LO QUE NO ES ÚTIL

* Tratar de ser un padre perfecto
* Compararte con otros padres
* Castigarte por tus errores
* Asumir que tus sentimientos de culpa deben significar que hiciste algo malo
* Ceder para aliviar tu culpa, aun cuando no es lo mejor para tu hijo
* Avergonzar a tu hijo por su mal comportamiento

No permiten que su hijo sea el centro del universo

Carol y Tom trajeron a consulta a su hija de catorce años, Brittany, porque no estaban seguros de qué hacer con ella. "Ella se rehúsa a escucharnos", explicó Carol. "No hace lo que le pedimos y no le importa lo que uno piense".

Tom dijo: "¡No sé qué es lo que le pasó a nuestra niña! Le dimos todo lo que pudo haber querido, ¿y ésta es la forma en que nos trata?"

Carol y Tom eran padres viejos para la mayoría de los estándares. Carol tenía cuarenta años y Tom cuarenta y tres cuando Brittany nació. Y Brittany era su bebé "milagro". Luego de tratar de concebir por cerca de una década, estaban a punto de darse por vencidos cuando Carol se embarazó. Desde el minuto en que nació, Brittany era la luz de su mundo.

Pasaban la mayor parte de su tiempo en familia. Ya fuera que se dirigieran a una playa o partieran a Disney World, los tres siempre estaban juntos haciendo lo que quisiera Brittany.

Sus padres la llenaban de todas las posesiones que deseara. Rara vez hacía tareas domésticas porque sus padres querían que se divirtiera. Tenía pocas responsabilidades porque sus padres pensaban que sólo debía "ser una niña".

Empezaron a tener problemas con Brittany cuando tenía cerca de doce años. Se volvió desafiante y argumentativa y, con los años, el conflicto empeoró.

Se dieron cuenta de lo serio de la situación cuando escucharon a una de las compañeras de Brittany describirla como una de las "chicas malas" de la escuela. Fue una revelación terrible para Carol y Tom el pensar que el comportamiento grosero se había expandido fuera de su casa. Querían ponerle un alto, pero no estaban seguros cómo.

A Brittany no le interesaba cambiar, por lo que, si sus padres querían que se comportara de manera diferente, ellos debían cambiar su conducta. Carol y Tom fueron a una segunda cita sin Brittany para que pudiéramos hablar sobre estrategias que pudieran ayudar a su hija.

Los problemas parecían ser:

1. **Brittany pensaba que era el centro del universo.** Sus padres la consentían en su propio detrimento.
2. **Sus habilidades sociales sufrían.** Brittany estaba teniendo problemas para llevarse bien con otros niños porque no tenía habilidades básicas para socializar, como la empatía y tomar su turno.

Si Carol y Tom querían ayudar a Brittany, necesitaban hacer los siguientes cambios:

1. **Ponerle límites.** Eso significaba decirle que no y mantenerse en ello, aun cuando se enfadara.
2. **Hacer cosas que no involucraran a Brittany.** Destinar tiempo para ellos mismos como individuos y tiempo para estar juntos como una pareja podría ayudar a que Brittany viera que sus vidas no giraban en torno a ella.
3. **Hacer que Brittany se ganara sus privilegios.** Más que darle todo lo que quisiera, independientemente de su comportamiento, Carol y Tom necesitaban mostrarle a Brittany que los privilegios debían ser ganados.

Al principio Carol dijo: "Pero no nos importa hacer todas esas cosas por Brittany. Es nuestra única hija y queremos darle todo lo que podamos". Yo señalé que independientemente de lo que les "importara" o disfrutaran hacer por su hija, no era el punto. No era bueno para Brittany tener atención y posesiones materiales ilimitadas sin ninguna responsabilidad.

Luego de una larga conversación sobre cómo las cosas habían llegado hasta este punto, ambos padres aceptaron el papel que habían jugado en la forma en que Brittany se veía a sí misma. La trataban como una pequeña princesa y con el tiempo comenzó a creer que era algo extraespecial.

En las siguientes semanas los padres de Brittany comenzaron a poner más reglas y a darle más responsabilidades. Dejaron de llenarla de alabanzas y de bienes materiales, y por primera vez Brittany debía realizar quehaceres para ganarse su mesada.

En un principio su conducta empeoró. No dio su brazo a torcer y se negó a hacer cualquier cosa. Pero sus padres se mantuvieron en su dicho. Dejaron de hacer todo en torno a "Brittany". La hicieron ganar sus privilegios basados en su buen comportamiento. Ellos empezaron por enfatizar la gentileza. Y dejaron de complacerla en todo lo que quería.

Se dieron cuenta de que la forma en que Brittany se veía a sí misma no iba a cambiar de la noche a la mañana. Le había tomado años desarrollar la creencia de que era el centro del universo e iba a tomar tiempo mostrarle que esa creencia no era acertada.

Pero estaban interesados en lograrlo. No querían que su adolescente malcriada se convirtiera en un adulto irresponsable.

¿Acaso el mundo gira alrededor de tu hijo?

Mientras puedas pensar que es saludable hacer de tu hijo el centro de *tu* mundo, hacerlo enseña a los niños que son el centro del universo entero. ¿Algunos de estos puntos te suena familiar?

- Me encanta llenar a mi hijo de cumplidos y alabanzas.
- Pienso que mi hijo es más especial que otros niños.
- No me importa dejar lo que estoy haciendo para responder a las demandas de mi hijo.
- Estoy seguro de que mi hijo es mejor que la mayoría en casi todo.
- Me encanta recordarle a mi hijo todas las áreas en las que es excelente.
- Pienso que es imposible que en el mundo actual un niño tenga demasiada confianza o demasiada autoestima.
- Dedico mucho tiempo a las cosas que mi hijo quiere hacer.
- Me siento bien siendo indulgente en exceso con mi hijo.
- Pienso que mi hijo merece un trato especial.

Por qué los padres hacen de sus hijos el centro del universo

Malcriados. Engreídos. Narcisistas. Ensimismados. Llámenlo como quieran. Pero los padres que hacen a su hijo el centro del universo provocan que se crea algo excepcional.

¿Recuerdas esa culpa de la que hablamos en el capítulo anterior? Esos sentimientos de culpa usualmente llevan a los padres a hacer a sus hijos el centro del universo. Los padres que creen en la falsa concepción de que los "buenos padres hacen todo por sus hijos" y adoran a sus hijos hasta la equivocación.

Eso fue lo que hicieron Carol y Tom. Estaban tan emocionados por poder tener un niño que querían ser los mejores padres posibles.

Pensaron que ser muy amables con su hija le enseñaría a ser realmente amable con otras personas. Lo que no se imaginaron es que "ser amable" no significaba que tuvieran que hacer todo lo que su hija quisiera. Más que enseñarle a ser una persona gentil y amable, lo que le enseñaron fue a ser una niña mandona y engreída.

Pensaron que al decir no a algo que quisiera Brittany de alguna manera significaba que no estaban siendo buenos padres. Pensaron que era su deber —ya que habían tenido tanta suerte al finalmente tener una niña— asegurarse de que poseyera todo lo que pudiera desear. E hicieron que todo en sus vidas girara en torno a Brittany.

Sus identidades estaban fijadas en ser padres. Ya no eran "Tom el ingeniero" o "Carol la bibliotecaria". En cambio, se veían a sí mismos exclusivamente como los "padres de Brittany". Evidentemente eso no era bueno para su matrimonio, así como para su bienestar personal.

Aun si no consientes a tu niño al extremo que Carol y Tom consentían a Brittany, es posible que haya algunas formas en las que aún le envías a tu hijo un mensaje de que él es "extra especial". Tal vez organizas reuniones con su maestro para preguntar por qué tu hijo no ha pasado al nivel superior del grupo de lectura, aunque sus calificaciones sean mediocres. O tal vez regularmente mencionas que tu hijo es único en la clase que conoce bien las operaciones matemáticas y el único niño en el equipo de soccer que puede anotar un penalti, lo que refuerza su idea de que es algo excepcional.

LA BORROSA LÍNEA ENTRE UNA AUTOESTIMA SALUDABLE Y EL NARCICISMO

Durante los noventa, la baja autoestima se discutió como si fuera una epidemia que se infiltraba en las colonias y en los patios de las escuelas como una enfermedad contagiosa. Para detener la "crisis de autoestima", se enseñó a los niños que eran especiales. A todos se les daba un trofeo. Y a todos los niños se les aseguraba que eran "el mejor". En algún momento en el camino, se perdió la diferencia entre autoestima saludable y narcisismo pernicioso.

De acuerdo con Jean Twenge, autora de *La epidemia narcisista*, se ha dado a los niños demasiados elogios inmerecidos y esto ha dado lugar, en las décadas pasadas, al aumento del narcisismo entre la juventud occidental. Twenge argumenta que los niños tienen egos exageradamente inflados y que es culpa de sus padres.

Frecuentemente los padres creen que un cumplido pequeño conduce a un poco de autoestima, por lo que un cumplido exagerado debe llevar a una gran autoestima. Más que decirle a un niño: "Buen trabajo hoy en la cancha de soccer", los padres tienden a decir: "Eres el mejor jugador de soccer del mundo".

El surgimiento de las redes sociales y de las *selfies* echa más leña al fuego. Los niños pequeños posan para una fotografía y les piden a sus padres: "¿Puedes subirla a Facebook?" Luego, cuando los niños son lo suficientemente grandes para tener sus propias cuentas de redes sociales, comienza la competencia para ganar fans, *likes* y seguidores. Muchos de los esfuerzos de los adolescentes para convertirse en celebridades digitales de esta forma, sólo refuerzan su noción de que el mundo gira en torno de ellos.

Al mismo tiempo, a los padres se les dice que los niños luchan con problemas como el *body shaming*,[5] desórdenes alimenticios, ciberbulismo y problemas de salud mental. Así que, por supuesto, los padres que desean combatir esos problemas potenciales llenan a sus hijos con mensajes de que ellos son bellos, perfectos y adorables en todas las maneras. Mientras una retroalimentación honesta y certera valida a los niños por lo que son, las alabanzas vacías y los elogios poco realistas pueden llevar a la inseguridad. Los padres que no entienden dónde está la línea entre una autoestima saludable y el narcisismo pueden exagerar fácilmente.

SOBRECOMPENSANDO POR TU NIÑEZ

Para algunos padres hacer de su hijo el centro del universo implica sanar su propia niñez. Un padre que creció sin mucho dinero puede estar tentado a consentir a su hijo para que nunca se sienta pobre. O una

---

[5]   *Body shaming:* Actitud en las redes de criticar y hasta insultar a las personas por cómo lucen sus cuerpos. (N. del T.)

madre que nunca se sintió "suficientemente bien" como niña cubrirá a su hija con toneladas de elogios para asegurarse de que se sienta bien sobre sí misma.

Tomemos como ejemplo a Dave. Desde el momento en que su hijo Nathaniel nació, Dave juró hacer su niñez mejor que la suya. Mientras creció, Dave nunca recibió mucha atención de su padre, quien trabajaba largas horas. Pero aun cuando estaba en casa, rara vez le prestaba atención, porque creía firmemente que los niños deben ser vistos, pero no escuchados.

Dave no quería que Nathaniel sufriera nunca la misma aflicción del rechazo o el dolor de la soledad. Así que invirtió todo su tiempo para asegurarse de que su hijo no experimentara esto durante su niñez. Y Dave estaba muy orgulloso de sí mismo por ser un padre muy activo.

Por eso se sorprendió cuando el maestro de preescolar de Nathaniel se acercó a él para comentarle que estaba preocupado por su conducta. Nathaniel era agresivo con otros niños y muy frecuentemente era insolente.

La culpa de Dave fue evidente desde nuestra primera sesión. Él llegó a mi consultorio diciendo: "Me siento como un fracasado. Hice todo lo que pude para que mi hijo fuera un niño feliz y equilibrado. Pero aparentemente ni siquiera eso hice bien".

Dave sabía que no había tenido un buen padre. Así que pensó que, si hacía lo opuesto de lo que había hecho su padre, eso significaría que estaba siendo un buen padre. Lo que no tomó en cuenta es que existía un feliz justo medio entre no dar suficiente atención a la crianza y sobreproteger a los hijos. Era solamente cuestión de darse cuenta exactamente cuál era ese justo medio.

Tenía que darse cuenta de que el comportamiento de su hijo no significaba que él era un "mal" padre. Significaba que su hijo necesitaba más apoyo. Y tenía que aceptar que más apoyo significaba más reglas y más consecuencias consistentes, no cantidades infinitas de atención.

Hacer a tu hijo el centro del universo lo hace centrarse en sí mismo

Cuando los niños son pequeños, piensan que el mundo se detiene cuando se van a dormir y que el día empieza para todos en el momento en que se despiertan. Y por un tiempo, este punto de vista egocéntrico es parte del desarrollo normal del niño. Pero si continúas mandando el mensaje de que el sol se levanta y se pone por tu hijo, él nunca va a aprender que el mundo es más grande de lo que él es.

En el caso de Brittany, sus padres hicieron que el mundo girara en torno a ella. Obtener todo lo que quería, cuando lo quería, llevó a un malsano complejo de superioridad, el cual interfería con sus amistades y otros niños pensaban que ella era mala.

EXAGERADA AUTOESTIMA HACE QUE LOS NIÑOS TIENDAN A SER AGRESIVOS

Decirle a un niño: "Eres un genio para las matemáticas", o "Eres la niña más bonita de todo el mundo", puede ayudar en el corto plazo. Cuando ella tiene cinco años, puede creer que esas cosas son ciertas. Pero en un momento dado se empezará a dar cuenta de que el resto del mundo no está de acuerdo.

Si ella crece creyendo que es la mejor jugadora de baloncesto, pero no logra entrar en el mejor equipo, tiene que reconciliar estas dos cosas. Más que concluir que tus afirmaciones son inexactas, es más probable que decida que otras personas no reconocen la grandeza aun cuando la tienen enfrente. Así que puede concluir: "No entré al equipo porque el entrenador es tonto" o "Las otras niñas entraron porque el entrenador les tiene lástima".

En 2012 un estudio de la Universidad de Florida encontró que los niños que se sienten extra especiales es más probable que se muestren agresivos ante la crítica. Les cuesta trabajo escuchar palabras que no les gustan y es más probable que agredan y culpen a otros.

LA NECESIDAD DE ADMIRACIÓN NUNCA ES SATISFECHA

Los padres con los que trabajo usualmente dicen cosas como: "Es un mundo duro. Tengo que fortalecer a mi hijo porque el mundo lo va a destruir". Pero los métodos para "fortalecer a su hijo" usualmente incluyen elogios inmerecidos y exagerados.

Los elogios excesivos no van a fortalecerlo de la forma en que tú crees. De hecho, las alabanzas exageradas hacen que los niños se preocupen con sentimientos de superioridad. Esto se puede convertir en un círculo vicioso cuando el niño requiere más admiración y atención. Nunca se sienten satisfechos y siempre buscan más validación externa.

Aquí hay algunos de los problemas más inmediatos que derivan de los niños que piensan que el mundo gira en torno a ellos:

- **Empatía disminuida.** Es imposible considerar las emociones de otras personas cuando los niños piensan que sus sentimientos son los únicos que importan.
- **Insatisfacción crónica.** Los niños no aprecian nada cuando tienen todo lo que quieren.
- **Persistencia reducida.** Los niños engreídos piensan que no tienen que esforzarse mucho para obtener lo que quieren.
- **Desagradables para convivir.** Los niños se vuelven irritables, mandones y demandantes cuando piensan que todo se trata de ellos.
- **Esperan gratificación inmediata.** Esperan que todo suceda de acuerdo con sus deseos.

NIÑOS CENTRADOS EN SÍ MISMOS SE CONVIERTEN EN ADULTOS NARCISISTAS

Anteriormente se tenía la creencia de que el narcisismo, que se caracteriza por sentimientos de grandeza y constante necesidad de admiración, era el resultado de crecer con padres fríos y poco cariñosos. Pero investigaciones recientes han desacreditado esa teoría y nos muestran que, de hecho, lo cierto es lo opuesto. Los padres que "sobrevaloran" a sus hijos les dan ese grandioso sentimiento de autoimportancia que incrementa la posibilidad de que se conviertan en adultos narcisistas.

¿Cuál es el problema en ser un narcisista? Bueno, para empezar, los adultos narcisistas no son personas felices. Reportan sentirse vacíos y nunca son capaces de satisfacer completamente su necesidad de admiración. Su egoísmo interfiere con su habilidad de mantener relaciones sanas.

A diferencia de las personas mentalmente fuertes, que se sienten agradecidas por lo que tienen, la gente narcisista siente que el mundo les debe algo. Caminan resentidos por el mundo y sienten que nunca obtienen la atención, admiración y poder que merecen.

¿Qué hacer en su lugar?

En el caso de Tom y Carol la solución para el sentimiento de superioridad de Brittany, su hija consentida, fue cambiar completamente su forma de crianza. Tom y Carol tuvieron que dejar de tratarla como si fuera más especial que los demás.

Enseña a tu hijo a enfocarse más en lo que puede dar, en lugar de lo que puede tomar de otros. Prevén que tu hijo crea que el mundo gira en torno suyo, reemplazando:

- Egoísmo con gentileza
- Privilegio con gratitud
- Narcisismo con autoestima saludable
- Arrogancia con humildad

OFRECE APRECIO Y AFECTO GENUINOS

Billy, de ocho años, fue traído a terapia por sus padres después de que comenzó a comportarse mal en la escuela. Su maestro decía que interrumpía en clase y tenía problemas para llevarse con el resto de los niños. De hecho, era francamente irrespetuoso la mayoría del tiempo.

Cuando le hice algunas preguntas durante la primera sesión, la madre de Billy tomó unos audífonos de su bolsa y le dio su teléfono a Billy. Le indicó que jugara uno de sus juegos de carreras favoritos. Una vez que los audífonos estuvieron en sus oídos y él estaba preocupado jugando, susurró: "Estoy segura de que está haciendo esto porque se siente mal por sus problemas de habla". Billy había estado en terapia del lenguaje durante los últimos años y aunque había una mejora, algunas de sus palabras eran todavía difíciles de entender.

Luego que ella explicó la situación del chico con el habla y los problemas por los que habían pasado, le pregunté sobre las fortalezas de su hijo. Antes de que me contestara, le indicó a él que dejara el juego y le pidió que volviera a poner atención a la conversación. Una vez que se aseguró que tenía la atención de Billy, dijo: "Bueno, Billy es muy bueno para muchas cosas, ¿verdad, Billy?" Él asintió y sonrió y escuchó a su madre hacer una lista de talentos extraordinarios.

"Para empezar, ¡él es el corredor más rápido que he visto! Y puede patear un balón de soccer de un lado al otro de la cancha. También es muy listo. Ha avanzado mucho en matemáticas desde preescolar."

Su padre intervino y dijo: "Tiene realmente una mente mecánica. Le encanta desarmar cosas para ver cómo trabajan. Luego vuelve a armarlas, incluso mejor de lo que estaban antes. Desarmó mi reloj el otro día y lo volvió a armar otra vez".

En ese punto, la madre de Billy tomó otro turno en la enumeración de sus impresionantes logros. Los elogios para Billy siguieron sin parar.

Y mientras era refrescante ver a padres que realmente podían identificar las fortalezas de su hijo (algunas veces los padres de niños mal portados tienen problemas para nombrar una sola cosa buena sobre ellos), los informes sobre sus extraordinarias habilidades me dieron la pista para saber por qué Billy tenía problemas.

La mala conducta de Billy no surgía de cuestiones de autoestima muy arraigados, causados por un defecto del habla. De hecho, estaba portándose mal porque se sentía superior a los otros niños.

Los padres de Billy se habían preocupado tanto de que fueran a burlarse de él por sus problemas de lenguaje que trataron de compensarlo llenándolo de elogios. Y desafortunadamente muchas de las alabanzas que le daban no eran certeras. Claramente el complejo de superioridad de Billy no le iba a hacer ningún favor en el departamento de amistades.

Los padres de Billy debían comenzar a ser más honestos con Billy —y con ellos mismos. Tenían que dejar de decirle que era extraordinario en todo lo que hiciera. También tenían que hacerle ver que estaba bien conversar acerca de sus problemas de habla con él; no era un secreto. Él había estado en terapia de lenguaje por años y hablar abiertamente sobre sus problemas de lenguaje podía asegurar que no se sintiera avergonzado por ellos.

Muchos padres cometen los mismos errores que los padres de Billy. Alaban a sus hijos con el propósito de elevar su autoestima. Pero por mala fortuna, los comentarios exagerados e insinceros hacen más mal, que bien.

La alabanza es saludable cuando construye carácter. No es saludable cuando exagera el ego de tu hijo. Aquí hay algunos ejemplos de formas sanas y malsanas de elogiar a los niños:

1. Elogia la conducta compasiva

Señala conductas gentiles para que tu niño vea que hay que tratar a otros con respeto. Mantén el énfasis en cómo esta gentileza afecta a otras personas, más que en cómo es grandiosa la persona que hace una buena obra. Entonces él se interesará en ayudar a otros, aun cuando no estés para alabarlo por sus decisiones.

Situación: Tu hijo comparte una golosina con un amigo.

Elogio malsano: "¡Eres el niño más generoso que ha existido!"

Mejor elogio: "Fue muy amable de tu parte compartir tu golosina con tu amigo. Él se veía realmente contento de que la compartieras con él".

2. Elogia los esfuerzos de tu hijo en lugar de los resultados

Si tu hijo anota diez puntos en un juego de baloncesto o logra estar en el cuadro de honor, elogiar sus éxitos le enseñará la necesidad de sobresalir para ganar tu aprobación. Elogia su esfuerzo y actitud y él verá que valoras más el trabajo duro que la excelencia.

Situación. Tu hijo saca diez en su examen de matemáticas.

Elogio malsano. "¡Buen trabajo en tener todas bien!"

Mejor elogio. "Has estado trabajando muy fuerte este año. ¡Tu esfuerzo está realmente dando dividendos!".

3. Elogia cosas que tu hijo tenga bajo control

Elogiar las características innatas de tu hijo, como qué tan bonita es o qué tan listo es, no ayuda porque esas cosas no están bajo su control. Elógialo por lo que hace, más que por lo que es.

Situación. Tu hijo anota un gol en un juego de soccer.

Elogio malsano. "¡Eres un gran atleta!"

Mejor elogio. "Realmente estuviste activo en la cancha hoy. Me di cuenta de que te estabas esforzando mucho."

TRÁTALO COMO NIÑO, NO COMO REY

En mi consultorio veo en muchas familias de segundo matrimonio que están lidiando con una serie de problemas familiares complicados. Y Alyson y Matt no fueron la excepción. Matt y su esposa Alyson tenían

una visita semanal con Kiera, la hija de ocho años de Matt de su matrimonio anterior.

Matt y Alyson no se sentían cercanos a Kiera. Matt decía: "Es imposible para nosotros tener una relación padre-hija sana cuando sólo la veo
los fines de semana. Y aunque Alyson ha estado conmigo por tres años,
tampoco tiene una relación estrecha con Kiera".

Matt afirmaba que disfrutaban sus visitas semanales, pero él decía:
"No estamos ahí para las cosas cotidianas. Como la tarea y la práctica
de softbol". Alyson concordaba diciendo: "Tenemos una relación bastante formal con ella".

Ellos explicaban cómo trataban de incluir toda la diversión que podían en cada fin de semana. Iban al parque, veían películas, comían en
restaurantes y jugaban juegos cada vez que los visitaba. Simplemente no
sentían que Kiera pudiera abrirse con ellos.

Discutimos cómo serían diferentes sus visitas de fin de semana si
Kiera viviera con ellos todo el tiempo. Ellos dijeron que, si Kiera estuviera con ellos toda la semana, probablemente pasarían sus fines de
semana relajándose, haciendo mandados y trabajos en la casa.

Les pregunté por qué no hacían esas cosas con ella ahora y Matt dijo:
"Porque nuestro tiempo con ella es tan limitado, que no queremos des-
perdiciarlo haciendo cosas ordinarias". Por supuesto, eso era comprensible. Pero mientras trataran a Kiera como un huésped especial, más que
como su hija, ellos no iban a tener una relación normal con ella.

Le sacaban la alfombra roja cada fin de semana. Lo que quisiera hacer, eso hacían. No era de sorprenderse que no se sintiera en confianza
con ellos.

Ellos aceptaron tratarla más como un miembro de su familia. Y poco
a poco, en el transcurso de unas semanas, hicieron sus fines de semana
comparativamente comunes. Iban a la tienda, cocinaban comidas en
casa y hacían su vida de una manera más normal. Kiera estaba incluida
en sus actividades, pero el foco ya no estaba en proveerle entretenimien-
to constante.

Para su sorpresa, Kiera no se quejó del cambio de actividades. En cambio, parecía contenta al ayudar a su padre a limpiar la cochera y estaba feliz de ir de compras a la tienda con su madre adoptiva. También pasaba tiempo en su cuarto sola —lo que también era nuevo— y Matt y Alyson reconocieron que parecía sentirse más "en casa". Aunque pensaron que estaban haciendo lo correcto al llenarla de atenciones, aprendieron con gusto que dejarle un poco de espacio era lo mejor para ella.

No importa el tipo de familia que tienes —de segundo matrimonio o de otro tipo—, tu relación con tu hijo se beneficia cuando no lo tratas como si fuera el centro del universo. Trátalo como un amado y respetado miembro de tu familia, esperando que contribuya con su parte. Cuando él tiene expectativas realistas de cómo ser tratado, y cómo debe tratar a otros, estará mejor preparado para crear relaciones sanas con otras personas.

Cómo enseñar a los niños que no son el centro del universo

Mientras algunos niños dedican sus años de adolescencia a reunir dinero para caridades o a ayudar a los menos afortunados, otros dedican su tiempo extra a pensar qué es lo que se van a poner la noche del sábado. Tu hijo no tiene que tratar de cambiar el mundo —pero es importante que vea que el mundo no gira en torno a él. Trata de criar a un niño gentil y comprensivo que reconozca las necesidades de otros, en conjunto con las propias.

En el caso de Brittany, la consentida hija única, sus padres tenían que mostrarle que no tenía derecho a todo lo que quisiera. Tenían que enseñarle que necesitaba pensar en los sentimientos de las otras personas y necesitaba aprender cómo manejar sus emociones de modos más correctos socialmente.

PONERTE EN LOS ZAPATOS DE ALGUIEN MÁS

Para los niños es fácil quedar atrapados en la idea de que su punto de vista es la única forma de observar una situación. Enseña a tu hijo que sus acciones pueden tener efecto en otras personas y que es importante pensar en los sentimientos de los demás.

Cuando tu hijo hiere a alguien más, física o emocionalmente, puede resultar tentador castigarlo y decirle que debe ser "más bueno" la próxima vez. Pero cuando los niños no entienden cómo pensar sobre las situaciones de otras personas, les es difícil tratar a otros con más respeto.

Así que, aunque puede ser útil preguntar a tu hijo: "¿Qué puedes hacer diferente la próxima vez?", hay mejores preguntas que pueden ayudar a los niños a pensar sobre cómo su conducta afecta a alguien más. Si tu hijo daña a alguien, pídele que complete las preguntas "en los zapatos de alguien más" antes de que pueda recuperar sus privilegios.

Aquí están cuatro preguntas para hacer a tu hijo:

1. *¿Qué error cometí?*
2. *¿Cómo afectó mi conducta a la otra persona?*
3. *¿Qué hubiera hecho en el lugar de la otra persona?*
4. *¿Qué puedo hacer mejor la próxima vez?*

Si tu hijo le pega a su amigo, dale un tiempo fuera. Luego que haya terminado este periodo, dile que puede volver a jugar con sus juguetes otra vez si te habla sobre "los zapatos de alguien más". Aquí te pongo un ejemplo:

Padre. ¿Qué hiciste mal?

Hijo. Le pegué a Avery.

Padre. ¿Cómo le afectó a Avery esto?

Hijo. Hice que le doliera su brazo. Y también lastimé sus sentimientos.

Padre. Sí. Así es. ¿Qué hubieras hecho si hubieras sido Avery?

Hijo: Probablemente hubiera contestado con un golpe.

Padre. ¿Qué puedes hacer la próxima vez para que no lastimes a Avery?

Hijo. Podría venir a decirte que me quitó mi juguete.

Padre. Ésa puede ser una buena opción para que no lastimes a Avery.

El punto del ejercicio debería ser ayudar a tu hijo a pensar más en cómo ser respetuoso con los demás en el futuro, no necesariamente cómo evitar consecuencias. Tener conversaciones como ésta regularmente cada vez que tu hijo rompa las reglas puede recordarle que otras personas también tienen sentimientos.

INCULCA UN SENTIMIENTO DE GRATITUD

Tu hijo no insistirá en que necesita más atención, más aprecio y más posesiones materiales cuando está agradecido por lo que ya tiene. Inculcar la gratitud en un niño proporciona muchos beneficios, incluyendo mayor satisfacción con su vida y menores niveles de envidia, materialismo y depresión.

Expresa gratitud por las cosas simples de la vida, como la lluvia que riega las plantas y el sol que te calienta. Ayuda a tu hijo a ver que siempre hay algo por lo que debemos estar agradecidos.

Aquí hay algunas formas de enseñar a tu hijo la gratitud:

- **Establece un ritual diario de gratitud.** Ya sea que preguntes: "¿Cuáles son las dos cosas por las que debes dar las gracias hoy?", antes de ir a la cama, o que tomes turnos en la mesa antes de cenar para decir por qué te sientes agradecido, hazlo un hábito diario.
- **Construye un frasco o pizarrón de la gratitud.** Toma turnos para escribir sobre lo que estás agradecido y cuélgalo o ponlo en el frasco. Ver crecer el número de pedazos de papel ayudará a toda la familia a ver cuántas cosas buenas tienen en la vida.

- **Anima a tu hijo a escribir un diario de gratitud.** Escribir un diario de gratitud cada día puede estimular significativamente el éxito emocional y social de un niño. Anima a tu hijo a empezar un diario sencillo en el que haga una lista de las tres razones por las que está agradecido cada día.

RECONOCE ALTERNATIVAS POSIBLES

Habrá ocasiones en que tu hijo insistirá en que el comportamiento de otras personas está centrado en él. Cuando notes que tu hijo supone que el mundo gira a su alrededor, ofrece alternativas posibles. Te pongo un ejemplo:

Hijo. Eva debe estar enojada conmigo. Nunca contestó mi mensaje de texto.

Padre. ¿Es la única razón por la que pudo no haber contestado?

Hijo. Sí, ella siempre contesta.

Padre. ¿Es posible que esté haciendo algo en donde no pueda tener encendido su teléfono?

Hijo. Lo dudo.

Padre. ¿O tal vez se quedó sin batería? O tal vez se portó mal y le quitaron su teléfono. ¿Alguna otra razón por la que no hubiera podido contestar?

Hijo. Es posible. Tal vez se quedó dormida o algo.

Padre. Correcto. Aunque una posibilidad es que esté enojada contigo, hay cientos de otras posibilidades por las que todavía no te haya contestado.

Reconoce que es fácil asumir que las elecciones de otras personas tienen algo que ver con nosotros. Busca oportunidades para recordar gentilmente a tu hijo que los días —y vidas— de otros no se desenvuelven alrededor de él. Cuando lo ayudes a desarrollar expectativas realistas sobre otras personas y él sea capaz de ver las cosas desde otro punto de vista, estará equipado para lidiar con los problemas reales del mundo.

Enseña empatía a niños de preescolar

Aunque la empatía es un concepto complejo, preescolar es un momento oportuno para empezar a enseñar a tu hijo cómo considerar los sentimientos de alguien más. Una de las formas más efectivas de enseñar empatía es mostrar empatía a tu hijo.

Si tu hijo llora porque se raspó la rodilla, dile: "Siento mucho verte lastimado. Las rodillas raspadas no se sienten nada bien". Luego de que le hayas dado un abrazo, besado sus heridas y vendado sus raspones, muéstrale que te importa su bienestar.

Responde de manera similar al dolor emocional. Menciona cosas como: "Ya sé que te sientes asustado ahora" o "Me siento triste, cuando estás triste". Trata de resolver el problema juntos diciendo cosas como: "¿Qué podemos hacer para que te sientas mejor?".

Responder al dolor de tu hijo con empatía lo ayudará a aprender a reconocer cuándo otras personas están teniendo problemas. Así será más probable que colabore y ayude cuando vea a alguien en problemas.

Enseña a tu niño en edad preescolar emociones básicas, como estar contento, enojado, triste y asustado. Describe cómo te sientes cuando tengas una conversación diciendo cosas como: "Me hace feliz que vayamos a visitar a la abuela hoy" o "Me entristece que no te sientas bien". Señala que también otras personas que tienen emociones. Cuando veas a un niño llorando, dile: "Ese niño se ve triste" o "Ese pequeño niño se ve bastante enojado porque se tiene que ir a casa".

Algunos estudios nos muestran que hablar del contenido emocional en las historias aumenta la comprensión emocional en los niños. En una investigación conducida por un grupo de estudiosos de la Universidad de Milán-Bicocca, los niños fueron divididos en dos grupos —un grupo hizo dibujos sobre lo que leían y el otro grupo discutió las emociones de los personajes. Después de dos meses, los niños en el grupo de conversación mostraron mayor comprensión de las emociones y más empatía.

Leer libros y ver televisión con tus hijos te da muchas oportunidades para hacer pausas para preguntar cómo se sienten los personajes. Pregunta cosas como: "¿Cómo sabes que está enojado?" y "¿Cómo sabías que se sentía triste?" Reconocer las señales del lenguaje corporal y verbal como emociones y decir ese tipo de cosas en voz alta ayudará a tu niño a entender mejor que también otras personas tiene sentimientos.

Si realmente quieres ayudar a tu hijo a ser empático, pídele que te muestre cómo se sienten otras personas. Algunos investigadores han encontrado que imitar las expresiones faciales produce cambios en el cerebro que corresponden a una emoción específica. Hacer una cara triste o enojada puede cambiar incluso tu ritmo cardiaco, la conductividad de la piel y la temperatura del cuerpo.

Cuando le digas a tu hijo que te muestre cómo se siente alguien más, obtendrá más información sobre las emociones de otras personas. Dile cosas como: "Hazme una cara que muestre cómo piensas que se sintió Avery cuando le pegaste". Cuando tu hijo trata de hacer que su cara se vea triste, frunciendo el ceño y mirando hacia abajo, realmente se siente triste.

Tú puedes también usar esto para enseñarle cómo esta conducta prosocial afecta a la gente de una forma positiva. Dile: "Haz una cara que me muestre lo que piensas que sintió tu abuela cuando le hiciste un dibujo". Cuando tu niño se sonría, sentirá contento y reconocerá cómo su conducta influye en otros.

Enseña el voluntariado a niños de edad escolar

Cuando tu niño se rehúsa a comer su brócoli y le dices: "En el mundo hay niños que se están muriendo de hambre y que les encantaría comerse esa comida", ese tipo de lógica no va a promover un sentimiento global de compasión. Pero haciendo voluntariado como familia en un centro de acopio, puede hacerle abrir los ojos a los problemas de otras personas fuera de su ámbito.

Los niños que hacen voluntariado son más empáticos con otros. Adicionalmente, involucrarse en proyectos de servicio comunitario da a los niños un sentido de significado y propósito. Hacer voluntariado a una edad temprana incrementa las posibilidades de que lo practiquen en la adolescencia y a lo largo de la edad adulta.

Cuando tu hijo está activamente involucrado en trabajo de voluntariado, aprenderá que otras personas también tienen problemas Él pensará más sobre cómo ayudar a la comunidad en general, en lugar de demandar que sus necesidades sean satisfechas todo el tiempo.

Más que hacer campañas en línea o mandar dinero a un país del Tercer Mundo, siempre que puedas involucra a tu hijo en actividades de participación personal. Aquí hay algunas actividades de voluntariado que tu niño de edad escolar puede hacer con tu ayuda:

- Podar el pasto de un vecino adulto mayor
- Servir comidas en un comedor comunitario
- Hacer paquetes con artículos de primera necesidad para indigentes y donarlos a un albergue
- Ser voluntario en un albergue para animales
- Hacer tarjetas o pequeños regalos para una casa-hogar o para niños en un hospital
- Participar en un proyecto de limpieza comunitaria

Muestra a tu niño que hay muchas cosas que puede hacer para establecer una diferencia en el mundo. Cuando se vea como alguien que tiene dones valiosos que dar a otros, pasará menos tiempo pensando que el mundo gira alrededor de sus deseos y necesidades.

Enseña a los adolescentes que el mundo es más grande de lo que piensan

En un ambiente que alienta a los jóvenes a difundir cada aspecto de sus vidas en redes sociales con *selfies* y videos personalizados, enseñar a los adolescentes a ser menos egocéntricos plantea algunos retos interesantes. Una forma de ayudar a tu adolescente a ver que hay más personas y cosas en el universo que él es inspirarle asombro.

Investigadores de la Universidad de California en Berkeley encontraron que los sentimientos de asombro proveen una nueva prospectiva del mundo y de nuestro lugar en él. Maravillarnos nos puede llevar a sentirnos más pequeños y ayudarnos a ver que estamos en presencia de algo más grande que nosotros mismos.

Cuando tu muchacho experimente el asombro, se sentirá conectado con el mundo a su alrededor. Pero al mismo tiempo verá que no es el centro del universo.

Los sentimientos de asombro son tan poderosos que tienden a disparar una respuesta fisiológica en tu cuerpo. Cuando sientes la piel de gallina al contemplar el Gran Cañón de Colorado o al ver el cielo en una noche estrellada, es porque los sentimientos de asombro activaron tu sistema simpático. Los músculos debajo de tu piel se contraen y hacen que tus vellos se ericen. Eso es poderoso.

Entonces, ¿cómo puedes evocar sentimientos de asombro en tu adolescente? Las maravillas naturales, ya sea una cordillera espectacular o una vista del océano, son fundamentales para suscitar sentimientos de estupefacción. Pero no todo el mundo se siente inspirado por las mismas cosas.

Así, mientras un muchacho puede conmoverse por un paseo en canoa en un lago, otro puede sentir un sentimiento de asombro al ver un esqueleto de un T-Rex en un museo. Así que busca cosas que produzcan asombro en tu hijo. Y la buena noticia es que no tienes que viajar por el mundo para promover el asombro.

Mirar las fotografías de un libro o ver videos educacionales pueden inspirar un sentido de asombro. Si tu muchacho no se impresiona con la naturaleza, no te preocupes. Para algunos adolescentes, escuchar historias de la vida real acerca de personas que llevaron a cabo grandes actos de generosidad o que vencieron la adversidad también pueden inspirar un sentido de asombro.

Niños que conocen su lugar en el mundo se convierten en adultos que contribuyen a la sociedad

Cada año los premios comunitarios Prudential Spirit honran a niños y adolescentes que llevan a cabo servicio comunitario ejemplar. Muchos de estos chicos han llevado a cabo hazañas que adultos consideran imposibles.

La lista de 2016 incluía niños como Kayla Abramowitz, una muchacha de catorce años de North Palm Beach, Florida, que comenzó una organización sin fines de lucro llamada Kayla Cares 4 Kids. Ella reunió diez mil DVD, libros y otros objetos para hospitales y casas de Ronald McDonald en los cincuenta estados de los Estados Unidos.

Gracie Davies, de once años, de Lousville, Kentucky, ayudó a juntar más de $140 mil dólares para bebés prematuros. Tan sólo en quinto grado, Grace distribuye alcancías entre los estudiantes de su comunidad y los anima a llenarlas.

Jakcson Silverman de diez años, de Charleston, Carolina del Sur, empaca bolsas con almuerzos el fin de semana para chicos que no tienen mucha comida en casa. Él persuadió a un centro de acopio local que le permitieran empezar un programa de voluntariado para jóvenes, el cual ha empacado más de catorce mil almuerzos.

Hay muchos más niños trabajando duro para ayudar a otras personas, Pero no podrían hacerlo si se vieran como el centro del universo.

Las personas mentalmente fuertes no piensan que el mundo les debe nada. Se enfocan más en dar, que en tomar y reconocen que tienen el poder para crear cambios positivos. Más que decir: "Alguien debe hacer algo", ellos reconocen que son los que pueden actuar. Si crías a tu hijo para que vea que sólo es tan especial como cualquier otro, será una persona más amable y compasiva, comprometida en hacer del mundo un lugar mejor.

Soluciones y trampas comunes

No caigas en la trampa de creer que entre más le des a tu hijo serás mejor padre. Y no empieces a pensar que entre más le des a tu hijo, más dará a los demás. Esas estrategias serán contraproducentes.

Haz un esfuerzo para hablar con tu hijo sobre lo que puede dar, no sólo sobre lo que quiere ganar. Así que en lugar de hablar sobre qué tanto dinero quiere ganar en su futura carrera, pregúntale con qué quiere contribuir a la sociedad. Más que enfocarte en qué regalos quiere abrir en las fiestas, ayúdale a hacer una lista de regalos que quiera dar a otras personas.

Otro problema común es cuando los padres dedican todo su tiempo a las actividades de sus hijos. Mientras que las actividades extracurriculares pueden llenar tu tiempo libre rápidamente, no dediques cada segundo de tu tiempo para ser el chofer, porrista y coordinador de entretenimientos de tu hijo.

Es saludable tomarte tu tiempo para ti mismo y realizar actividades que no involucren a tu hijo. Ya sea que de vez en cuando te des una escapada de fin de semana o que hagas de ir al gimnasio una prioridad en tu vida, es bueno que tu hijo vea que te cuidas.

Finalmente, no insistas en que tu hijo es la excepción de la regla. Pedirle al director de la banda que le permita quedarse a tu hijo aunque no haya logrado ganar un puesto, o pedirle al entrenador que le permita jugar el partido, aunque no haya asistido al entrenamiento, sólo refuerza la creencia de tu hijo de que es extra especial.

Deja que tu hijo siga las reglas y protocolos como cualquiera. Independientemente de lo que creas que es justo, piensa que, si lo haces seguir las reglas, eso le enseñará que no es superior.

QUÉ ES ÚTIL

* Ofrecer elogios legítimos
* Provocar asombro
* Hacer voluntariado como familia
* Crear rituales de gratitud
* Enseñar empatía
* Ayudar a tu hijo a ponerse en los zapatos de los demás

QUÉ NO ES ÚTIL

* Hacerle elogios exagerados
* Tratar de forma especial a tu hijo
* Enfatizar los logros de tu hijo por encima de su esfuerzo
* Insistir en que tu hijo es la excepción de todas las reglas
* Hacer que tu vida gire en torno a las actividades de tu hijo

4

No permiten que el miedo dicte sus decisiones

Ana trajo a Zoey, su hija de doce años, a consulta porque le asustaba que su conducta se estaba saliendo de control. "¡Mira su cabello! Se lo pintó la semana pasada sin mi permiso", me dijo mientras señalaba el cabello obviamente pintado de rubio de su hija.

El marido de Ana, Paul, trabajaba largas horas. Así que, como ama de casa, Ana se hizo cargo de la mayoría de los deberes de la crianza de Zoey y sus cuatro hermanos menores. Ana dijo que estaba encima de sus hijos para prevenir que salieran e hicieran cosas "como ésta". "La dejo ir a la casa de una amiga por unas horas y regresa viéndose así. Esto sólo sirve para demostrar que debo ser más estricta con ella porque no le podemos tener ninguna confianza", dijo Ana.

Mientras Ana describía las reglas de su casa, la expresión "estar encima de ellos" tomaba más y más sentido. Su casa parecía más un cuartel, que una casa amigable con los niños.

Zoey y sus hermanos menores tenían planeado casi cada minuto de su día. Ana se aseguraba de que Zoey tuviera nueve horas exactas de sueño cada noche. Del mismo modo monitoreaba el ejercicio físico de los niños y se aseguraba que tuvieran cada día sus sesenta minutos recomendados. Ana describió las otras medidas que tomaba para promover una vida saludable, *tales como comprar productos orgánicos y asegurarse de que todos usaran gel sanitario cuando salían. "¡Nunca sabes qué tipo de gérmenes puedes pescar!", exclamó.*

Además del "tiempo de ejercicio", había dos horas obligatorias de estudio y tareas cada día. Los niños tenían una larga lista de deberes que debían completar, pero tenían permitido treinta minutos para ver programas educativos en línea, pues Ana pensaba que otros niños pasaban demasiado tiempo delante de una pantalla. "Es malo para sus ojos, sin mencionar sus cerebros".

Era algo raro que Ana permitiera a alguno de los niños visitar la casa de un amigo. Pero ahora que Zoey había ido a casa de una amiga y se había teñido el cabello, Ana dejó claro que no permitiría que visitara a sus amigos nunca más.

Ana estaba preocupada de que este "acto de rebeldía" fuera la manifestación de un problema más profundo. Aparte de sus preocupaciones por los "químicos tóxicos" que Zoey había puesto en su cabello, pensaba que Zoey tenía un problema de imagen corporal o un problema de salud mental. Ana asumió que la decisión de Zoey de aclarar su pelo significaba que no se sentía bien con ella misma, que fue por lo que la trajo a terapia.

Aunque Ana esperaba que el tratamiento incluyera "arreglar a Zoey", no había nada malo con la chica. En cambio, mis recomendaciones fueron que Ana cambiara sus hábitos como madre.

Los verdaderos problemas parecían ser:

1. **Las reglas de Ana eran inflexibles.** Estas estrictas normas estaban impidiendo el desarrollo de Zoey.
2. **Ella veía conductas normales en los niños como una prueba de que sus niños necesitaban más organización.** Ella creía que cualquier desviación de sus reglas era una prueba de que los niños estaban "fuera de control".

Mis recomendaciones incluyeron:

1. **Aprender sobre el desarrollo infantil.** Ana debía transformar su manera de pensar antes de que cualquier cambio real pudiera darse. Le recomendé leer varios libros sobre el desarrollo infantil en los que pudiera aprender sobre las necesidades de Zoey.

2. **Programar tiempo libre.** Zoey necesitaba tiempo para crear, explorar y ser sólo una niña, lo que significaba menor organización. Le recomendé a Ana programar al menos una hora al día en la que Zoey pudiera hacer lo que quisiera.

3. **Dar la oportunidad a Zoey de tomar decisiones.** Zoey necesitaba aprender a tomar buenas decisiones y a resolver problemas por sí misma, sin que su madre interfiriera y ofreciera sugerencias. Permitirle tomar pequeñas decisiones, como hacer si hacer primero sus deberes o su tarea, le daría una oportunidad de afirmar su independencia de una manera segura.

4. **Relajar algunas de las reglas.** Era importante para Ana darse cuenta que dejar a Zoey acostarse un poco más tarde una noche o dejarla comer algunos dulces de vez en cuando, no iba a conducir a un completo caos.

Ana tenía dudas sobre dejar de lado algunas de sus reglas. Tenía miedo de que, si dejaba ir un poco de su control, el resultado sería la completa anarquía. Microgestionar la vida de sus hijos la ayudaba a sentir que tenía más control, y esto la ayudaba a mantener su ansiedad a raya.

Así parte del tratamiento de la familia implicó ayudar a Ana a desarrollar herramientas para que Ana aprendiera a manejar su ansiedad. Una vez que aprendió que podía tolerar la incertidumbre, tuvo la posibilidad de tomar decisiones de crianza que eran mejores para sus hijos, no para controlar su ansiedad.

Para el alivio de Ana, relajar un poco sus reglas no la llevó a la anarquía total. Cuando le dio a Zoey un poco de libertad, la motivó a demostrar que podía ser responsable, porque quería tener más privilegios.

¿Cuántas de tus decisiones sobre la educación de tus hijos responden al miedo?

Criar a un niño en el mundo de hoy puede sentirse atemorizante. Pero si permites que tu miedo dicte tus decisiones, hay una buena posibilidad de que tu hijo sufra las consecuencias. ¿Algunas de estas afirmaciones te suenan familiares?

- Me esfuerzo mucho para asegurarme de que mi hijo no tenga miedo.
- Soy sobreprotector con mi hijo la mayor parte del tiempo.
- Me preocupo por mis hijos más que el resto de los padres.
- Rara vez dejo que mi hijo vaya a lugares y haga cosas sin mí.
- Hay muchas cosas que no dejo hacer a mi hijo porque me preocupa que se lastime física o emocionalmente.
- Pienso que mi trabajo es prevenir que mi hijo sea criticado.
- Dedico mucha energía a pensar en lo peor que le puede pasar a mi hijo.
- Cuando mi hijo está asustado, de inmediato intervengo para rescatarlo.
- Gasto más energía en calmar a mi hijo que en enseñarle cómo calmarse a sí mismo.
- Mucha de mi energía se dirige a reducir todo tipo de riesgos que mi hijo pueda enfrentar.

Por qué los padres educan por miedo

Para mantener su ansiedad bajo control, Ana desarrolló reglas inflexibles y duras. Se volvió rígida respecto a los horarios de los niños, y restringió sus actividades. Y aunque tenía buenas intenciones, criar a sus hijos tuvo más que ver con controlar *su* ansiedad.

Como padre puede ser seguro y confortable errar por un exceso de cautela. Después de todo, no es probable que tu hijo vaya a quedar marcado de por vida si no lo dejas ir a esa fiesta de cumpleaños en la casa en la que no conoces a los padres. Pero en ocasiones tus decisiones sobre la crianza de tus hijos pueden tener más que ver con reducir tu propio estrés que en hacer lo que es mejor para tu hijo.

LAS NOTICIAS HACEN QUE EL MUNDO PAREZCA ATEMORIZANTE

Ya sea que estés revisando tus redes sociales o que sintonices tu canal local de noticias, es probable que veas historias sobre desastres naturales, violencia y enfermedades que se están diseminando sin control. Tal vez incluso veas una noticia sobre un niño que ha sido secuestrado o un tiroteo. Escuchar noticias sobre tragedias y atrocidades puede hacerte sentir que el mundo se está cayendo a pedazos.

En 2014 un estudio de la Fundación Robert Wood encontró que 40 por ciento de americanos se estresaban al leer, escuchar o ver las noticias. Finalmente, la ansiedad derivada de las noticias cambia la forma en que algunos padres educan a sus hijos. Luego del tiroteo en la escuela primaria de Sandy Hook, una madre con la que yo trabajaba inscribió a sus hijos en una escuela privada porque "las escuelas públicas ya no son seguras". Otra familia pasó horas cada semana revisando sus opciones para que sus hijos estudiaran en casa, porque no querían seguir "poniendo a sus hijos en riesgo".

Estadísticamente, tu hijo tiene un riesgo mayor de morir en un accidente de auto de camino a la escuela que en un tiroteo en la misma. Pero no es de sorprender que estos padres tengan miedo. A pesar de que el crimen violento ha disminuido en las últimas décadas, las agencias noticiosas hacen parecer que el mundo es más peligroso que nunca.

ES DIFÍCIL RECONOCER LO QUE ES VERDADERAMENTE PELIGROSO

En 2008, Leonore Skenazy permitió que su hijo de nueve años regresara a casa solo tomando el metro en Nueva York. Equipado con un poco de dinero y una MetroCard, regresó a casa sin novedad.

Cuando escribió un artículo sobre ello en el *New York Sun*, padres indignados la acusaron de poner a su hijo en peligro. Pronto fue llamada "La peor madre del mundo" y medios de comunicación, psicólogos y expertos en educación infantil de todo el mundo evaluaron su habilidad para criar a sus hijos.

Esta reacción negativa la llevó a empezar el "Movimiento Niños Libres Sin Jaula",[6] que busca que los padres den a los hijos más libertad. Ella propone que los niños de hoy en día están más a salvo y son más competentes que los que la mayoría de los padres pueden aceptar.

Skenazy no es el único padre que ha salido en las noticias por darle a su hijo demasiada libertad. En 2014 en Carolina del Sur una madre fue arrestada por dejar a su hija de nueve años en un parque mientras ella trabajaba en un restaurante de comida rápida cercano. Incontables titulares mencionan historias similares de niños que caminan solos o que son dejados solos dentro de vehículos.

Tales titulares nos hacen plantearnos muchas preguntas sobre cuestiones de seguridad y mejores prácticas de crianza. Y si bien es cierto que es peligroso dejar a un niño pequeño dentro de un automóvil en el

---

[6]   "Free Range Kid Movement", el cual postula que se puede dar a los niños el mismo tipo de libertad que uno tuvo como niño sin que nos volvamos locos de la preocupación. (N. del T.)

que haga un calor sofocante, ¿qué decir en cambio de dejar dentro de un coche a uno de siete años en un día con una temperatura de diez grados, mientras que el padre corre a la estación de gasolina por dos minutos?

Hay muchos consejos sobre cómo criar niños saludables. Puede ser abrumador. Mientras un sitio web nos advierte que los lagos pueden estar llenos de amibas comecerebros, otro sitio web sobre salud advierte que poner una liga para el pelo en tu muñeca puede propiciar una infección que ponga en peligro tu vida. Aun cuando ese tipo de riesgos son mínimos, escuchar historias extremadamente aleccionadoras puede hacer que dudes de tus decisiones sobre cómo criar a tus hijos.

Perteneces a esta primera generación de padres que pueden investigar lo que sea en cuestión de segundos —lo que puede ser una bendición y al mismo tiempo una maldición. Ya no tienes que depender de la respuesta de un solo párrafo del diccionario médico sobre el extraño sarpullido de tu niño. Ahora puedes buscar cientos de páginas de información, especulación e historias personales de terror. En cuestión de minutos, puedes convencerte de que la pequeña mancha de piel enrojecida es realmente una forma de mortal cáncer de piel.

Una inagotable oferta de opiniones sobre crianza, alarmismo y sensacionalismo puede fácilmente provocar que te conviertas en un hipocondriaco de la crianza de tus hijos.

La educación de los niños desde el miedo provoca en ellos ansiedad acerca del mundo

La meta de Ana y de su estilo militar de educación era mantener un completo control sobre todo, todo el tiempo. Ella microgestionaba las actividades de sus hijos hasta los más pequeños detalles. Y no veía que sobreproteger a sus hijos probablemente limitaría su desarrollo.

Aun si no estás administrando un cuartel, puede haber algunas formas en las que educas desde el miedo. Tus tentativas para controlar tus emociones, si no eres cuidadoso, pueden llevar a estrategias educativas poco productivas.

LA EDUCACIÓN DESDE EL MIEDO NOS LLEVA A MALAS DECISIONES EDUCATIVAS

Cuando educas desde el miedo, no puedes ser capaz de tomar las mejores decisiones para tu hijo. Éstas son las cosas más comunes que hacen los padres cuando el miedo dicta sus estrategias de crianza:

1. **Son sobreprotectores.** Los padres inhiben las actividades de sus hijos cuando están asustados. Limitan la capacidad de sus hijos para crear, explorar y experimentar una niñez rica.
2. **Son intrusivos.** Microgestionan todo e imponen sus opiniones, incluso cuando no es necesario.
3. **Evitan lo incómodo.** Toman decisiones sobre sus hijos basados en la opción que les cause menos ansiedad, en lugar de lo que es mejor para sus hijos en el largo plazo.

Abril, una expaciente que originalmente empezó su terapia para manejar su ansiedad, exhibía estos tres malos hábitos. Había tenido una experiencia traumática cuando niña —su hermano menor se había ahogado en un río—, y ahora que era madre le aterrorizaba pensar que sus hijos pudieran ahogarse también.

Para mantenerlos a salvo, rondaba alrededor de ellos y nunca les permitía acercarse a playas, lagos o albercas. Se imaginaba que, si nunca tenían acceso a lugares que tuvieran aguas profundas, no podrían ahogarse, como su hermano menor.

Un día, mientras visitaba a unos amigos, su hijo de siete años salió a explorar, mientras se suponía que jugaba en el cuarto de su amigo. De alguna forma terminó cayendo en la alberca del vecino y no pudo nadar. Afortunadamente, el vecino escuchó el chapuzón y salió corriendo a auxiliarlo. Pero a raíz del incidente, Abril volvió a revivir su trauma.

Su primer instinto fue volverse más sobreprotectora con sus hijos. Tomó un poco de tiempo antes de que reconociera que sus esfuerzos por mantener a sus hijos lejos del agua en realidad los habían puesto en un riesgo más alto de ahogarse. Si quería mantenerlos a salvo, lo que necesitaba era enseñarlos a nadar.

Desafortunadamente hay muchos padres como Abril. Ponen su energía en los lugares equivocados. Más que enseñar habilidades de protección, evitan todo lo que pueda plantear un riesgo. Pero no puedes alejar a tus hijos del peligro por siempre. Es mejor equipar a tu hijo para enfrentarse con él, que asumir que los puedes proteger por siempre de todo riesgo.

EL MIEDO ES CONTAGIOSO

Tengo una variedad de juguetes en mi consultorio que, sin que los niños se den cuenta, me permiten evaluar, diagnosticar y tratar sus problemas. Los niños pequeños no pueden verbalizar los patrones mentales poco saludables o describir sus creencias fundamentales, pero me pueden mostrar cómo ven el mundo a través del juego.

La granja de juguete y sus figuras animales —cerdos, ovejas, vacas y caballos— son populares. Pero también tengo dinosaurios que se ven amenazadores y lobos que aparentan estar merodeando.

Los niños que ven el mundo como un lugar relativamente seguro colocan cercas alrededor de los predadores. Dicen cosas como: "El T. Rex vive en esta área porque los animales malos deben estar encerrados".

Aquellos que piensan que el mundo es un lugar atemorizante colocan las cercas alrededor de los animales de la granja. Un niño diría algo así como: "Pequeño cerdito, te tengo que poner dentro de esta cerca porque no quiero que te coman los animales malos". Entonces se permite a los predadores deambular libres.

Esta escena imaginaria me permite hacerme una idea de sus creencias fundamentales. ¿Acaso piensan que el mundo es un lugar inherentemente bueno, con algunas "cosas malas" que deben estar encerradas? ¿O más bien piensan que el mundo es un lugar aterrador en el que las pocas cosas buenas deben estar resguardadas del mundo exterior? Cualquiera que sea la respuesta, los niños desarrollan estas creencias sobre el mundo basados en sus propias experiencias y en lo que aprenden de sus padres.

Los psicólogos saben desde hace mucho que los temores de los padres pasan a los hijos. Padres con desórdenes de ansiedad tienden a tener hijos con desórdenes de ansiedad.

Por décadas, la mayoría de los investigadores pensaban que la ansiedad sólo se heredaba genéticamente. Pero un estudio en gemelos idénticos realizado en 2010 por la Escuela de Medicina de la Universidad John Hopkins mostró que no es el caso. La ansiedad es una conducta aprendida.

Padres sobreprotectores rondan alrededor de sus hijos en un esfuerzo por mantenerlos a salvo. Pero los niños que no se exponen a la adversidad no ganan la resiliencia que necesitan para convertirse en adultos sanos y responsables. En última instancia, los intentos de los padres por controlar su propia ansiedad conducen a los niños a ser completamente dependientes de ellos.

Los padres sobreprotectores son la razón por la que hay tantos "niños boomerang": graduados de universidad y veinteañeros que regresan a sus cuartos de su infancia. Una encuesta de Pew Research mostró que 24 por ciento de las personas que tienen entre dieciocho y treinta y cuatro años en los Estados Unidos, regresan a vivir con sus padres en algún momento dado.

La estampida para regresar a la casa de Papá y Mamá no siempre se debe a una mala economía, rentas altas o trabajos mal pagados. De hecho, un estudio publicado en 2015 por el *Journal of Marriage and Family* encontró que, en lugar de motivos económicos, la razón principal de que los jóvenes regresaran a vivir con mamá y papá es que no podían manejar la angustia asociada a vivir de forma independiente.

Algunos investigadores han encontrado que muchos adultos jóvenes no están equipados para enfrentar la transición de la adolescencia a la edad adulta. Obtener un trabajo, titularse de la universidad y pagar sus propias cuentas parece ser mucho para ellos.

Algunos de ellos caen víctimas de formas nocivas de sobrellevar su vida, como problemas de alcoholismo. Otros desarrollan problemas mentales, como depresión y ansiedad.

El no estar preparados para las realidades de la vida adulta no es un problema único de los Estados Unidos. Un estudio de 2015 en el Reino Unido encontró que los adultos jóvenes no se sentían "grandes", sino hasta la edad de veintinueve. Vivir en la casa familiar, jugar juegos de computadora y mirar caricaturas eran las principales razones por las que decían que no se sentían grandes.

Cuando los niños se crían creyendo que necesitan constante protección de un mundo aterrador, no aprenden habilidades para resolver problemas de la vida real. Así que es comprensible que muchos de ellos se queden en la casa familiar.

Qué hacer en su lugar

Ana, como recordarás, estaba tan ocupada en hacer que Zoey siguiera su estricto régimen saludable, que perdió la visión de conjunto. Necesitaba detenerse y examinar qué habilidades necesitaba enseñar y qué medidas necesitaba tomar para ayudar a su hija a crecer y convertirse en un adulto mentalmente fuerte.

En los deportes o en el campo de batalla, se dice que la mejor defensa es el ataque. Esto también es cierto en la educación de los hijos. Si quieres criar a tus hijos para que sean seguros y saludables, no enfoques toda tu energía en eliminar problemas. En su lugar invierte tu tiempo en enseñarles las habilidades que necesitan para mantenerse a salvo.

PIENSA EN LO QUE SOBREVIVISTE COMO NIÑO

Es increíble cuán rápido cambia nuestra noción sobre lo que es peligroso. Algo que era común hace algunos años podría hoy en día meter en la cárcel a los padres.

Los cinturones de seguridad y asientos para bebés no han sido obligatorios desde hace tanto tiempo. ¿Imagina hoy en día dejar que tu bebé gatee en tu auto mientras manejas?

Muchos de los padres actualmente estarían aterrados si su hijo adolescente toma el coche para salir sin llevar un celular. Después de todo, ¿cómo podría llamarte en caso de emergencia? Es como si olvidáramos que nosotros no teníamos teléfonos celulares cuando éramos niños y que de alguna manera sobrevivimos.

Toma algunos minutos para pensar sobre todas las cosas que te permitieron tus padres hacer cuando eras un niño y que hoy en día los pondrían en la cárcel o al menos harían que los servicios de protección de menores les llamaran la atención. Muchas de las cosas que no llamaban la atención en el pasado, se consideran negligencia o peligrosas actualmente.

De jugar en unos columpios herrumbrosos a andar en bicicleta sin casco, recordar cómo viviste tu vida puede poner este mundo actual obsesionado con la seguridad en una perspectiva adecuada. Piensa en todas las cosas que tus padres te dejaron hacer que no imaginarías permitirle hacer a tu hijo.

CALCULA LOS RIESGOS QUE TU NIÑO ENFRENTA

Tu nivel de miedo no tiene que ver con el nivel real de riesgo. Así, aunque algo se vea atemorizante, no significa que lo sea.

Por ende, ¿cómo decides cuándo tu hijo se puede quedar solo en la casa? O ¿cómo decides cuándo el niño puede ir a lugares con sus amigos sin chaperones? Hazte las siguientes preguntas:

- **¿Qué le dirías a un buen amigo?** Si otro padre te preguntara: "¿Debería dejar a mi hijo hacer esto?", serías emocionalmente menos reactivo y más lógico en tus respuestas. Así que trata de darte el mismo consejo que le darías a otro padre.
- **¿Cuáles son los hechos?** Infórmate acerca de cualquier hecho que puedas encontrar sobre un tema determinado. Aprende sobre el nivel real de peligro y el riesgo estadístico involucrado.
- **¿Cuáles son los riesgos de no dejar hacer a mi hijo esto?** Casi cualquier cosa que permitas hacer a tu hijo conlleva una cierta cantidad de riesgo. Pero es importante considerar también qué tipo de riesgo está involucrado en no dejar a tu hijo hacer algo. Puede haber consecuencias sociales, oportunidades de aprendizaje perdidas y menos opciones para que tu hijo desarrolle las habilidades que necesita para convertirse en un adulto responsable.

Cuando sientes un nudo en la garganta cuando tu hijo te dice que quiere jugar futbol americano o te estremeces al pensar en que pase la noche en un campamento lleno de aventuras, pregúntate: "¿Cuál es el nivel real de riesgo que enfrenta mi hijo?"

ENFÓCATE EN LA SEGURIDAD, PERO NO EXAGERES

Enseña a tu hijo los pasos que debe dar para mantenerse a salvo. Usar un casco cuando monta una bicicleta, ponerse bloqueador solar cuando está en la playa y evitar comer demasiada azúcar son lecciones que le debes enseñar a tu hijo.

Pero la forma en que procedas a enseñarle algo hace una gran diferencia. No sólo porque tengas miedo de algo, significa que incites el pánico en tu hijo para "enseñarle una lección".

Eso fue lo que hizo una familia en Missouri en 2015 cuando organizaron un secuestro falso para enseñar a su hijo sobre "gente desconocida". Arreglaron que un amigo atrajera a su hijo de seis años a una vieja pick-up y lo secuestrara. Durante horas al pequeño se le dijo que nunca más vería a su familia. Afortunadamente, los adultos fueron eventualmente arrestados.

Evidentemente, hacer que el niño creyera que su vida peligraba, se pasó de la raya y la "lección" que buscaban enseñarle se perdió. Éste es un ejemplo extremo y hay muchas formas más saludables de enseñar a tu hijo sobre los potenciales peligros del mundo.

Si bien nunca irás tan lejos para enseñarle a tu hijo lecciones sobre seguridad, examina las estrategias que usas para alentar a tu hijo a protegerse. Mostrar a tu hijo imágenes gráficas para enseñarle las consecuencias de no ponerse el casco o amenazarlo exagerando "el peor de los escenarios" para convencerlo que deje de morderse las uñas, no son las mejores formas de enseñarle normas de seguridad.

En su lugar, ofrece hechos sobre cuestiones de seguridad y establece reglas para promover la salud como: "Usa un casco cuando andes en bicicleta y lava tus manos antes de comer".

Cuando expliques peligros potenciales, enfócate en cómo puede estar a salvo tu hijo. En lugar de decir: "Quédate cerca de mí en la tienda, para que no te secuestren", pregunta: "¿Qué harías si no me puedes encontrar en una tienda?" Utiliza juegos de rol para explicar situaciones hipotéticas como ésta:

Padre: ¿Qué harías si un extraño te pide que lo ayudes a buscar a su cachorro?

Niño: Le diría que no tengo permitido hacer eso.

Padre: ¿Qué le dirías si te dice que sólo necesita que te subas por un minuto al auto y que luego te va a dejar en donde estabas?

Niño: Le diría que mis padres no me permiten subirme a un auto con extraños.

Padre: ¿Entonces qué harías?

Niño: Seguiría caminando.

Padre: ¿Y si te sigue?

Niño: Comenzaría a correr.

Padre: ¿Gritarías pidiendo ayuda?

Niño: Sí, si no se fuera, gritaría: "Ayuda", realmente fuerte.

Ten en mente que los riesgos en los que nos enfocamos no son muy probables. Por ejemplo, sólo alrededor de 115 niños son secuestrados por extraños cada año en los Estados Unidos. Compáralo con los 203 mil 900 niños que son secuestrados cada año por miembros de la familia y te darás cuenta de que es más probable que tu hijo sea secuestrado por alguien que conoce, que por el extraño de este imaginario escenario estereotípico.

Cómo enseñar a los niños a enfrentar sus miedos

El estilo militar de Ana no le permitía a Zoey la libertad de desarrollar su propio sentido de identidad. Ana fue afortunada, pues la única forma en que Zoey estaba afirmando su independencia fue tiñéndose el cabello. Ella pudo rebelarse en una forma mucho más peligrosa. Ana tenía que soltar las riendas para que Zoey pudiera aprender a ser un poco más independiente.

Asegúrate de equipar a tu hijo con las valiosas habilidades de vida que necesita para tomar buenas decisiones. A veces, las mejores lecciones de vida se enseñan apoyando y dando a los niños la libertad de hacerlo por ellos mismos.

INCREMENTA EL VALOR, NO DIMINUYAS EL MIEDO

Los padres que dejan que el miedo dicte sus decisiones, limitan a sus hijos porque no quieren que se sientan incómodos. Una madre decide no enviar a su hijo a un paseo de campamento por la noche porque "Se va a asustar mucho". O un padre puede pensar: "No debí inscribir a mi hija al equipo de softbol porque se pondrá nerviosa por no conocer a nadie en el equipo".

Un estudio publicado en 2012 en el *Journal of Family Psycology* muestra que los padres que sufren ansiedad son terribles para reconocer lo que causa ansiedad a sus hijos. Hacen suposiciones incorrectas sobre cómo sus hijos reaccionarán ante situaciones difíciles. Esperan que sus hijos evadan ciertos retos y hacen más predicciones negativas sobre cómo se van a desempeñar sus hijos.

Así, un padre puede ordenar la comida para una niña tímida porque considera que es ansiedad lo que impide que le hable al mesero. O si un niño se muestra nervioso al subir las escaleras eléctricas, la familia puede escoger subir siempre por las escaleras normales.

Pero estas medidas mandan el mensaje equivocado. Enseñan a tu hijo a creer que es incapaz de hacer las cosas que le asustan. Y mientras más medidas tomes para disminuir el miedo de tu hijo, menos posibilidades tendrá para practicar ser valiente. Y será menos probable que conquiste esos miedos.

La última cosa que quieres es que tu hijo crezca creyendo que no crees en sus talentos. Enseña a tu hijo de lo que es capaz insistiendo: "Tú puedes hacerlo".

DA A TU HIJO MENSAJES SALUDABLES SOBRE EL MIEDO

Hay muchos carteles "inspiradores" y frases famosas sobre cómo vencer todos tus miedos. Sin embargo, esos mensajes son nocivos. El miedo es una emoción natural y saludable que mantendrá a tu hijo a salvo.

Es bueno tener algo de miedo. Si el amigo de tu hijo lo reta a saltar de un acantilado o a cruzar una calle en contra del tráfico, tú quieres que reconozca que su miedo sirve como una señal de advertencia de que existe peligro.

Enseña a tu hijo que el miedo lo ayuda. Que cuando su corazón late rápido y sus palmas sudan, está listo para manejar una situación peligrosa. Si un león lo estuviera persiguiendo, la descarga de adrenalina lo ayudaría a escapar.

Pero también puede experimentar falsas alarmas —momentos en los que su miedo se va a desatar aun cuando no esté en peligro real. Cuando está a punto de salir al escenario para un concurso de deletreo,[7] su ansiedad puede dispararse al cielo de la misma manera que si estuviera colgando de un precipicio —su cuerpo puede reaccionar como si estuviera en una situación de vida o muerte.

Dile que, cuando se sienta asustado, se pregunte: "¿Es ésta una verdadera o una falsa alarma?". Cuando sea una falsa alarma, aliéntalo a enfrentar sus miedos un paso a la vez. Con cada experiencia exitosa, él ganará confianza en su habilidad para enfrentar sus miedos cuando no está en un verdadero peligro.

CREA UNA ESCALA DEL MIEDO

La exposición es la mejor forma de desensibilizar a los niños de sus miedos. Ayúdalo a identificar miedos específicos que desee vencer y luego piensa en formas en las que puede enfrentar esos miedos gradualmente. Tal vez tome muchos pasos ayudar a tu hijo a llegar a su meta, pero si vas despacio y lo haces un paso a la vez, él ganará confianza para enfrentar el siguiente paso.

Si tu niño duerme en tu cama porque le da miedo dormir solo, crea una escala del miedo. Pon su meta hasta arriba. Luego identifica pequeños pasos que puede hacer para alcanzar su meta. Se va a ver más o menos como esto:

---

[7] En inglés *Spelling bee,* competencia en la que el ganador es una persona o un grupo capaces de deletrear correctamente el mayor número de palabras que les pide. La competencia más famosa es el Scripps National Spelling Bee, que se celebra anualmente en los Estados Unidos. (N. del T.)

- Duerme en un colchón en el piso al lado de la cama de mamá y papá.
- Mueve el colchón cerca de la puerta del cuarto de papá y mamá.
- Mamá se queda en mi cuarto hasta que me quedo dormido en mi propia cama.
- Mamá me arropa y duermo en mi propio cuarto con la luz encendida.

No hagas suposiciones sobre cuál va a ser el "próximo paso". Habla con tu hijo sobre ello, porque lo que te puede parecer lo menos atemorizante, no necesariamente es lo menos atemorizante para él.

Tú quieres que él experimente un poco de incomodidad y, con la práctica, que su miedo disminuya. Entonces puedes pasar al siguiente paso. Con el tiempo va a ganar confianza en su habilidad para enfrentar sus miedos, un paso a la vez.

Enseña lo básico sobre el miedo a los niños de preescolar

Muchos niños en edad preescolar experimentan una variedad de temores irracionales, como monstruos bajo la cama o extrañas criaturas en los bosques. Sin embargo, usualmente no les temen a cosas sobre las que sus padres les advierten —como correr en los estacionamientos. Les cuesta trabajo entender la diferencia entre lo real y lo imaginario y todavía no tienen una clara concepción de causas y efectos.

No vas a convencer a tu hijo de que deje de tener miedo. Pero puedes ayudarlo a luchar contra él usando emociones positivas. Así, si tu hijo de tres años está convencido de que hay criaturas espantosas en el clóset, toma una linterna y lean juntos un libro divertido dentro del clóset. Él empezará a asociar el clóset con emociones positivas, más que con temores.

En cambio, si le asustan las inyecciones, haz que la visita al doctor sea una experiencia placentera. Juega con él en el parque antes de ir y luego dale algo especial al terminar. Él empezará a pensar que los "días de inyecciones" son "días divertidos".

Enseña a tu hijo a identificar cuándo tiene miedo. Dile cosas como: "Entiendo que te asustas cuando las luces están apagadas y tú estás solo en tu cuarto". Tan sólo saber que comprendes su miedo puede ayudarlo a aliviar algunas de sus ansiedades.

Enseña a niños de edad escolar a enfrentar sus miedos

Los niños de edad escolar también necesitan confirmación de que es normal sentir miedo. Cuando tu niña te dice que tiene miedo de presentarse en su recital de danza, no minimices sus miedos diciendo: "Oh, vas a estar bien" o "No es para tanto. Sólo va a haber diez personas en el público". Mejor dile: "Sí, es atemorizante en ocasiones actuar delante de público. Pero sé que puedes hacerlo".

Alienta a tu hijo para que enfrente sus miedos, un paso a la vez. Si teme hablar con gente nueva, entrénalo en cómo ver a alguien a los ojos y en cómo saludar a la gente. O insiste en que pida su propia bebida en el restaurante. Muéstrale que tú crees que es lo suficientemente valiente para hacerlo y que estás para apoyar sus esfuerzos.

Lee historias sobre personajes valientes y habla sobre la valentía. Adicionalmente, busca historias reales sobre el tema. Comparte tus propias historias de valor también.

Comparte los pasos que tomas para enfrentar tus miedos. Menciona algo como: "Hoy tuve que dar una presentación enfrente de todos en el trabajo. Estaba realmente nervioso ¡Mi corazón estaba latiendo muy rápido y mis manos comenzaron a temblar! Pero me dije que podía hacerlo y que necesitaba ser valiente. Así me paré delante de todos, aunque tenía miedo y pienso que hice un buen trabajo enfrentando mis miedos".

Si tu niño tiene un superhéroe favorito o un personaje favorito de una película, libro o programa de televisión, hazle preguntas como: "¿Qué haría ese personaje ahora si tuviera miedo?", esto puede ayudar a tu hijo a encontrar ese pequeño extra de valor cuando más lo necesita.

Enseña a los adolescentes a tolerar el miedo

Las áreas del cerebro se desarrollan a diferentes velocidades, así que mientras una parte del cerebro de tu adolescente ya es madura, otras partes todavía no alcanzan ese nivel. Eso puede dar a tu hijo una interesante perspectiva a la hora de tomar riesgos.

Los adolescentes exageran algunos riesgos, mientras que parecen ser inmunes a otros. Así que no te sorprendas si a tu hijo adolescente le da miedo pedirle a alguien que vaya con él a la fiesta de graduación, aunque no piense dos veces manejar su bicicleta en medio del camino.

Ten conversaciones con tu hijo sobre los riesgos, especialmente sobre los riesgos sociales que involucran un potencial rechazo o vergüenza. Asegúrate de que tu hijo entienda que, aunque estas emociones son incómodas, se pueden tolerar.

Normaliza los sentimientos de incomodidad de tu hijo. Comparte historias sobre cuando te sentiste avergonzado o cuando fuiste rechazado. Pero ten cuidado con compararte diciendo cosas como: "¿Piensas que esto es terrible? Cuando yo tenía tu edad..." En su lugar platica sobre cómo manejaste las emociones dolorosas.

Trata las lecciones de vida que se pueden aprender por haber sido rechazado por alguien o haber sido expulsado del equipo. Explica que evitar los riesgos sociales podría llevarlo a vivir una vida disminuida. Conocer a alguien nuevo y probar algo diferente puede ser la clave para vivir la vida al máximo.

Frecuentemente los adolescentes evitan tratar cosas nuevas o ponerse en evidencia porque dudan de su habilidad para manejar situaciones incómodas. Enseña a tu hijo que ser rechazado es una prueba de que se está esforzando. Aliéntalo cada día a salir de su zona de confort, un pequeño paso a la vez.

Los adolescentes buscan que otros les aseguren que todo va a estar bien porque escuchar esas palabras hace que disminuya su ansiedad. Como no puedes estar siempre para calmar a tu hijo o darle una plática para animarlo, enséñalo a entrenarse a sí mismo. Cuando te diga que está nervioso sobre algo, no le ofrezcas automáticamente palabras de aliento. En cambio, dile: "¿Qué te podrías decir a ti mismo en este momento para ayudarte a tener más valor?".

Un muchacho que pueda recordarse a sí mismo: "Todo va a estar bien", o "Sólo puedo hacer mi mejor esfuerzo", estará mejor equipado para enfrentarse con cualquier reto al que se enfrente él solo. Saber cómo ser su propio entrenador le ayudará a ser más independiente y menos dependiente de ti cuando tenga miedo.

Al mismo tiempo, asegúrate de hablar con tu hijo sobre los riesgos de seguridad. Los accidentes automovilísticos son la primera causa de muerte en jóvenes. Pero la estadística probablemente no va a prevenir que tu hijo maneje a exceso de velocidad. Pero si le dices que correría el riesgo de perder su licencia, pagar una multa y perder el coche, tal vez pensaría dos veces el superar el límite de velocidad. Así que asegúrate de explicar consecuencias inmediatas, riesgos potenciales de largo plazo y cualquier otra consecuencia que resuenen más con tu hijo adolescente.

NIÑOS VALIENTES CRECEN PARA TOMAR RIESGOS CALCULADOS

Savannah fue una de las primeras niñas en adopción temporal que llegó a vivir con Steve y yo. Sólo había estado unas semanas con nosotros cuando su guardián vino a hablar con nosotros para discutir sobre los planes sobre el verano. La escuela casi había terminado y queríamos asegurarnos de que ella tuviera suficientes relaciones sociales durante los meses de verano, ya que no tenía muchos amigos. Mientras aportábamos ideas, su guardián mencionó la posibilidad de inscribirla una semana en un campamento de verano.

Sin dudarlo un momento Savannah me dijo que haría lo que fuera para ir al campamento de verano. Nunca había ido a uno, pero como entusiasta de las actividades al aire libre había soñado con dormir en una cabaña, remar en una canoa y cantar canciones alrededor de una fogata.

La idea de enviarla lejos por una semana me hizo un nudo en el estómago. Ella tenía mal genio, hablaba como bebé cuando estaba nerviosa y trataba de dominar la conversación cuando estaba con un grupo de niños. ¿Qué tal si sus compañeros no aceptaban esas peculiaridades? ¿Qué tal si no le gustaba el lugar? No quería enviarla lejos a un lugar en el que no conocía a nadie.

Durante las siguientes horas Savannah habló entusiasmada sobre ir al campamento. Y mientras más entusiasmada se ponía, más nerviosa me ponía pensando que sería una experiencia decepcionante.

Luego de que se fue a dormir, le pregunté a Steve: "¿Crees que va a estar bien en el campamento? ¿Qué tal si se atemoriza?" A lo cual él me acotó: "¿Recuerdas cuando se cambió aquí con nosotros? ¿Dos completos extraños? Si puede hacer eso, puede con una semana en el campamento de verano".

Por supuesto, él tenía toda la razón. Ella era una niña fuerte que había pasado por muchas circunstancias difíciles. Ir al campamento de verano por una semana palidecía en comparación.

Ése es el mismo consejo que le daría a una familia en mi consultorio: Deja que tu hijo se divierta. Pero como me sentía ansiosa porque era mi propia hija en adopción temporal, era más difícil ver que mandarla al campamento de verano era la decisión correcta. Mi miedo nublaba mi juicio.

Lo que hace esta historia aún más ridícula de admitir es que yo sabía de primera mano lo beneficioso que son los campamentos de verano para los niños en adopción temporal. Cuando este tipo de niños con los que trabajaba en mi consultorio iban al campamento de verano, generalmente era el evento del año. Pero la mayoría de ellos no suele ir a campamentos de verano, porque es muy caro para las familias adoptivas.

Así que cuando Lincoln falleció, su familia y yo pedimos que, en lugar de las flores, se donara el dinero a un fondo de ayuda para mandar niños en adopción temporal a campamentos de verano. A través de los años hemos usado las donaciones para enviar a docenas de niños a campamentos de verano. Y, año, tras año, escucho historias sobre el impacto positivo que tuvo esa semana en el campamento para muchos de estos niños.

Y aquí estaba unos años más tarde dudando si Savannah debía ir al campamento porque tenía miedo que otros niños fueran malos con ella. Era ridículo.

Fue al campamento unas semanas más tarde y se la pasó genial. Pudo ser una "niña normal" que aprendió arquería y actuó en obras con los otros campistas. En verdad creo que estar lejos con niños que no sabían nada de ella fue realmente beneficioso.

Cuando tengas miedo de algo que tu hijo quiere experimentar, tal como mi experiencia con Savannah, debes saber que ese nerviosismo es parte de ser padre. Y no sólo porque tengas miedo, quiere decir que debes impedir que tu hijo tenga esa experiencia, cualquiera que sea.

Si permites que el miedo dicte tus decisiones, sin darte cuenta le enseñas a tu hijo que debe evitar todo lo que le dé miedo, que no es capaz de ser valiente. Esos mensajes son nocivos y nada saludables.

Las personas mentalmente fuertes no tienen miedo de tomar riesgos calculados. Es esencial que le enseñes a tu hijo a enfrentar sus miedos de frente, cuando le haga bien.

Tu hijo estará mejor equipado para alcanzar su mayor potencial cuando gane la confianza en su habilidad para hacer cosas que le dan miedo. Mudarse de la casa familiar, solicitar trabajo y retarse a ser mejor puede dar miedo. Pero si criaste a tu hijo para que crea que es capaz de lidiar con sus temores, será capaz de enfrentar cualquier reto que se le presente.

Soluciones y trampas comunes

Si hay ciertas cosas que despiertan en ti un miedo irracional, no expongas a tu hijo a ellas. Por ejemplo, si te aterroriza ir al dentista, no vayas con tu hijo en sus primeras citas con él. Haz que tu compañero, un abuelo u otro adulto en el que confíes vaya con él.

De otra forma, tu miedo influirá en tu hijo. Crecerá pensando que el consultorio del dentista es un lugar aterrador. Aun cuando no digas que tienes miedo, él se dará cuenta de tu aflicción. Tu lenguaje corporal, tono de voz y comportamiento le darán pistas para saber cómo te sientes.

Cuando se trata de enseñar a los niños cómo enfrentar sus miedos, una trampa usual en la que muchos padres caen es tratar de forzar a su hijo a hacerlo. Pero eso puede ser contraproducente y provocar que tu hijo sea más temeroso que nunca. Puedes alentarlo, aplaudir sus esfuerzos o incluso recompensarlo por esforzarse. Pero obligarlo a hacer algo que le aterroriza hacer, no ayudará.

Educar a los hijos desde el miedo puede ser un hábito difícil de romper. Tal vez necesites hacer algunos cambios drásticos en la manera en que disciplinas a tus hijos o la manera en la que enfrentas ciertos problemas. Pero, así como como es importante que enseñes a tu hijo a que enfrente sus miedos un paso a la vez, es importante ser un buen ejemplo y mostrar a tu hijo que se puede ser valiente, aun delante de lo desconocido.

Finalmente, ten la seguridad de que no hay una respuesta correcta o equivocada a muchas de tus preguntas sobre la educación de tus hijos. No hay una época mágica en la que se permita a los niños quedarse solos en casa y no hay forma de asegurarte que los amigos de tus hijos sean siempre una buena influencia. Así que, aunque muchos sitios de internet y blogs de padres te ofrezcan sugerencias absolutas, debes juzgar lo que es mejor para ti y tu hijo.

QUÉ ES ÚTIL

* Enseñar a tu hijo a aceptar y clasificar el miedo
* Ayudar a tu hijo a distinguir las falsas alarmas de las verdaderas alarmas
* Entrenar a tu hijo para que enfrente sus miedos
* Recordar los peligros que sobreviviste como niño
* Enseñar a tu hijo lecciones de seguridad
* Crear una escala del miedo para enseñar a tu hijo a enfrentar sus temores, un paso a la vez
* Incrementar las emociones positivas
* Alentar a tu hijo a ser su propio entrenador
* Calcular los riesgos que efectivamente tu hijo enfrenta

QUÉ NO ES ÚTIL

* Enfocarte en cómo reducir tu ansiedad antes que en las necesidades de tu hijo
* Complacer los esfuerzos de tu hijo para evadir las situaciones angustiosas
* Minimizar los miedos de tu hijo
* Pensar en metas de corto plazo, en lugar de metas de largo plazo

* Proteger a tu hijo de la incomodidad
* Usar tácticas de intimidación
* Crear reglas rígidas para tratar de mantener controlada tu ansiedad
* Exponer a tu hijo a tus miedos irracionales

No le dan a su hijo poder sobre ellos

Clarissa era una estudiante sobresaliente de dieciséis años y una atleta talentosa. Vivía en una colonia de clase media con sus padres Alan y Jenna. Para cualquiera que los viera desde fuera, parecían ser la familia ideal. Pero tenían un secreto.

Cada vez que los padres de Clarissa le decían que no, ella decía: "Muy bien. Me voy a cortar". Las primeras veces que amenazó con herirse a sí misma, sus padres le dijeron que dejara de decir esas cosas tan horribles. Así que Clarissa decidió mostrarles que iba en serio.

Una noche, cuando sus padres no la dejaron salir con sus amigos, ella se cortó el brazo con una navaja. A la siguiente mañana, Jenna vio las finas cortadas que se veían como líneas en el brazo de su hija. No sabía bien cómo actuar. Llamó a Alan al cuarto y, con disgusto, él le dijo a Clarissa que usara mangas largas hasta que las cortadas sanaran.

Esperaban que esta conducta fuera un incidente aislado que ella lamentara. Pero estaban equivocados.

El siguiente fin de semana Clarissa les informó a sus padres que iba a una fiesta. Antes de que pudieran decirle nada, se dirigió a la puerta y les dijo: "Regresaré a la hora que quiera. No traten de hacerme regresar temprano a casa o lo lamentarán".

La primera cosa que me dijo Jenna cuando entró a mi consultorio fue: "Me siento como si fuéramos rehenes". Le daba terror que, si no hacían lo que su hija quería, tal vez se lesionara nuevamente.

Tristemente, la autolesión es una conducta muy común entre adolescentes. Pero usualmente proviene de la inhabilidad de lidiar con el estrés. Es raro que un adolescente recurra a amenazar con autolesionarse como un arma en contra de sus padres. Así que éste era un caso inusual.

Los problemas eran:

1. **Alan y Jenna habían perdido su poder.** Clarissa estaba recurriendo a amenazas de autolesión para salirse con la suya y sus padres no sabían cómo pararla.
2. **La seguridad de Clarissa era una preocupación.** Sus amenazas de autolesión y de cortarse debían ser abordadas de forma práctica.

Mis recomendaciones incluyeron:

1. **Llevar a Clarissa a terapia.** Yo planeaba apoyar los esfuerzos de Alan y Jenna, por lo que era importante que Clarissa tuviera su propio terapeuta con quien pudiera hablar.
2. **Crear un plan de disciplina.** Alan y Jenna necesitaban crear reglas claras y sus consecuencias. Tenían que trabajar en conjunto para seguir hasta el final con las consecuencias, aun si Clarissa los amenazaba.
3. **Establecer un plan de seguridad.** Necesitaban saber cómo tratar la autolesión de Clarissa de una forma útil y productiva. Eso significaba tomar con seriedad su intención de autolesionarse, pero sin permitirle que los disuadiera de una crianza saludable.

Aceptaron no permitir que Clarissa dejara la casa si hacía cualquier amenaza de autolesión. Mantenerla en casa era una medida de seguridad, no un castigo.

Le explicaron a Clarissa que sus amenazas de autolesionarse ya no iban a darle lo que quería. En su lugar, debía seguir las reglas.

Si amenazaba con herirse, la monitorearían en casa. Si temían por su seguridad, la llevarían al hospital para una evaluación psiquiátrica.

Por lo pronto quitaron del cuarto de Clarissa todos los objetos punzocortantes. Incluso le quitaron el rastrillo de la ducha; si quería rasurarse las piernas, debería pedirlo.

En los siguientes meses, los padres de Clarissa trabajaron muy duro para crear reglas claras. Le dieron a Clarissa un horario de llegada estricto y pusieron mucha atención a dónde iba y qué hacía. Le quitaban privilegios cuando rompía las reglas y para su sorpresa, se encontraron con poca resistencia.

Una vez que Clarissa se dio cuenta de que habían recuperado su poder, los escuchó. Y dejó de usar las amenazas de autolesión como arma. Se dio cuenta de que ya no sería una forma efectiva de obtener lo que deseaba.

¿Acaso tu hijo tiene mucho poder?

Hay una gran diferencia entre capacitar a tu hijo para que tome decisiones saludables y darle demasiado poder en tu familia. Algunas veces es difícil ver cuándo se cruzó esa línea. ¿Respondes cualquiera de los siguientes puntos afirmativamente?

- Mi hijo tiene el poder de hacerme cambiar de parecer en cuestiones de crianza.
- Me cuesta trabajo imponer las reglas que he diseñado para mi hijo.
- Le doy a mi hijo los mismos derechos para votar en las decisiones que tomamos en mi familia.

- Pido la opinión de mi hijo en decisiones de adultos.
- Soborno a mi hijo para que obedezca.
- Prefiero ser el amigo de mi hijo que una figura de autoridad.
- Algunas veces ignoro problemas de comportamiento porque ya sé que no ayuda en nada hablarlos.
- En ocasiones me enfrasco en luchas por el poder con mi hijo.
- Mi hijo rara vez pide permiso. En su lugar me dice lo que piensa hacer.
- Algunas veces le digo a mi hijo que guarde el secreto y no diga nada a mi pareja.

Por qué los padres les dan poder a sus hijos sobre ellos mismos

Inicialmente Alan y Jenna insistieron en que Clarissa siempre se había portado bien y que no habían tenido ningún problema con ella hasta que empezó a cortarse a sí misma. Pero con un poco más de reflexión, se dieron cuenta de que desde hacía unos años poco a poco había estado ganando poder en la familia.

Se había vuelto mandona y demandante. Pero como era una buena estudiante y puntera en el atletismo, pensaron que merecía ser tratada como un adulto. Le dieron más libertad y la dejaron tomar muchas decisiones.

Le habían dado por un tiempo poder sobre ellos —pero de una manera más sutil. Cuando le decían que debía estar en casa a las 10 de la noche, ella respondía diciendo: "Mejor a las once". Como era "una chica tan buena", usualmente aceptaban. No fue sino hasta que Clarissa comenzó a cortarse que se dieron cuenta de cuántas veces habían estado rompiendo las reglas por ella.

Tal vez no te sientas completamente identificado con esta historia, el ejemplo de Clarissa muestra cómo padres bien intencionados pueden ir cediendo su poder lentamente. Luego una mañana se levantan y se encuentran en una situación peligrosa.

Las amenazas de autolesionarse no son la única forma en la que un niño puede ganar poder sobre ti —de hecho, ese tipo de amenazas son relativamente raras. Pero cada vez que dejas a tu hijo tener una influencia negativa sobre la forma en que piensas, sientes o te comportas, le has dado poder sobre ti.

EL CAMBIO EN LA JERARQUÍA FAMILIAR

Cuando recientemente una amiga me invitó para tomar un café un sábado por la mañana, recordé cómo ha cambiado la jerarquía familiar en el último par de décadas. Cuando llegué a su casa a las ocho de la mañana, me recibió en la puerta. Con un susurro me dijo "los niños todavía están durmiendo".

Se fue de puntas (literalmente) a la cocina y en voz baja me dijo "vamos afuera al porche trasero a tomar el café". Mientras nos sentábamos en las sillas que veían a su patio me dijo: "Espero que los niños se levanten pronto para que mi esposo pueda cortar el pasto".

Eso me dejó pensando. Cuando era una niña no recuerdo a ningún padre preocupándose por levantar accidentalmente a sus hijos el sábado a las ocho de la mañana. De hecho, era lo contrario. Los padres arrastraban a los niños fuera de la cama para empezar el día. Había quehaceres que realizar. Y con seguridad ninguno de los padres esperaba a que sus hijos se levantaran para podar el pasto. En cambio, era el deber de los hijos el podarlo.

Ciertamente, ha habido un gran cambio en la forma en que los padres crían a sus hijos durante las últimas generaciones. Durante los años cincuenta y sesenta, los padres creían que dar demasiado afecto a sus hijos podía dañarlos emocionalmente. Pensaban que cargar mucho a los bebés los echaba a perder y se enfatizaba la obediencia por encima de la crianza.

Al incrementarse el conocimiento sobre el cerebro, fue claro que los niños necesitaban afecto y apoyo para tener una buena salud. Los padres comenzaron a ser más sensibles a las necesidades de sus hijos y el tener una autoestima saludable se convirtió en una prioridad. Y el énfasis se puso en la individualidad e independencia, antes que en la obediencia.

Pero en algún momento, las cosas se confundieron. La jerarquía en muchas familias cambió y los niños se convirtieron en sus iguales, antes que en sus subordinados. Al darles menores expectativas y responsabilidades, ganaron mayor poder sobre sus padres.

El cambio en el poder no es algo malo. Estudios muestran que los padres autoritarios (aquellos que mandan como dictadores) tienden a criar niñas que son menos independientes y niños que son más agresivos. Adicionalmente, sus hijos pueden estar en un mayor riesgo de tener problemas psicológicos.

Es más sano para los niños saber que tienen voz en sus familias. Pero en ocasiones el péndulo de la educación se va demasiado lejos en la dirección de la democracia y las opiniones de los niños son sobrevaluadas.

Los padres deben pensar que están dando fuerzas a sus hijos al darles toneladas de decisiones o dándole demasiado valor a sus aportaciones. Pero hay una gran diferencia entre fortalecer a un niño y darle demasiado poder.

Considera el incidente de 2014 que involucró a Patrick Snay. El director de 69 años de la preparatoria Gulliver presentó una demanda contra su empleador por discriminación por edad cuando su contrato no fue renovado. La escuela llegó a un acuerdo con él y tuvieron un arreglo extrajudicial.

Los términos del acuerdo decían que Snay recibiría 80 mil dólares, más 10 mil dólares en pagos atrasados. Adicionalmente la escuela le pagaría 60 mil dólares al abogado de Snay.

Los términos del acuerdo contenían una cláusula de confidencialidad que prohibía a Snay y a su esposa revelar los términos del acuerdo con nadie más que con sus asesores. Los Snay, sin embargo, pensaron que debían informar del acuerdo a su hija adolescente.

Pero luego de escuchar las noticias la chica entró en Facebook y publicó: "Mamá y papá Snay ganaron el caso en contra de Gulliver. Ahora oficialmente Gulliver va a pagar mis vacaciones de verano en Europa. TRÁGUENSELO".

La escuela entabló una moción y la Corte declaró que esta publicación era una violación del acuerdo. La escuela no le debía ya ningún dinero a Snay.

Los documentos legales mostraron que Snay sentía que su hija había sufrido "bastantes heridas psicológicas", cuando su contrato no fue renovado. Así que él y su esposa sintieron que era importante decirle el resultado, ya que ella sabía que estaban llevando a cabo algún tipo de mediación.

Así que mientras pensaban que fortalecían a su hija al darle información confidencial, en realidad le estaban dando más poder del que podía manejar. No tenía la madurez suficiente para mantener la confidencialidad.

He trabajado con muchos padres a través de los años, que permiten a sus hijos participar de decisiones familiares importantes. He visto de todo, desde niños de diez años que dan el voto decisivo sobre si la familia se debe mudar a una nueva ciudad, ¡hasta niños de doce años que les niegan a sus madres divorciadas el permiso para tener una cita! Más que fortalecer a los niños, les están dando demasiada responsabilidad.

Preguntarle a tu niño: "¿Quieres el agua con hielo o sin él?" lo fortalece para tomar una decisión sobre lo que es mejor para él. Pero darle el poder de decidir si la familia va a comer nuggets de pollo y papas fritas todas las noches, le da poder sobre ti.

ALGUNOS PADRES NO QUIEREN ESTAR A CARGO

Scott buscó ayuda porque estaba estresado. Una de las fuentes más grandes de su estrés era su hijo de 16 años, Ben. Ben había desertado de la escuela y pasaba sus días durmiendo, fumando mariguana y jugando videojuegos. Por las noches salía con sus amigos.

Scott estaba preocupado por el futuro de Ben, pero no estaba seguro de cómo motivar a su hijo a hacer algo. Él dijo: "Es suficientemente grande para dejar la escuela, pero aún es sólo un muchacho. No lo puedo correr".

Le recomendé un servicio intensivo en casa para la familia. El programa involucraba a un equipo de terapeutas que irían a la casa y estudiarían las dinámicas familiares. Un terapeuta ayudaría a Scott a encontrar maneras de poner límites y hacer cumplir las consecuencias. También trabajarían con la escuela, ya sea ayudando a Ben a graduarse o al menos a obtener un certificado de educación media superior.

Scott aceptó hablarlo con su novia. Ya que ella vivía en su casa, era importante asegurarse de que estuviera de acuerdo con este servicio intensivo. Cuando dejó mi oficina, parecía aliviado al saber que había un programa que podía darles la ayuda que necesitaban.

Pero cuando regresó la siguiente semana, me dijo que no quería el servicio. Aunque su novia había aceptado, Ben no lo había hecho.

Le expliqué que Ben no tenía que estar de acuerdo. Los proveedores del servicio estaban acostumbrados a manejar situaciones familiares en las que los adolescentes no creían que necesitaran ayuda. La intervención no requería la cooperación de Ben en absoluto. Pero Scott insistió, si su hijo no estaba interesado, no lo iba a hacer.

Era triste saber que Ben iba a desperdiciar sus años de preparatoria sentado en su sofá drogándose, sin que su padre intentara detenerlo. Más que fortalecer a Ben para que tomara decisiones más saludables, lo dejó que se quedara atorado en patrones nocivos.

Aquí hay algunas razones comunes por las que los padres como Scott dejan tener a sus hijos demasiado poder:

- **No tienen capacidad de mando.** Algunas veces los padres se sienten incómodos estando al mando. Pueden tener problemas con su capacidad de comunicación o puede que no sepan cómo ayudar a motivar a sus hijos a tomar acción.

- **No tienen habilidades para la crianza.** Padres que no saben cómo establecer reglas y hacer cumplir las consecuencias tienen problemas en ser una figura de autoridad.
- **No tienen apoyo emocional.** Los padres a los que les falta apoyo emocional de sus amigos y familia, en ocasiones se acercan a sus hijos para llenar sus necesidades emocionales. Confiar en un niño borra los límites.
- **No tienen conocimientos del desarrollo infantil.** Algunas veces los padres piensan que darle poder a su hijo es saludable. De lo que no se dan cuenta es que los niños no son adultos en miniatura y tener mucho poder no es bueno para su desarrollo.

Dar a los niños mucho poder perturba a la jerarquía familiar

Las amenazas de autolesión de Clarissa hizo sentir a sus padres que no eran capaces de establecer reglas y hacer cumplir las consecuencias. Sin embargo, su conducta indicaba claramente que no estaba lista para tener más libertad y responsabilidad. Una vez que sus padres le dieron ese poder, tuvieron que luchar para recuperarlo. No podían realmente criarla hasta que estuvieran preparados para manejar la posible reacción violenta que recibirían por imponer límites saludables.

Dar a tu hijo más poder del que puede manejar puede tener consecuencias serias. Examina las formas en las que ya le has dado demasiado poder en la familia.

LOS NIÑOS NECESITAN REGLAS, NO IMPONERLAS

Hay una buena razón por la cual los niños no pueden votar, manejar o dejar la escuela antes de determinada edad —carecen de las habilidades para tomar importantes decisiones de vida. La niñez es su oportunidad para aprender cómo tomar las mejores opciones.

Los cerebros de los niños no están completamente desarrollados aún. Las partes del cerebro responsables de controlar los impulsos, resolver los problemas, regular las emociones y tomar decisiones no funcionan de la misma manera que en un cerebro adulto. Así que a tu hijo no sólo le falta la experiencia necesaria para tomar las mejores opciones, sino que su cerebro tampoco es lo suficientemente maduro como para medir el riesgo certeramente.

Cuando los niños ganan poder sobre los adultos, carecen de valiosas lecciones de vida. Asumirán incorrectamente que ya saben todo. Y convertirse en jefe sin entrenamiento necesario es una catástrofe anunciada.

No te dejes engañar por los esfuerzos de tu hijo por mostrarte que quiere ser el jefe. El mal comportamiento es usualmente una prueba tus habilidades de crianza —así como una oportunidad. Tu hijo quiere saber que eres capaz de controlar la situación cuando él no puede controlarla. Si no intervienes cuando tu hijo se porta mal, él dudará de tu capacidad de liderazgo. Y es posible que se ponga ansioso.

En alguna ocasión trabajé con los padres de un muchacho de catorce años llamado Liam, que se iba de pinta, robaba en las tiendas y tenía peleas frecuentes. La policía se involucró en más de una ocasión.

Para prevenir que fuera a la cárcel —o que lo asesinaran— sus padres lo enviaron a una escuela terapéutica en un entorno natural. La escuela se especializaba en enseñar a jóvenes en riesgo habilidades básicas para vivir, al tiempo que abordaban sus problemas emocionales y de comportamiento.

Para su sorpresa, a Liam le fue muy bien en la escuela. De hecho, le fue tan bien que los instructores lo mandaron a casa luego de un mes.

Pero para el horror de sus padres, sus problemas de comportamiento se reanudaron una vez que regresó a casa.

Así que lo enviaron a otro centro residencial especializado en adolescentes con serios problemas de comportamiento. Otra vez Liam fue un estudiante modelo que fue dado de alta luego de una breve estancia.

Pero a los pocos días de regresar a casa volvió a sus viejos hábitos. Su madre concluyó que debía estar "manipulando al sistema". Ella llegó a mi consultorio preguntando: "¿Cómo consigo un centro de tratamiento que lo mantenga el tiempo suficiente para que muestre su verdadera cara? Él va a necesitar quedarse más tiempo en el centro si va a recibir verdadera ayuda".

Pero ésa no era toda la historia. Liam se comportaba bien en los internados porque tenían reglas y estructura. Había consecuencias claras por la mala conducta.

Sus padres, por otro lado, no sabían cómo imponer sus reglas. Cuando decía que no iba a regresar en toda la noche, no sabían cómo detenerlo. Cuando lo castigaban quitándole su celular, usaba la computadora para comunicarse con sus amigos. No le estaban aplicando las consecuencias por su mal comportamiento y no estaba motivado para seguir sus reglas.

Había también otros asuntos profundos. Los padres de Liam no tenían una buena relación con él, por lo que no le preocupaba ser respetuoso con ellos. No tenía fe en su habilidad para estar a cargo, así que se saltaba sus reglas cuando quería.

Es un problema común que se ha convertido en una cuestión de interés social. Los niños usualmente son culpados por ser el "problema" y son mandados a centros de tratamiento o instituciones juveniles. Cuando regresan a casa, si el ambiente no ha cambiado, es posible que sus problemas de conducta continúen.

El ambiente juega un papel importante en la conducta de los niños. Sin los límites adecuados, es posible que muestren problemas de comportamiento.

POCAS REGLAS IMPLICAN NUMEROSAS LUCHAS

Los niños que deciden cuándo quieren ir a dormir, cómo la familia debería pasar sus fines de semana, o si realmente deben lavarse los dientes, experimentan serios problemas. Dar a los niños demasiado poder los daña de varias formas:

- **Falta de autocontrol.** Los niños necesitan que sus padres les enseñen autodisciplina, como aprender a ahorrar dinero y cómo mantenerse sus metas. Sin una guía adecuada, es posible que luchen con problemas de autocontrol en la adultez.
- **Mayor riesgo de problemas de salud.** Muchos niños prefieren la comida chatarra en lugar de la comida sana; así como jugar videojuegos en lugar de leer. Estudios muestran que niños que tienen pocas reglas sufren de mayores índices de problemas de salud, desde caries hasta obesidad.
- **Menores niveles de logros académicos.** Sin estructuras y reglas adecuadas, los niños están en riesgo de tener un índice más alto de problemas académicos.
- **Tiempos excesivos frente a la pantalla.** Los padres permisivos son cinco veces más propensos a dejar que sus hijos vean más de cuatro horas de televisión al día. Y, por supuesto, mucho tiempo frente a la pantalla —ya sea televisión, juegos de video o uso de la computadora— no es saludable.
- **Mayores índices de conducta de riesgo.** Los adolescentes que tienen mucho poder muestran altos índices de riesgo y mala conducta en la escuela. También son más propensos a beber alcohol.

Qué hacer entonces

En el caso de Clarissa y sus amenazas de autolesionarse, Jenna y Alan tenían que tomar una posición firme. Tenían que intervenir y dejar claro que estaban a cargo y estaban dispuestos a lidiar con cualquier problema de conducta que resultara de recobrar su poder.

Le explicaron a Clarissa que estaban dispuestos a llevarla a la sala de emergencia si era necesario. No iban a permitir que sus amenazas los desviaran de lo que debían hacer para asegurarse que tomara buenas opciones.

Mientras la mayoría de los padres no tienen que enfrentarse con un niño que los amenaza con autolesionarse, muchos sienten que los "toman como rehenes" en un momento u otro. Un niño de cuatro años que hace un berrinche en medio de una tienda se imagina que sus gritos te avergüenzan. Y si no le das lo que quiere, se asegurará de que todos en la tienda se enteren de que no es feliz. O tu niño de ocho años tal vez haya aprendido cómo adularte hasta la sumisión cuando quiere salirse con la suya.

FORTALÉCETE

Cambiar tu comportamiento cuando tu hijo te necesita es diferente a ceder ante él porque no puede controlar sus emociones. Si no se siente bien, pasar por él a la escuela para cuidarlo es parte de ser un buen padre. Pero ceder ante él cuando hace un berrinche le enseña malos hábitos.

Aquí hay algunos ejemplos de cómo te puedes fortalecer, más que darle a tu hijo poder sobre de ti:

1. **Establece los términos.**
   Fortalécete diciendo: "Puedes comer una galleta cuando hayas terminado con tu brócoli".

Cede poder diciendo: Acepta las condiciones de tu hijo cuando sugiere: "Sólo me comeré el brócoli si me das dos galletas".

2. **Usa recompensas, no sobornos.**
   Fortalécete diciendo: "Si te quedas cerca de mí todo el tiempo en lo que hago las compras, te dejaré escoger algo pequeño como premio".
   Cede poder diciendo: "Toma un poco de dulce, pero tienes que prometer ser bueno todo el tiempo que estemos en la tienda, ¿de acuerdo?"

3. **Atente a los límites y sigue las consecuencias hasta el final.**
   Fortalécete diciendo: "Si no te vas a la cama ahora, no vas a poder jugar con los videojuegos mañana".
   Cede poder: Discutiendo sobre el tiempo para irse a dormir por 30 minutos sin que haya ninguna consecuencia, y básicamente permitiendo a tu hijo retrasar la hora para ir a la cama.

ESTABLECE UNA JERERQUÍA CLARA

Si tus límites se han puesto algo borrosos, restablece tu autoridad. Aquí hay algunas formas de crear una jerarquía clara que separa a los padres de sus hijos:

- **Separa las conversaciones de adultos de las conversaciones con los niños.** Tu hijo no necesita saber que la tía Susie está pasando por una bancarrota o que el vecino tuvo una aventura. Pide a tu hijo que salga de la habitación cuando tengas conversaciones de adultos. Dile a tus hijos que no necesitan saber todo.

- **Otorga privilegios sólo cuando se los hayan ganado.** No permitas que tu hijo juegue con sus aparatos electrónicos o salga con sus amigos si no se ha ganado esos privilegios. Así como tu jefe no te paga a menos de que hagas el trabajo, asegúrate de que gane sus privilegios antes de que los concedas.

- **Dile a tu hijo que te debe pedir permiso.** No dejes que tu hijo *diga* que va a salir con amigos o te *diga* que está tomado prestado el coche. Deja claro que sólo puede hacer esas cosas si le das permiso. Haz que tome el hábito de pedir permiso y di no algunas veces.

- **No le pidas permiso a tu hijo.** Cuando se trate de decisiones importantes, no le preguntes a tu hijo: "¿Está bien que nos mudemos?" Pregunta mejor: "¿Cómo te sentirías si nos mudáramos?", pero deja claro que es posible que lo harás de todos modos, aun cuando él no esté de acuerdo con la decisión.

REHÚSATE A PARTICIPAR EN LUCHAS DE PODER

Discutir con tu hijo hace que entregues tu poder en un par de formas diferentes. Para empezar, si pierdes la paciencia mostrarás a tu hijo que puede manipular tus emociones si se muestra desafiante. Es posible que disfrute decir "no" sólo para ver cómo te enojas.

En segundo lugar, cada minuto que discutas con él es un minuto extra en el que no está haciendo lo que le pediste que hiciera. Él tratará de llevarte a una larga discusión tan sólo para distraerte de la tarea a la vista.

Considera este ejemplo:

Padre: Es hora de apagar el televisor e ir a limpiar tu cuarto.

Hijo: Lo haré más tarde.

Padre: ¡No, dije que lo hagas ahora!

Hijo: ¡Pareces un sargento! Todo lo que haces es darme órdenes.

Padre: Bueno, si hicieras tus quehaceres, no tendría que recordártelo todo el tiempo.

Hijo: Ni siquiera sé qué es lo que quieres que haga. Mi cuarto no está tan sucio.

Padre: ¡Sí que lo está! Apenas puedo ver el piso.

Cada minuto que este padre emplea en una conversación con este niño, sobre si realmente actúa como un sargento o si el cuarto de su hijo está realmente *tan* sucio es un minuto más en el que el niño pospone limpiar su cuarto. Ya sea que tu hijo te desvíe completamente, o simplemente retrase hacer lo que se supone debe hacer, hablar sobre su inactividad le da más poder.

Aquí está una mejor respuesta:

Padre: Es hora de apagar el televisor e ir a limpiar tu cuarto.

Hijo: Lo haré más tarde.

Padre: Si no limpias tu cuarto ahora, perderás el derecho de usar tus aparatos electrónicos el resto del día.

Hijo: Eres como un sargento. Todo lo que haces es darme órdenes.

En este punto el padre puede esperar alrededor de cinco segundos para ver si su hijo se va a levantar a limpiar su cuarto. Si no lo hace, él puede seguir hasta el final y quitarle sus aparatos electrónicos. Más que empezar una larga discusión, una advertencia (y la disposición de llevar a cabo las consecuencias) manda un mensaje claro de que el padre está a cargo.

Aunque parezca un poco brusco dar a tu hijo sólo una advertencia, seguir hasta el final con una consecuencia muestra a tu hijo que lo dices en serio. Lo entrenarás para que vea que discutir o retrasar tus instrucciones no es efectivo.

Cuando rehúsas a entrar en una lucha de poder, enseñas a tu hijo que él tiene el poder de controlar su comportamiento, pero no tiene el poder de controlar el tuyo. Pero, así como quieres mandar el mensaje de que tu hijo no *te* puede forzar a hacer algo, también debes aceptar que no puedes forzar a tu hijo a hacer algo.

Tratar de forzar a un niño de doce años a limpiar su cuarto gritando repetidamente: "¡Hazlo ahora!", no te regresará tu poder. En cambio, le dará a tu hijo poder sobre ti, mientras pierdes el control y empiezas a tomar medidas más drásticas para hacerlo seguir tus órdenes.

USA EL LENGUAJE QUE ESTABLECE TU JERARQUÍA

¿Recuerdas la serie de los años ochenta *El Show de Bill Cosby*? Hay un episodio que muestra cómo tu lenguaje dice mucho sobre tu autoridad como padre. En el episodio Vanessa, la hija adolescente de Cliff Huxtable (i.e. Bill Cosby), dice que unos muchachos en la escuela la están molestando porque les dijo a sus amigos que su familia había pagado 11 mil dólares por una pintura. Los otros niños comenzaron a reprochar a Vanessa que de seguro pensaba que era mejor que todos, lo que terminó en una pelea con otras chicas y ahora regresaba consternada de la escuela. Ella les dice a sus padres: "¡Esto no hubiera sucedido si no fuéramos tan ricos!", a lo que Cliff le responde: "Déjame poner algo claro, ¿está bien? Tu madre y yo somos ricos. Tú no tienes nada".

Como padres ustedes están a cargo. El hecho de que tengas un trabajo y pagues las cuentas significa que eres dueño de todo lo que hay en la casa, aun si tu hijo lo compró con su propio dinero. Tu hijo puede ganar privilegios y ganar dinero de ti, pero sólo cuando le has otorgado esos privilegios.

Si bien es bueno a veces utilizar el inclusivo "nosotros" para reflejar los intentos de la familia para ser "uno para todos y todos para uno", tu lenguaje debe reflejar también el hecho de que eres la persona a cargo. Cuando tu hijo te pide llegar una hora más tarde, en vez de: "Vamos a hablar sobre eso", di: "Nos puedes explicar tus razones y luego tu padre y yo lo discutiremos".

TOMA CON CAUTELA LAS RESPUESTAS DE TU HIJO

Dar a tu hijo mucho poder no siempre es obvio en el exterior. Los comentarios y opiniones de tu hijo pueden afectar tu cabeza y tu corazón de formas nada saludables, lo que en última instancia les podrían dar demasiado poder en tu vida. Aquí hay un ejemplo, tu hijo dice: "¡Tú eres el peor padre del mundo!"

Pensamientos: Empiezas a recordar todos los errores de crianza que has cometido y comienzas a dudar de algunas de tus decisiones. Finalmente, los comentarios de tu hijo pueden llevarte a concluir que eres un mal padre.

Sentimientos: Te sientes avergonzado y culpable.

Conducta: La siguiente vez que te pide algo se lo compras, en un esfuerzo por verte como un mejor padre delante de él.

Con eso has permitido que el insulto de tu hijo tenga una influencia nociva en tu comportamiento. Aquí hay otro ejemplo, tu hijo adolescente dice: "Estás muy viejo para comprender Snapchat".

Pensamientos: Piensas en cuántas cosas sabe hacer tu hijo con sus aparatos electrónicos, que no entiendes. Decides que no tiene caso tratar de saber qué hace tu hijo en línea porque no lo entenderás de todas formas.

Sentimientos: Avergonzado y desalentado.

Conducta: Dejas de intentar monitorear lo que hace tu hijo en línea.

Aceptar sin más la información que te da tu hijo adolescente puede provocar que dejes de tratar de asegurarte de que está seguro en línea. Recuerda que los chicos usualmente tienen otros motivos por lo que expresan opiniones enfáticas y que al final no necesitas de la aprobación de tu hijo.

Cómo enseñar a tus hijos a que tengan un poder limitado y saludable

En el caso de Clarissa y sus episodios de autolesión, Alan y Jenna tuvieron que atenerse a sus límites, le gustara o no. Necesitaban mostrarle que ella no estaba a cargo cuando se trataba de ciertas decisiones familiares.

Es difícil encontrar el balance entre fortalecer a tu hijo mientras te aseguras que no le estás dando poder sobre ti. Enseñarle que puede ganar nuevos privilegios y responsabilidades extra, pero solamente si los concedes.

RECONOCE LAS ARMAS SECRETAS DE TU HIJO

Si tu hijo se da cuenta de que no puede ganar por las buenas, es posible que trate de usar una serie de armas secretas para tratar de ganar la batalla. Y usualmente esas armas secretas son trucos sucios que buscan hacerte sentir culpable, avergonzarte o aterrorizarte para que te resignes.

Cuando era niña, el arma secreta de mi hermana era molestar a mis padres hasta que cedían. Como es muy desafinada, usaba esto en su favor. Así que cuando quería algo y mis padres decían que no, ella cantaba a todo pulmón. Y seguía cantando, algunas veces por horas, sin parar hasta que todos estábamos listos para hacer lo que quisiera.

Al paso de los años he trabajado con niños que tienen armas secretas más sofisticadas, como el niño de cuatro años que sostenía su respiración cuando estaba enojado. Se desmayó una vez, lo que aterrorizó a sus padres. Luego de eso, comenzaron a ceder mucho antes de que se pusiera azul y aprendió que privarse de oxígeno era una buena forma de obtener lo que deseara.

También había uno de diez años que amenazaba con comenzar una huelga de hambre sino le daban sándwiches de mermelada y mantequilla de maní en cada comida. Cuando un día se rehusó a cenar su madre entró en pánico. Preocupada de que se muriera de hambre, le empezó a dar mermelada y mantequilla de maní.

Aquí hay otros trucos sucios comunes que tu hijo puede usar para ganar poder sobre ti:

- Ponerte nombres
- Pretender que no le importan las consecuencias
- Gritar y dar de alaridos
- Lloriquear y suplicar
- Tratar de avergonzarte en público
- Hacer amenazas
- Decir cosas desagradables como "Te odio" o "Me voy a vivir con la abuela"
- Ser físicamente agresivos
- Prometer cosas como: "Si me dejas sólo esta vez, no vuelvo a pedirte nada"
- Tomar represalias cuando dices que no
- Hacerte sentir culpable

Cuando tu hijo usa formas inapropiadas de ganar poder, señálalo. Dile: "Sé que estás molesto porque no te dejé ir a la casa de tu amigo y quieres que me sienta mal para que cambie de idea. Pero eso no va a funcionar conmigo".

Enseña a tu hijo que puede estar respetuosamente en desacuerdo contigo. Si piensa que su hora de dormir es demasiado temprano, o que no es justo que no le compres un cachorro, dile que pude presentar su caso.

Por ejemplo, él puede hacer una lista de las diez razones principales por las que deberían permitirle tener un cachorro o puede escribirte una carta sobre por qué deberías dejarlo acostarse más tarde. Está dispuesto a escuchar lo que tiene que decir, si expresa su opinión de una forma adecuada.

Sin embargo, deja claro que sólo porque argumente su caso de manera apropiada no quiere decir que vayas cambiar de idea. Finalmente, la decisión te compete a ti y a tu sabiduría de adulto que sabe qué es lo mejor.

Enseña a niños de preescolar a enfocarse en su propia conducta

Cuando los niños de preescolar empiezan a desarrollar más independencia, tienden a aseverar sus demandas de formas bastante poco razonables. Es normal para ellos hacer berrinches cuando no se salen con la suya y probablemente escuches, al menos de vez en cuando: "Tú no eres mi jefe".

Deja claro a tu niño de preescolar que él está en control de *su* conducta y que tú estás en control de la tuya. Si prefiere gritar, suplicar o hacer un berrinche colosal, atente a tus reglas. Muéstrale que su mala conducta no le va a dar lo que desea.

Toma en cuenta que en ocasiones los niños de esta edad se portan mal porque desean atención. Así que decir repetidamente: "Deja de hacer eso" o "No hagas eso", en realidad podría reforzar el mal comportamiento. Mirar hacia otro lado y pretender que no te afectan las conductas molestas, como el lloriquear o gritar, muestra a tu hijo que este tipo de conducta no va a ser premiada.

No obstante, es importante empezar a explicar a tu niño en edad preescolar que su conducta te afecta, pero no te controla. Trata de decirle: "Me siento triste cuando me dices cosas malas" o "Me enoja cuando no escuchas".

Evita culpar a tu niño por tus emociones o tu conducta. Decir cosas como: "Me *haces* enojar tanto," envía el mensaje de que tiene el poder de hacerte sentir algo. La sutil diferencia en el lenguaje afecta las creencias fundamentales de tu niño sobre qué tanto poder tiene.

Enseña a niños en edad escolar a estar fuera de las conversaciones de los adultos

Una de las formas más fáciles de identificar en qué lugar se ve tu hijo en la jerarquía familiar es viendo cómo se conduce cuando estás enfrascado en una conversación adulta. Si piensa que está bien interrumpirte mientras hablas, hay buenas probabilidades de que piense que es tu igual, o tal vez incluso tu superior.

Por supuesto, habrá momentos ocasionales en los que todos los niños interrumpan. Tal vez te grite desde el otro cuarto o te pregunte si has visto sus tenis mientras sale corriendo a su entrenamiento, pero a menos de que tu hijo tenga un problema para controlar sus impulsos, como el TDAH (trastorno por déficit de atención con hiperactividad), esas ocasiones van a ser pocas y esporádicas.

Además de interrumpir, los niños que se ven a sí mismos como si tuvieran el mismo poder se ven obligados a intervenir en conversaciones adultas. Ya sea que estés hablando de cómo vas a remodelar el baño o qué tipo de coche vas a comprar, el que ofrezcan consejos no solicitados sobre lo que *deberías* hacer no es buen signo.

Cuando tu hijo se entromete para dar sugerencias en un asunto de adultos, confróntalo firmemente. Dile: "Ésta no es una decisión que tú puedas tomar".

Deja claro que los adultos tienen el conocimiento y la sabiduría para tomar las mejores decisiones. Y que su trabajo es seguir tus reglas y no preocuparse sobre las medidas que vas a tomar para la familia. Invítalo a opinar en pequeñas decisiones, como: "¿Deberíamos decorar el pastel para la abuela con merengue azul o amarillo?", pero déjale claro que no tiene un voto igual en las grandes decisiones.

Enseña a los adolescentes a usar lenguaje autorizado

Los años de adolescencia son un tiempo importante para evaluar cómo tu hijo se ve a sí mismo. Mientras no quieras que sea víctima de la mentalidad que discutimos en el primer capítulo, tampoco querrás que piense que es el rey del universo. Así, mientras es saludable que reconozca que tiene algún poder en la vida, es igualmente importante que conozca los límites de ese poder.

El lenguaje que usa tu hijo adolescente es muy indicativo de sus creencias subyacentes. Si dice cosas como: "Mi maestro *me hace* leer demasiados libros" o "¡Tú *me haces* limpiar mi cuarto!", recuérdale que esas cosas son opciones. Aun cuando habrá consecuencias por no hacerlas, nadie lo está forzando físicamente.

Señálale que está en control de sus propias decisiones. Su maestro no lo fuerza a leer todos esos libros. En cambio, él escoge cumplir las expectativas de su maestro para poder tener éxito. Aunque es una distinción sutil, es muy importante.

Está atento al lenguaje que indique que piensa que tiene mucho poder. Si dice cosas como: "*Tienes* que llevarme al cine el viernes por la noche", recuérdale que tú decides llevarlo, que eso va a ser tu decisión.

Los niños a los que se les da el suficiente poder se convierten en adultos poderosos

Makenzie era una niña de nueve años que estuvo viviendo con Steve y conmigo porque había asumido el rol de hijo parental. Sus padres biológicos tenían serios problemas de abuso de drogas. Y como la más grande de tres niños, Makenzie cuidaba de sus hermanos menores cuando sus padres estaban bajo la influencia de las drogas y del alcohol.

Cuando los Servicios de Protección al Menor mudaron a los niños de su casa, los pusieron a todos en el mismo hogar temporal, antes de que Steve y yo los conociéramos. Aun cuando Makenzie no necesitaba cuidar a sus hermanos, una vez que estuvo viviendo con padres temporales competentes, le costaba trabajo dejar de cuidarlos.

Los mandaba, discutía con ellos y usualmente interfería cuando los padres trataban de reprenderlos.

Como resultado, el Estado tuvo que tomar la difícil decisión de mudarla de ese hogar temporal, dejando a sus dos hermanos. Y fue así que llegó a quedarse con nosotros.

Ella continuó visitando a sus hermanos regularmente. Y con el tiempo, aceptó su papel de hermana mayor, en lugar de madre. Ella aprendió que ella todavía podía leerles a sus hermanos menores y enseñarles cómo jugar, pero que ya no estaba a cargo de su bienestar. Empezó a confiar que los padres temporales de sus hermanos podían cuidarlos.

También comenzó a tener amigos de su edad y, por primera vez, tuvo oportunidad de jugar y divertirse. Fue increíble verla poder ser una niña por primera vez.

Después, ella regresó al primer hogar temporal y se reunió con sus hermanos menores. Pero le costó mucho trabajo entender que los padres del hogar temporal tenían todo bajo control.

Cuando le das a un niño la cantidad justa de poder, él se sentirá fortalecido para crecer y aprender. Pero no se sentirá ansioso y asustado por tener que estar a cargo. Crecerá viendo que eres un líder confiable que lo guiará a lo largo del camino y crecerá confiando en sus propias habilidades para tomar decisiones.

Las personas mentalmente fuertes no regalan su poder. Al no permitir que tu hijo tenga poder sobre ti, sirves como modelo de fuerza mental. Él se dará cuenta de que no te puede controlar, pero que puede controlarse a sí mismo.

Fortalecer a tu hijo para que tome algunas de sus propias decisiones, sin tratar de que tenga poder sobre ti, le ayudará a ser un adulto mentalmente fuerte. Ya sea que se enfrente con un mal jefe o un compañero romántico violento, reconocerá que, al igual que tú, no le va a dar ningún poder sobre la manera en que piensa, siente o se comporta.

Soluciones y trampas comunes

Es importante que los adultos se apoyen mutuamente en el hogar. Si permites que tu hijo rompa las reglas, pero tu pareja las hace cumplir, estarás estableciendo una dinámica familiar poco saludable. Mantén clara la jerarquía familiar mostrando que los adultos están a cargo.

A veces los padres le piden a un niño que guarde un secreto y no lo comparta con el otro miembro de la pareja. Mientras puede parecer inocente decirle a tu hijo: "No le digas a papá cuánto dinero nos gastamos", o "Vamos a decirle a mamá que te dormiste a tiempo", esos secretos alteran el balance del poder, sin mencionar que es malo para tu relación. Aun si no están de acuerdo, presenten un frente unido a su hijo.

En divorcios o en separaciones dañinos, las cuestiones de poder pueden ser en ocasiones un problema. Pedirle al niño que sea un "mensajero" con el otro padre o que se comporte como un "espía" establece una dinámica familiar disfuncional. Es importante que los niños se enfoquen en actividades infantiles y que los adultos se ocupen de asuntos sobre la custodia o problemas legales.

Otra cuestión común surge en aquellas situaciones desesperadas en las que necesitas que tu niño se comporte ya. Tal vez estás en un avión y tu niño está gritando porque no le quieres dar otra golosina después de que ya ha comido varias. No quieres que el resto de los pasajeros lo escuchen gritar por dos horas. ¿Qué haces?

En esas raras situaciones, está bien que cedas por el bien de todos los que están a tu alrededor. Pero si tu hijo hace eso regularmente —como en el viaje en la mañana en el autobús— tendrás que dejarlo gritar algunas veces. Una vez que se dé cuenta de que sus berrinches no funcionan, dejará de intentarlo.

Sin embargo, es importante que no abuses de tu poder. Si es una decisión que realmente no importa —si tu hijo no se siente a gusto de subir a la montaña rusa, por ejemplo—, no lo presiones para que lo haga. Respeta su opinión y refuérzale que no necesita seguir a la mayoría.

LO QUE ES ÚTIL

* Evitar luchas por el poder
* Establecer límites claros
* Seguir adelante ateniéndose a las consecuencias
* Mantener la calma
* Rehusarse a aceptar conductas manipuladoras
* Evitar que tu hijo participe en conversaciones adultas
* Enseñar a tu hijo un lenguaje que lo fortalezca

LO QUE NO ES ÚTIL

* Quedarte atorado en debates que le permiten a tu hijo demorar seguir tus indicaciones
* Ceder ante conductas manipuladoras
* Permitir a tu hijo que saque lo peor de ti
* Dejar a tu hijo que opine en decisiones de adultos
* No crear una jerarquía familiar clara

No esperan la perfección

Mientras la mayoría de los estudiantes de noveno grado[8] celebraban cualquier nota por encima de seis en sus exámenes de ciencia de la tierra, Kylie lloraba si sacaba nueve. Y aun cuando ser compañero de ella en el laboratorio te garantizaba un diez, nadie quería serlo porque era verbalmente abusiva con quien no cumpliera con sus estándares.

Ciencia no era la única clase en la que tenía problemas. También se quejaba por sus "malas notas" en otras materias. Con frecuencia discutía con su profesor de inglés y le rogaba que reconsiderara cuando no tenía diez en sus trabajos.

Los otros alumnos usualmente levantaban sus ojos al cielo cuando Kyle estaba "rogando otra vez", pero ella no parecía darse cuenta. Su objetivo no era tener una vida social satisfactoria: su meta era obtener un promedio final de diez.

Cuando sus solicitudes para ver al consejero escolar se hicieron casi diarias —ya fuera porque quería consejos sobre cómo mejorar sus notas o porque estaba tratando de convencer a la oficina de consejería que el sistema de calificaciones de la escuela era injusto—, el consejero le sugirió a Kylie tomar terapia.

---

8   Inicio de la educación media superior, equivalente a tercero de secundaria. (N. del T.)

Así fue como terminó en mi consultorio con su madre Nadine. Le pregunté a Kylie y a Nadine por qué pensaban que el consejero escolar había recomendado la terapia. Nadine dijo: "Kylie sabe que puede obtener 4 de promedio, pero le está costando trabajo llegar ahí y eso la está frustrando".

Paradójicamente, Nadine no parecía preocupada por el hecho de que Kylie estaba teniendo problemas emocionales. En cambio, estaba más preocupada por sus notas. "Le sigo diciendo que no tiene caso que pierda tiempo llorando. En cambio, debería enfocar su energía en mejorar sus calificaciones", explicó Nadine.

"Tal vez contratemos un maestro privado para que edite los trabajos de inglés de Kylie antes de que los entregue, de modo que podamos ayudarla a subir sus notas. Ninguna universidad respetable querrá admitir alumnos que no saquen un diez en inglés", dijo. Kylie asintió y dijo: "Yo creo que un tutor me puede ayudar mucho con mis calificaciones".

Nadine preguntó: "¿Ha visto casos en los que contratar a un tutor haya ayudado a los alumnos a sacar diez)?" Después de escuchar a ambas hacer una estrategia para obtener el promedio perfecto, era claro que ellas tenían una definición diferente "del problema" que yo. Eso significaba que teníamos diferentes ideas sobre las soluciones. A mi parecer los problemas eran:

1. **Kylie sentía presión para sacar sólo diez.** Si obtenía algo menos que una calificación perfecta, se sentía como una fracasada. Aun cuando tuviera notas excelentes, siempre pensaba que no era suficientemente buena.
2. **Kylie carecía de habilidades emocionales para manejar la decepción.** Ella lloraba cada vez que no obtenía lo que quería. Requería de mucho apoyo emocional del consejero escolar y tenía problemas para mantener amistades.

Yo recomendé:

1. **Terapia para Nadine.** Nadine parecía ser la fuerza impulsora detrás de la misión de Kylie para obtener diez. Y hasta que ella no dejara de presionar tanto a Kylie, Kylie probablemente seguiría buscando la perfección.

2. **Terapia para Kylie que la ayudara a desarrollar un diálogo interior más amable.** El castigarse a sí misma por no obtener una calificación perfecta, no ayudaba en nada. Aprender a tener un punto de vista más autocompasivo la podía ayudar a recuperarse mejor de la decepción.

3. **Entrenamiento en habilidades emocionales y sociales para Kylie.** Llorar todos los días en la escuela cuando no estaba contenta con sus calificaciones, volcar su frustración en sus compañeros, demandar visitas diarias con el consejero escolar impactaba su vida social. Manejar sus tormentas interiores podía ayudarla a mantener mejor su compostura.

Le expliqué a Kylie y Nadine que mi trabajo como terapeuta era ayudarla para que fuera tan emocionalmente sana y mentalmente fuerte como fuera posible. Si su meta era contratar tutores y tomar medidas más drásticas para mejorar las notas de Kylie, yo no podía ayudar. Yo no pensaba que buscar un promedio de diez fuera una meta saludable para ella, tomando en cuenta las consecuencias que esto estaba teniendo en su vida.

Hablamos acerca de los pros y contras de su estrategia actual y de los pros y los contras de la estrategia que recomendaba. Inicialmente, Nadine estaba preocupada de que el cambio de enfoque de mejorar las calificaciones de Kylie para ayudarla a lidiar con sus calificaciones actuales, significaría que se estaba conformando con ser una estudiante "mediocre".

Le preocupaba que una estudiante mediocre no entrara en una buena universidad y no ganara becas. Mientras éstas eran preocupaciones válidas, la búsqueda de perfección tiene un precio. Kylie podía sufrir serios proble-

mas de salud mental. O podría agotarse tanto que luego de que terminara la preparatoria, ya no podría ingresar a la universidad.

Sugerí que pensaran en mis recomendaciones y que me hicieran saber si decidían abordar el bienestar emocional de Kylie. Dejaron mi consultorio indecisas, y no estaba segura si volvería a saber de ellas.

Pero un par de semanas más tarde Nadine llamó para hacer una cita. Dijo que las cosas se habían deteriorado en las últimas semanas. Kylie tenía problemas para dormir y estaba irritable todo el tiempo. Y ella sentía que necesitaban ayuda.

Nadine aceptó buscar terapia para ella para que pudiera aprender cómo ayudar a Kylie sin demandar perfección. Mientras ella trabajaba en cambiar sus expectativas sobre su hija, yo trabajaba con Kylie sobre sus propias expectativas. Comenzó por aprender algunas técnicas de respiración que la ayudaran a calmarse cuando recibía una nota inferior a diez. Quería ayudarla a evitar que tuviera colapsos nerviosos en la escuela, pues le estaban causando serios problemas sociales.

El grueso del tratamiento se enfocaba en cambiar sus creencias fundamentales. Más que decirse a sí misma: "Soy una perdedora por cometer estos errores", o "Nunca voy a tener éxito si no tengo A todo el tiempo", ella aprendió a crear un monólogo interior más indulgente. Mientras tanto, Nadine aprendió a dejar de enfatizar la perfección.

Kylie y Nadine aprendieron que esforzarse por alcanzar la excelencia era saludable, pero que tratar de ser perfecto, no. Cuando Nadine dejó de poner tanta presión en su hija, Kylie pudo darse cuenta de que no era necesario ser perfecta para ser aceptada.

¿Esperas la perfección?

Los padres buenos esperan que sus hijos tengan éxito. Pero a veces se exagera en la búsqueda de la excelencia. ¿Respondes afirmativamente a alguna de las siguientes afirmaciones?

En tu vida personal:

- Pospongo las cosas cuando temo que no puedo completar algo perfectamente.
- Cuando completo un proyecto, me concentro en los pequeños errores o en las pequeñas imperfecciones que me sacan de quicio.
- O hago algo bien o no lo hago en absoluto.
- Soy muy crítico de los errores que cometo.
- Estoy dispuesto a sacrificar lo que sea necesario para alcanzar mis metas.

En tu vida como padre:

- Quiero que mi hijo haga realidad los sueños que yo no alcancé a hacer realidad.
- Me cuesta trabajo observar a mi hijo hacer algo, si no lo hace a mi manera.
- Parte de mi autoestima depende de los logros de mi hijo.
- Sólo quiero que mi hijo participe en actividades en las que destaque.
- Critico a mi hijo más que alabarlo.

Por qué los padres esperan perfección

En un lado del espectro están los padres que creen que todos se merecen un trofeo, independientemente de quién gane el juego. En el otro lado están los padres que nunca están satisfechos con el desempeño de su hijo, aun si lo nombran Jugador más Valioso del Partido.

Nadine era uno de esos padres que nunca están verdaderamente satisfechos. Pero pensaba que le estaba haciendo un favor a Kylie diciéndole que necesitaba sacar diez para entrar a la universidad. Asumía que sus "altos estándares" eran justo lo que necesitaba Kylie para estar motivada. No entendía que demandar la perfección le estaba haciendo más mal que bien.

LAS MADRES TIGRE CREEN QUE DEMANDAR PERFECCIÓN LLEVA A TENER NIÑOS PERFECTOS

Amy Chua, la autora de *Madre Tigre, hijos Leones*, dijo: "Los padres chinos demandan calificaciones perfectas, porque creen que su hijo puede obtenerlas. Si su hijo no las obtiene, el padre chino asume que es porque el niño no trabajó lo suficientemente duro".

De acuerdo con Chua, si un niño occidental recibe un nueve en un examen, sus padres lo felicitan por hacer un buen trabajo. Si un niño chino obtiene nueve, sus padres de preguntan qué salió mal.

En su búsqueda por criar hijos perfectos, Chua nunca dejó a sus hijos salir a jugar, actuar en obras escolares o entretenerse con juegos de computadora. En cambio, se esperaba que fueran estudiantes sobresalientes que tocaran el piano y el violín.

En un artículo suyo aparecido en el *Wall Street Journal* decía que algunos de sus amigos occidentales pensaban que estaban siendo estrictos cuando hacían que sus hijos practicaran tocar sus instrumentos todos los días de 30 minutos a una hora. "Para una madre china, la primera hora es la sencilla. Son la segunda y la tercera las difíciles", comentó Chua.

Si un niño chino llega a sacar ocho (cosa que Chua anota que nunca pasa), "entonces la devastada madre china encontrará docenas, tal vez cientos de exámenes de práctica y trabajará con ellos con su hijo el tiempo que se requiera para elevar la nota a diez".

Chua no tomó en cuenta que sus hijos estaban perdiendo valiosa experiencia de vida, que tal vez haya sido crucial para su éxito futuro. Negociar conflictos (que usualmente surgen durante el juego) es esencial para el éxito profesional. ¿Y cómo podrían aprender sus hijos a reponerse de un fracaso si nunca les permitía equivocarse?

Ciertamente la mentalidad de Chua no se limita a los padres chinos. Hay muchos otros que han adoptado la idea de que esperar perfección, de alguna forma convierte a los niños en gente perfecta.

MADRES DEL ESPECTÁCULO Y PADRES DEL DEPORTE VIVEN A TRAVÉS DE SUS HIJOS

La crianza exageradamente competitiva se da en ámbitos más allá de lo académico. Las madres del espectáculo convierten a sus hijas en superestrellas del ballet y reinas de belleza, mientras que los padres del deporte empujan a sus hijos a sobresalir en las canchas y los campos atléticos. Su demanda por la perfección rara vez tiene que ver con lo que los niños necesitan. En cambio, tienen que ver con sanar las heridas de los padres.

Los padres que nunca llegaron a las ligas profesionales pueden tener esperanzas de que sus hijos alcancen la grandeza que ellos nunca lograron. Y aun cuando sólo el uno por ciento de los atletas de preparatoria recibe una beca para jugar en una de las escuelas, los padres están convencidos de que sus hijos vencerán las probabilidades. Y creen que su hijo superará expectativas incluso mayores al jugar en un equipo profesional.

Y si su hijo no juega al nivel de perfección, algunos de ellos insisten en equilibrar las reglas del juego. En el lado más suave del mundo de alta presión de este mundo de crianza, tienes al padre que retrasa la entrada de su hijo al jardín de niños. Espera que el ser un año mayor que los otros niños, significará que es más grande, lo que podría ayudarlo a dominar el campo de juego.

En el otro lado del espectro puedes encontrar padres como el Dr. Cito, un dentista pediatra de Albuquerque, Nuevo México, que afiló la hebilla en el casco de futbol americano de su hijo, en un esfuerzo por darle una ventaja competitiva injusta. El casco cortó a varios jugadores y al menos uno requirió puntos. Los oficiales dijeron que el casco estaba "lo suficientemente filoso como para cortar la portada de una revista". Fue sentenciado a 48 horas en la cárcel, un año en libertad condicional y 400 horas de servicio comunitario.

Afortunadamente, la mayoría de los padres no llegan a ese tipo de extremos. Pero muchos van tan lejos como ayudar a sus hijos a viajar por todo el país para participar en eventos deportivos. O alientan a sus hijos a practicar hasta muy tarde en la noche o a jugar a pesar de que están lesionados, todo porque quieren que destaquen.

No son sólo los padres del deporte los que están desesperados por ayudar a sus hijos para que avancen. Las madres del espectáculo son conocidas también por sus trucos sucios.

Algunos de sus chanchullos no son nuevos. Toma como ejemplo a Judy Garland, la actriz que interpretó a Dorothy en *El Mago de Oz*. Al parecer su madre le daba pastillas para energizarla y pastillas para ayudarla a dormir mientras la forzaba a actuar cuando era una niña.

El mundo digital de hoy, sin embargo, le ha dado nuevo significado a la frase "todo el mundo es un escenario". Y muchas madres del espectáculo están usando el internet para que sus hijos se hagan famosos.

Tomemos, por ejemplo, *The CeCe Show*. CeCe es una niña pequeña que ha estado actuando desde los tres años. Su madre muestra sus travesuras en redes sociales. CeCe ha atraído a cientos de miles de seguidores y gana miles de dólares promoviendo productos y haciendo presentaciones pagadas.

En una entrevista para la revista *Cosmopolitan,* la madre de CeCe mencionó que ella le dice a CeCe que debe actuar independientemente de si se siente bien o mal porque "es su trabajo". Luego agregó: "Mi mayor proyecto es llevar a CeCe a la televisión y que la conozca el mundo, no sólo las redes sociales". Ciertamente hay muchos otros padres que están igualmente resueltos a convertir a sus hijos en estrellas.

Los expertos nos dicen que la razón de que los padres se involucren tanto asegurándose que su hijo se vea perfecto y actúe impecablemente, es que ven a sus hijos como extensiones de ellos mismos. E impulsar a su hijo a hacer las cosas que ellos no pudieron hacer los ayuda a alcanzar sus sueños no realizados.

Un estudio de la Universidad de Utrecht, en Holanda, encontró que vivir a través de sus hijos, en realidad, es terapéutico para sus padres. Cuando éstos han experimentado remordimientos sin resolver y desilusiones de su pasado, bañarse en la gloria de sus hijos los ayuda a sentirse orgullosos y satisfechos. Pero desafortunadamente, aunque haga sentir mejor a los padres, es dañino para los niños.

ES DIFÍCIL SABER HASTA DÓNDE LEVANTAR LA BARRA

Como padre es crucial motivar a tu hijo para que haga lo mejor. Es tu trabajo creer en él, aun cuando él no crea en sí mismo. Y alentarlo para continuar, aunque él crea que ya no puede dar un paso más.

Pero puede ser duro saber qué tanto debes esperar de tu hijo. Y si no estás seguro, puedes crear expectativas ridículamente altas sin reconocer los límites de tu hijo.

Es tentador mirar a otros niños alrededor para darte una idea de lo que es "normal". Pero a veces esta estrategia puede ser contraproducente.

Sólo porque tu amigo dice que su hijo ya iba solo al baño a los dos años, no quiere decir que tu hijo de tres años que aún usa pañales esté retrasado.

Pero si escuchas a otros padres hablar sobre sus hijos, o ves sus publicaciones en Facebook, tal vez empieces a sentir pánico porque tu hijo de siete años no está haciendo la división larga o tu hijo de doce años no ha sido reclutado por ninguna universidad, porque parece que los niños de todos los demás están por delante de tu hijo.

Comparar a tu hijo con los niños que lo rodean puede provocar que esperes más de lo que es capaz de hacer. Eso los dejará a ambos frustrados cuando no logre cumplir con tus expectativas.

Todos los niños son diferentes. Y muchos factores ambientales, biológicos e intrapersonales pueden afectar el desarrollo de un niño. Cualquier cosa, desde el género de un niño hasta el ingreso económico del padre puede afectar cuándo un niño alcanza sus etapas del desarrollo. Es importante saber "qué es normal" para los niños de la edad de tu hijo y es esencial también que tengas en mente que tú sepas qué es lo mejor para tu hijo. Tal vez esté avanzado en matemáticas y retrasado en lectura. O tal vez sea el mejor jugador de soccer en toda la escuela, pero todavía no sabe ponerse los tenis. Si pierdes de vista las fortalezas y debilidades de tu hijo, es fácil poner la barra muy alta.

Esperar perfección es malo para la salud mental de un niño

Nadine pensaba que era grandioso que Kylie tuviera tan altas expectativas de sí misma. No reconocía que llorar durante la clase y sentirse estresada todo el tiempo, realmente estaba cobrando una cuota muy alta en el desarrollo académico de preparatoria de Kylie.

Muchos padres, como Nadine, suscriben ese viejo adagio que dice que "un diamante es un pedazo de carbón que funcionó bien bajo presión". Piensan que poniendo presión en sus hijos lo harán brillar. Pero más que alentarlo para que haga su mejor esfuerzo, lo presionan para que sea perfecto. Y a la larga, esa aproximación es contraproducente.

TRATAR DE VERTE PERFECTO PUEDE CAUSAR QUE IGNORES PROBLEMAS

Los padres perfeccionistas no sólo quieren que sus hijos sean perfectos, sino que también demandan perfección en ellos mismos.

Ése era el caso de Christina Hopkinson. En un artículo del *Daily Mail* ella describe cómo su naturaleza competitiva causó que se esforzara por ser la mejor en todo lo que hacía. Ya fueran los estudios o los deportes, bajo todos los puntos de vista, ella era una triunfadora.

Ella veía cada obstáculo, incluyendo el embarazo, como un reto en el que podía destacar. Cuando su bebé nació por cesárea de urgencia, recibió la puntuación más alta en el test de Apgar. Hopkinson vio esto como evidencia de que podía tener un hijo perfecto. Apenas lo trajo a casa del hospital, se sintió orgullosa de poder cocinar el almuerzo y hacer el té para sus invitados y se imaginaba cómo la gente debió haber envidiado su impresionante habilidad para recuperarse de una cirugía abdominal mayor.

Le contó a todos, incluyendo a las parteras de su comunidad, que las cosas le estaban saliendo muy bien en su papel como nueva madre. No hacía ninguna pregunta y en su lugar se enfocaba en aparecer perfecta. Creyendo que estaba "amamantando maravillosamente", las parteras redujeron la frecuencia de sus visitas. Pero las cosas no estaban saliendo tan bien. Hopkinson notó que su hijo se veía lánguido, pero resistió la urgencia de llevarlo al doctor. Temía que pareciera una madre paranoica o inepta.

Cuando las parteras regresaron cinco días más tarde, descubrieron que el bebé había perdido 25 por ciento de su peso corporal. Fue llevado a toda velocidad al hospital con hipernatremia neonatal, una condición que podría haber sido fatal. Estaba deshidratado y los niveles de sodio en su sangre eran peligrosamente altos.

Afortunadamente, luego de una estancia de ocho días en el hospital, su bebé estuvo lo suficientemente sano como para regresar a su casa. Hopkinson dice que esto cambió su manera de ver su vida. Ella admite que si no hubiera sido por esa experiencia, "todavía estaría felicitándome y dándome el crédito por su maravillosa belleza, en lugar de darme cuenta de que hay mucho —casi todo— más allá de nuestro control".

Como Hopkinson, muchos padres quieren ganar la admiración de otros por tener la "familia perfecta" o la "vida perfecta". Y para detrimento de sus hijos, ven los problemas, incapacidades, enfermedad o fracaso como signos de debilidad.

Es como si, aun cuando admitiéramos que son humanos, tomar una siesta o pescar un resfriado los redujera al nivel de simples mortales a los ojos de los demás. Frecuentemente, ese temor de verse "débil" impide que las personas se cuiden a sí mismas.

En lugar de enfrentar los problemas, los ignoran, con la esperanza de que desaparecerán. En lugar de admitir su debilidad tratan de ocultarla. Niegan su dolor y se rehúsan a buscar ayuda. Pero en realidad, no son mentalmente fuertes. Solamente están haciéndose los duros en un intento por ganar la aprobación de otros.

LOS NIÑOS PAGAN EL PRECIO POR NO LLENAR LAS EXPECTATIVAS

Cuando los padres esperan que sus hijos sean perfectos, están en riesgo de desarrollar lo que es llamado perfeccionismo socialmente prescrito: la creencia de que otros sólo nos valorarán si somos perfectos todo el tiempo. Crecen pensando que cualquier pequeño error hace imposible que los otros los amen.

Pero desde el exterior es difícil ver el dolor. Esconden bien sus miedos e inseguridades porque han perfeccionado el arte de disfrazar su tormenta interior.

El perfeccionismo socialmente prescrito se ha vinculado a una variedad de problemas que incluyen:

- **Problemas de salud mental.** Niños que se esfuerzan por ser perfectos corren mayor riesgo de tener problemas de salud mental, como depresión, ansiedad y anorexia. Son buenos enmascarando sus síntomas, así que sus problemas usualmente no son atendidos.
- **Actitud derrotista.** Algunos estudios han vinculado el perfeccionismo con desórdenes alimenticios, procrastinación y conflictos

interpersonales. Irónicamente, el deseo de un perfeccionista de triunfar, con frecuencia provoca que saboteen sus propias metas.

- **Insatisfacción crónica.** El perfeccionismo no es una llave del éxito. Los niños que sienten que no pueden satisfacer las expectativas de los otros viven vidas atormentadas. Se convierten en adultos que —a pesar de sus logros— nunca se sienten satisfechos.

Lo más alarmante de todo es que nuevos estudios han encontrado que los niños que sienten que no están a la altura son más propensos a cometer suicidio. En 2013, en un artículo publicado en *Archives of Suicide Research*, investigadores entrevistaron a los padres de doce muchachos de 25 años que habían cometido suicidio. Más de 70 por ciento de los padres decían que sus hijos se habían fijado grandes exigencias y expectativas.

Brotes de suicidio han aparecido también en comunidades acomodadas y los investigadores sospechan que es debido a la presión que se pone en los niños para que sobresalgan. En Silicon Valley, la tasa de suicidios en adolescentes ha sobrepasado cinco veces el promedio nacional. Los Centros para el Control y Prevención de Enfermedades se refieren a ello como un problema crónico de salud.

Es similar a lo que vimos en 2014 cuando Fairfax, Virginia, sufrió un fuerte aumento en la tasa de suicidios de adolescentes. Los investigadores concluyeron que las altas expectativas de los estudiantes, la presión de los padres para que triunfaran y su rechazo a la existencia de problemas de salud mental fueron parte de los factores de riesgo.

Los economistas Garey y Valerie Ramey de la Universidad de California llaman a la cultura competitiva de hoy "la carrera de los críos". Con más chicos entrando a la universidad y con menos lugares para la admisión en escuelas de élite, hay una elevada rivalidad entre padres. La necesidad constante de obtener una ventaja competitiva, pasando más horas en actividades preparatorias para la entrada a la universidad, tal vez esté haciendo que los chicos sientan que nunca van a cumplir con las expectativas de los padres.

Así, si los muchachos que sobresalen en las más caras escuelas privadas se sienten como fracasados, imaginémonos cómo se sienten los chicos con discapacidades de aprendizaje. Un estudio de la Universidad de Columbia Británica sobre el suicidio en adolescentes encontró que 89 por ciento de las notas de suicidio tienen errores gramaticales. Los investigadores concluyeron que muchos de estos adolescentes probablemente tenían discapacidades para el aprendizaje y pensaron que no podían estar a la altura de sus compañeros.

Ya sea que tu hijo sea un candidato para entrar a Harvard o que requiera educación especial, esperar que se desempeñe por encima de su capacidad puede tener consecuencias mortales. Pero tristemente, la mayoría de los padres cuyos hijos murieron por suicidio nunca pensaron que eso les podía suceder a ellos.

Qué hacer entonces

Kylie, quien no podía tolerar nada menos que un diez, tuvo que aprender que una nota menos que satisfactoria no era el fin del mundo. Si no estaba satisfecha con su ocho, podía esforzarse por mejorar. Pero castigarse y decirse a sí misma que había fallado no era de ayuda.

Su madre tenía que mandar nuevos mensajes sobre el éxito y el fracaso. Antes de que Kylie pudiera perdonarse por sus errores, necesitaba saber que su madre la iba a aceptar aun cuando hubiera fallado en estar a la altura de sus expectativas.

Periódicamente revisa tus expectativas sobre tu hijo. ¿Acaso lo estás retando a dar lo mejor o estás presionándolo para que sea perfecto?

BUSCA LOS SIGNOS DE QUE ESTÁS PONIENDO DEMASIADA PRESIÓN EN TU HIJO

Puede ser difícil reconocer cuándo eres "ese padre". Tal vez te emocionas demasiado cuando ves los partidos de beisbol de tu hijo. O tal vez insistes en ir a la dirección de la escuela cuando tu hijo no es seleccionado para competir en el concurso de deletreo.

Probablemente los signos de que estés poniendo mucha presión en tu hijo son más sutiles. Aquí hay cinco signos que debes atender:

1. **Lo criticas más de lo que lo elogias.** Enfocarte demasiado en lo que tu hijo hace mal, sin señalar nunca lo que hace bien, puede hacerlo sentir como un fracasado.
2. **Comparas a tu hijo con otros niños.** Decir cosas como: "Bueno, Johnny practica cuatro horas al día" o "Tu hermana nunca ha reprobado un examen de matemáticas", lo pone en constante competencia y nunca toma en cuenta su propia individualidad.
3. **Tratas cada situación como algo que alterará su vida.** Oportunidades únicas en la vida son raras en la niñez. Así que, si te encuentras haciendo afirmaciones como: "Necesitas sacar diez en este examen, si quieres estar en la clase avanzada de matemáticas", o "Necesitas jugar muy bien en el partido de esta noche si quieres que te escojan para el 'juego de estrellas'", retrocede un poco. Recuérdate que habrá muchas oportunidades para que tu hijo destaque.
4. **Pierdes el control frecuentemente.** Si te encuentras irritable y frustrado porque tu hijo no se está desenvolviendo tan bien como quisieras, es posible que tú también te sientas presionado. Perder la paciencia puede ser un signo de que tus expectativas son muy altas.
5. **Microgestionas las actividades de tu hijo.** Los padres que tienen expectativas altas se vuelven maniáticos del control. Si tien-

des a estar encima de tu hijo para asegurarte que está haciendo todo "bien", es posible que lo estés presionando para que sea perfecto.

Mientras tu hijo crece y madura, tus expectativas deberían crecer con él. Pero hay veces que nuestras expectativas sobrepasan su habilidad de mantener el paso. Así que está atento a los signos que te advierten que estás poniendo la barra demasiado alta.

MANDA MENSAJES SALUDABLES SOBRE EL ÉXITO Y EL FRACASO

Cuando trabajaba en una secundaria como terapeuta, los días en que se entregaban las libretas de calificaciones siempre eran interesantes. Mientras algunos chicos asomaban sus cabezas en mi consultorio en su camino a casa para anunciarme: "¡Saqué cuatro dieces, Sra. Morin!", otros se detenían en busca de unas palabras de alivio antes de enfrentar a sus padres con notas menos que excelentes.

En una entrega de libretas en particular, Simon, uno de mis pacientes más recientes, pasó a mi consultorio. Estaba llorando porque había sacado dos ochos y me dijo: "Ahora tendré que ir a vivir con mi papá".

Los padres de Simon se habían divorciado cuando tenía ochos años y habían tenido durante cuatro años una dura pelea por la custodia. El juez recientemente le había dado la custodia a la madre, pero le había dejado claro a Simon que sólo podría quedarse con ella si el juez pensaba que estaba haciendo un buen trabajo criándolo. Y eso significaba que debía ser un estudiante que estuviera en el cuadro de honor.

El pobre de Simon estaba convencido de que necesitaba notas perfectas para seguir viviendo con su madre. Y ahora estaba aterrado porque no estaba haciendo un buen trabajo.

Luego de que Simon dejó mi consultorio, llamé a su madre. Esperaba que dijera que no había sido su intención darle a Simon ese mensaje. Pero en cambio me confirmó que le había dicho a Simon que necesitaba obtener sólo diez. Él había sacado sólo diez mientras vivía con su padre, por lo que ella temía que cualquier tropezón significaría que ella era menos competente como madre.

Aceptó hablar conmigo la siguiente semana en mi consultorio. Reconoció que normalmente estaría contenta con algunos nueves en la libreta de calificaciones de Simon, pero que estaba preocupada por cómo lo vería el juez.

Le expliqué que decirle a Simón que debía sacar sólo diez para poder seguir viviendo con ella lo ponía bajo una enorme presión. No era bueno para él creer que su situación de vivienda estuviera amenazada cada vez que reprobara un examen o no entregara una tarea.

Al principio no estuvo muy contenta con mis comentarios. Preguntó: "Bueno, y ¿cómo me voy a ver si sus notas siguen bajando?" Entonces le pregunté: "¿Cómo se va a ver si pone tanta presión en él para que se desempeñe perfectamente de modo que desarrolle problemas de salud mental?"

Le expliqué que nunca había visto una situación de custodia en la que un niño tuviera que mudarse porque había sacado dos ochos en su libreta de calificaciones. Pero había visto casos en los que un padre pone tanta presión en el hijo que éste decidió irse a vivir con el otro.

Insistió en que las calificaciones de Simon iban a ser un factor en la siguiente audiencia en la Corte. Así que le aconsejé que hablara con su abogado para tener mayor información sobre ello.

Pero también le expliqué que aun cuando fuera cierto que un ocho pondría en riesgo su situación de vivienda, decírselo a Simon no era útil. En cambio, la mejor opción era apoyarlo para que sobresaliera y ayudarlo a que hiciera su mejor esfuerzo. Si tenía que mudarse con su padre, sería porque el juez pensaba que la casa de su padre era el mejor entorno para él, no porque Simon hubiera fallado.

Ella aceptó dejarle de decir a Simon que tenía que sacar sólo diez. En cambio, le diría que la Corte estaba evaluando el desempeño *de ella* asegurándose de que lo estaba ayudando para que diera lo mejor en la escuela.

Por supuesto, Simon ya había escuchado su mensaje previo de que tenía que sacar sólo diez. Así que estuvo vigilante en las siguientes semanas. Temía que en cualquier momento le dieran la noticia de que tenía que mudarse de regreso con su padre. Pero para su alivio eso no sucedió.

De hecho, él permaneció con su madre el resto del tiempo que trabajé con él. Y pudo relajarse con respecto a su aprovechamiento. El nuevo mensaje de su madre y la falta inmediata de acción por parte de la Corte, le dieron un poco de paz mental. Pudo pasar más tiempo pensando sobre cuándo le iban a quitar los frenos y en qué posición iba a jugar en el beisbol, más que preocuparse que sus imperfectas calificaciones lo forzaran a mudarse.

Implicar que "algo" malo sucederá si él no es perfecto, puede ser dañino. Decir cosas como: "No te van a seleccionar para la beca de futbol si hoy no juegas perfecto", o "El recital de esta noche es tu gran oportunidad, no puedes permitirte ningún error", manda el mensaje inadecuado a los muchachos.

La presión no viene siempre de los padres. Maestros, entrenadores y otros mentores pueden decirle a tu hijo que sólo tiene "una oportunidad" para lograrlo en la vida y si la echa a perder nunca tendrá éxito. He escuchado a maestros decir a sus alumnos: "Si hoy no te va muy bien en tu SAT[9] nunca entrarás en la universidad". Pero en realidad los muchachos pueden volver a hacer el examen si no tienen un buen resultado. Y el SAT es uno de los factores que influyen en la decisión de los administradores de las oficinas de admisión a la universidad. Así que es importante considerar a todas las personas que estén ejerciendo presión innecesaria en tu hijo.

No importa lo que esté en riesgo —y usualmente no es mucho, como podrías pensar—, manda el mensaje de que quieres que tu hijo haga su

---

[9]   Scholastic Aptitude Test (Prueba de Evaluación Académica). Examen estandarizado diseñado para mostrar a las escuelas qué tan preparado está un alumno para ingresar a la universidad. Dicho examen mide habilidades clave como comprensión de lectura, habilidades de cómputo y claridad de expresión. Es comúnmente tomado por alumnos del segundo, tercero y cuarto años del bachillerato. (N. del T.)

mejor esfuerzo. Es cierto que a veces cometemos errores. Así más que insistir en que nunca se equivoque, dale el mensaje de que mentalmente es lo suficientemente fuerte como para recuperarse cuando no cumple sus propias expectativas.

BUSCA LA EXCELENCIA, NO LA PERFECCIÓN

Algunos estudios demuestran consistentemente que los niños pueden cumplir con las expectativas académicas de los padres, mientras que éstas sean razonables. Si tus expectativas están fuera de su alcance, tu hijo probablemente se dará por vencido. Y cuando realmente logre algo admirable, le será difícil disfrutar su triunfo porque estará pensando en cómo hacerlo mejor en el siguiente juego o cómo mantener su título como campeón.

Si tu hijo se esfuerza por alcanzar la excelencia — lo opuesto a la perfección—, sus errores no demolerán su autoestima. Aquí hay tres maneras en que le puedes ayudar a tu hijo a esforzarse por alcanzar la excelencia:

- **Pregúntate, a la necesidad de quién satisface esta expectativa.** ¿Quieres que tu hijo sea el jugador estrella en el equipo porque te hará sentir bien? ¿Quieres que saque buenas calificaciones para sentirte como un buen padre? Asegúrate que es por su bien, no por el tuyo.
- **Enfócate en el esfuerzo, no en el resultado.** Comenta: "Espero que te sientes a estudiar por una hora", más que: "Espero que saques diez en tu examen". Deja claro que la persistencia y la práctica lo ayudarán a mejorar.
- **Retrocede cuando tu hijo dé signos de que está agobiado.** Mientras es útil alentarlo para superar una prueba cuando está dispuesto a intentarlo, insistir en que continúe a pesar de que esté agotado mentalmente, no ayuda. Si dice que odia el soccer

o que ya no quiere seguir tocando el piano, puede ser un signo de que lo estás presionando demasiado.

DALE UN SÁNDWICH DE ELOGIO Y CRÍTICA

Criticar a tu hijo demasiado no es saludable. Dañará tu relación y reducirá la motivación de tu hijo.

Balancea la crítica ofreciendo a tu hijo un elogio, luego otra crítica y más tarde un elogio otra vez, haciendo un sándwich de elogio y crítica.

Aquí hay algunos ejemplos de cómo puedes señalar lo bueno, decir que esperas que mejore y terminar con una nota positiva:

- "Buen trabajo al guardar tu ropa. Tus repisas están un poco desordenadas todavía, pero me gusta la forma en que hiciste la cama".
- "Hoy realmente te moviste en el juego. Pero noté que no estabas poniendo atención una vez que el entrenador te puso en los jardines. Pienso que deberíamos trabajar para mantener tu atención en el juego, sin importar la posición en la que estés. Pero puedo decir que estabas determinado a pegarle a la pelota cada vez que tuviste el bate".
- "Pusiste mucho esfuerzo en este proyecto, aunque parece que deletreaste mal esta palabra. Pero todo lo demás está muy bien".

Señala primero lo que está bien, para darle a tu hijo un sentido de realización y ayudarlo a ver que lo ha hecho bien. Entonces dile lo que necesita mejorar para que pueda ser mejor. Sigue con un poco más de elogios para mantenerlo motivado.

Sin embargo, no abuses del sándwich de elogio y crítica. En ocasiones dale a tu hijo elogios sin crítica. De otra forma, sentirá que siempre está prestando atención a lo negativo, aun cuando haga algo bien.

Cómo enseñar a los niños a dar su máximo esfuerzo

En el caso de la misión de Nadine y Kylie por obtener un diez, la clave para dejar de lado el perfeccionismo estaba en reducir la presión en Kylie. Ella debía enfocarse en hacer su mejor esfuerzo, en lugar de tratar de ser perfecta.

Si tu hijo quiere ser el mejor en todo lo que hace, tal vez nunca se sienta competente. Enséñale a enfocarse en las cosas sobre las que tiene control, poniendo menos énfasis en obtener un resultado perfecto.

BUSCA TONALIDADES DE GRIS

Está atento a los signos de que tu hijo esté desarrollando un poco de mentalidad perfeccionista. Una pista fácil de localizar es el pensamiento de todo o nada.

Los perfeccionistas en desarrollo se ven a sí mismos como ganadores o perdedores totales. Concluyen que un simple error hace que su actuación sea un fracaso total. Aquí hay algunas de las cosas que puedes escuchar si tu hijo experimenta este tipo de pensamiento de todo o nada:

- "¡Fallé en mi examen de matemáticas, tuve dos respuestas mal!"
- "Fallé en la sincronización de unos pasos en medio del recital de danza. Seguramente debo haberme visto como la peor bailarina de la historia".
- "El juego fue un desastre. Fallé los dos goles que traté de meter".
- "No tiene sentido continuar tocando el saxofón. No me seleccionaron para tocar en la banda de jazz".
- "Me equivoqué tanto en la audición para el musical que me dieron una parte de extra. Voy a dejar de cantar".

Cuando escuches a tu hijo decir algo que indique este tipo de pensamiento de todo o nada, indícale que la mayoría de las cosas no están en blanco y negro. Ayúdalo a encontrar las diferentes tonalidades de gris.

Haz preguntas como: "¿Es posible que hayas hecho un buen trabajo a pesar de que cometiste un error?", o dile: "Sólo porque no entraste al equipo este año no quiere decir que no puedas hacerlo el año que entra. Tienes todo un año para practicar".

Ten en cuenta el lenguaje que estás usando para interactuar con tu hijo. Evita declarar su examen de matemáticas una "completa victoria" y no le digas que su ejercicio en la gimnasia fue "un completo éxito". Ese tipo de etiquetas pueden alimentar el pensamiento de todo o nada.

De la misma forma evita el lenguaje de todo o nada cuando hables de cosas sobre tu propia vida. Si te equivocas en una pregunta en una entrevista de trabajo, no llegues declarando que eres pésimo en las entrevistas. En cambio, habla sobre lo bueno, así como de lo malo. Di algo más balanceado, como: "Creo que contesté bien la pregunta sobre mis anteriores experiencias laborales, pero no pude contestar nada cuando me preguntaron cuál era mi mayor debilidad".

Enseña a tu niño de preescolar a seguir intentándolo

Los niños no nacen perfeccionistas. Si lo hicieran, es posible que nunca aprendieran nada. ¿Te puedes imaginar a un niño pequeño rehusándose a caminar porque estuviera asustado de caerse? ¿O que, luego de su primera caída, se considerara un fracasado y no quisiera volverlo a intentar?

Afortunadamente, los niños pequeños no piensan así. En cambio, están determinados a tratar nuevas cosas y mejorar, pero no esperan ser perfectos.

Eso es especialmente cierto en el caso de los niños en edad preescolar. Quieren estar a la altura de los niños grandes, a pesar de que no tienen las habilidades motoras, la coordinación y, el lapso de atención necesarios y muchas otras herramientas.

Es un momento estelar para que los padres comiencen a presionar a sus hijos muy fuerte y muy rápido. Y finalmente, sin ningún motivo. Estudios muestran que la edad en la que tu hijo aprendió a caminar, por ejemplo, no está vinculada a mejores habilidades motoras o a mayor inteligencia. De hecho, ya sea que tu hijo comenzara a caminar a los nueve meses o a los doce, probablemente tenga las mismas habilidades motoras que otros niños al momento en que empiece la escuela.

Así, mientras puede ser tentador asegurarte de que tu hijo sea un lector temprano o que pueda hacer sumas antes que todos sus compañeros, recuerda que el alto rendimiento no lo es todo. A menos de que posea otras habilidades, como el saber calmarse cuando está enojado y cómo resolver los conflictos de forma pacífica, sus éxitos tempranos no lo llevarán muy lejos.

Resiste la urgencia de que tu hijo esté más adelantado en todo lo que hace. En su lugar concéntrate en construir una relación sana y divertirte con él. Elogia sus esfuerzos, aun cuando se equivoque y aliéntalo cuando persevere en una tarea más ardua.

Enseña a tu hijo de edad escolar que a veces está bien enfocarse en divertirse

Un espíritu competitivo puede ser saludable, pero a veces los niños en edad escolar llevan su necesidad de ser el número uno un poco lejos. Una forma simple de probar la naturaleza competitiva de tu hijo es jugar el juego del globo.

Infla un globo y pídele a tu hijo que juegue contigo a pasarlo. Tomen turnos para pasarse el globo una y otra vez. Asigna puntos de forma casual como: "¡Rebotó contra la silla antes que le pegaras! ¡Ésos son diez puntos!", y "Oh, le pegó al techo. ¡Eso es menos mil puntos!" Asegúrate de que tu puntaje sea azaroso y absurdo. Si discute, le puedes decir: "Eso es menos veintidós puntos por discutir". No lleves la cuenta final. En cambio, crea un juego ridículo.

Si tu niño se ríe y juega contigo, es una buena señal. Si insiste y te dice: "Eso no es justo" y desiste, es posible que sea tiempo de considerar si tu hogar le está dando mucho énfasis al ganar. Y por supuesto, si tienes problemas al jugar un juego "sólo por diversión" sin ningún puntaje real, probablemente puedes adivinar de dónde tomó tu hijo su espíritu competitivo.

Las personalidades de algunos niños los hacen más competitivos que otros. Pero es bueno que vigiles cómo la está pasando tu hijo. Quieres que tenga impulso para hacer su mejor esfuerzo, pero no quieres que sienta que tiene que ser perfecto a toda costa.

Cuando se trata de fijar las metas, pregúntale a tu hijo qué piensa que es razonable para él mismo. ¿Espera sacar A en su examen de estudios sociales o piensa que será afortunado si pasa?

Aliéntalo a que haga un poco más de lo que espera. Si dice que piensa sacar ocho, pregúntale: "¿Qué podrías hacer para incrementar tus oportunidades de sacar medio punto más?" Tal vez estudiando más o pidiendo al maestro ayuda podría subir su calificación.

Pero al mismo tiempo, asegúrate de mencionar el hecho de que no puede controlar completamente sus calificaciones. Si bien puede controlar cuánto esfuerzo le dedica, no puede controlar qué tan difícil hace el examen el maestro.

Enseña a tu adolescente que las imperfecciones no son malas

Algunas veces los adolescentes piensan que sus imperfecciones, problemas o errores del pasado los hacen menos valiosos como seres humanos. Cuando estoy trabajando con una chica que insiste en que no puede ser adorable con su "horrible panza" o su "incapacidad para las matemáticas", hago el "ejercicio de las piedras de río".

Tengo un recipiente lleno de piedras de río medianas en mi oficina. Usualmente le pido al chico que escoja una que se quiera quedar. La mayoría de los muchachos revisan la colección y finalmente escogen su roca. Entonces les pregunto: "¿Por qué escogiste ésa?"

Por lo general recibo una respuesta como: "Bueno, tiene esta grieta extraña en la orilla que la hace verse bien", o "Quería esta roja con manchas blancas". Entonces comento algo como: "¿Así que a pesar de que la roca no sea perfecta —tiene esas protuberancias y cicatrices, además de que no es de color uniforme— todavía te gusta?" En ese punto usualmente se dan cuenta hacia a dónde estoy llevando la conversación y sonríen. Lleva a una larga discusión sobre cómo tus imperfecciones no te hacen desagradable, te hacen único. Y de todas formas, otras personas te pueden querer.

Muéstrale que puede manejar ser imperfecto. Algunas veces esto puede incluir retarlo a cometer un error a propósito. Para los padres que luchan por el perfeccionismo, la idea de que alientes a tu hijo para que se equivoque puede provocar mucha ansiedad. Pero podría ser fundamental para ayudarlo a ver que ser menos que perfecto no es el fin del mundo.

Si tu hijo es un perfeccionista en su salón de clases, anímalo a que cometa un error en su tarea. Ya sea que ponga mal la respuesta en un problema de matemáticas o incluya una errata en su ensayo de inglés, ayúdalo a darse cuenta de que el mundo no se va a acabar. Mientras ésta puede parecer una idea estrafalaria, animar a tu hijo a equivocarse de vez en cuando podría cambiar el curso de su vida. Cuando vea que el cielo no se cae y la Tierra continúa girando sobre su eje, a pesar de su deliberado error, es posible que esté más dispuesto a librarse de la culpa, que si está luchando con la idea de que debe ser perfecto todo el tiempo.

Muéstrale que es lo suficientemente fuerte como para lidiar con cometer un error, así como las consecuencias que surgen de los errores. Tolerar ser imperfecto construirá la confianza de tu muchacho en su habilidad para manejar el sentirse incómodo.

Los niños con expectativas realistas crecen celebrando el éxito de otras personas

Olivia era una niña de diez años que estaba en adopción temporal, a quien conocí cuando sus padres adoptivos tuvieron una emergencia fuera del estado. Estuvo conmigo por un par de semanas hasta que regresaron.

Antes de su partida, los padres adoptivos de Olivia me hicieron saber que, como muchos niños en el sistema de adopción temporal, su sobrecumplimiento era probablemente una forma de sobrevivencia. Tal vez no sería víctima de abuso si era "buena". Pero ahora estaba haciendo su mejor esfuerzo por aparentar ser la niña perfecta, porque estaba atemorizada de que, si se equivocaba, sus padres adoptivos encontrarían una niña "mejor".

En el siguiente par de semanas, el deseo de Olivia por complacer era evidente. Preguntaba cosas como: "¿Puedo barrer tu piso?", o "¿Quieres que pase la aspiradora por ti?" Nunca se quejaba de nada. De hecho, siempre decía cosas como: "No me molesta" cuando se le pedía hacer algo.

Después de esa visita, me convertí en su cuidadora temporal regular. Cuando los padres adoptivos temporales necesitan salir de la ciudad o ir a algún lugar al que Olivia no podía asistir, ella se quedaba conmigo. Y fue sorprendente ver su transformación con los años.

Ella creía que la habían separado de sus padres porque era mala. Y pensaba que si no era perfecta, nunca sería adoptada. Pero con el tiempo su familia adoptiva temporal —que eventualmente la adoptó definitivamente— le mostró que la querían, aunque cometiera errores. Cuando creció con la seguridad de que no tenía que ser perfecta para ser amada, se hizo independiente y asertiva.

Cuando tu hijo cree que es suficientemente bueno, aun cuando no sea perfecto, estará dispuesto a hacer cosas en las que podría fallar. Será capaz de manejar sus equivocaciones y estará equipado para recuperarse de un fracaso. Las personas mentalmente fuertes no resienten el éxito ajeno. Pero si esperas que tu hijo sea perfecto, mirará siempre alrededor y encontrará gente que es más lista, rica, atractiva y más exitosa y nunca estará a la altura. Cuando estableces metas realistas, él tendrá una perspectiva realista sobre sí mismo. Establecerá su propia definición de éxito. Será capaz de celebrar junto con otros cuando alcanzan sus metas porque no se comparará con otras personas.

Soluciones y trampas comunes

Las expectativas de perfección de un padre pueden no estar limitadas a los deportes o a las calificaciones. Un padre puede esperar que su hijo de cuatro años se siente sin moverse durante una larga comida en un restaurante, mientras otro se pregunta por qué su hijo de ocho años no se puede llevar bien con su hermano cuando van en el asiento trasero durante los viajes en coche.

Recuerda que se supone que tu hijo rompa de vez en cuando las reglas. Se supone que se porte mal. Y que va a cometer errores.

Una trampa común en la que muchos padres caen en cuanto al comportamiento de los niños es que esperan mucho demasiado rápido. Esto puede ser especialmente cierto en cuanto a los sistemas de recompensas.

Un padre le puede decir a su hija que puede ganar cien dólares si hace todos sus quehaceres todo el mes. Pero ésa le puede parecer una meta muy alta y puede desistir antes. Es mejor recompensar pequeños pasos hacia el éxito, pagándole por cada tarea que haga. Dándole un reto de todo o nada puede llevarla a pensar que el esfuerzo que puso no vale nada.

Es también importante manejar tu respuesta cuando tu hijo no es perfecto. No te dejes llevar por tus miedos. Si tiene una mala nota en un examen de ciencia, es probable que no arruine su vida. Nunca he escuchado decir a un adulto: "Mi vida entera cambió porque reprobé un examen de biología en primero de preparatoria".

Así que más que enseñar a tu hijo a evitar el fracaso, enséñale que mentalmente es lo suficientemente fuerte para lidiar con el hecho de que no es perfecto. Ayúdale a ver que todavía es un individuo maravilloso e imperfecto digno de ser amado.

LO QUE ES ÚTIL

* Hacer elogios, críticas y luego elogiar nuevamente
* Esforzarse por la excelencia, no por la perfección
* Contarles a tus hijos la historia de tus fracasos
* Preguntarle a tu hijo qué espera de él mismo
* Alentar a un perfeccionista a cometer un pequeño error a propósito
* Buscar signos de que estés poniendo demasiada presión sobre tu hijo
* Comparar a tu hijo con otros chicos
* Hacer actividades divertidas algunas veces, sin ningún tipo de competencia

LO QUE NO ES ÚTIL

* Amenazar a tu hijo con que cosas malas pueden sucederle si su desempeño no es perfecto
* Criticar mucho a tu hijo
* Pensar demasiado en los errores de tus hijos
* Plantear situaciones de todo o nada
* Esperar perfección de ti mismo

7

No dejan que su hijo evada su responsabilidad

Martha y Jim llamaron a mi consultorio pidiendo "una cita lo más pronto posible". Cuando llegaron a la primera sesión unos días más tarde, Martha dijo: "Finalmente hemos logrado que nuestro hijo se mude de la casa y no queremos que regrese. Necesitamos su ayuda".

"Ya sé que suena despiadado, pero es muy difícil vivir con él", explicó Jim. Luego de la preparatoria, su hijo Chris no quiso ir a la universidad porque prefirió obtener un trabajo. Pero en realidad nunca buscó un trabajo. En cambio, se pasó los siguientes siete años jugando videojuegos y saliendo con sus amigos. Aunque algunas veces decía que estaba buscando trabajo, sus padres estaban seguros de que nunca se había esforzado realmente en encontrarlo.

Así que cuando finalmente obtuvo un trabajo como mesero, a la edad de 25 años, estaban entusiasmados. Tan pronto como mencionó que alquilaría un departamento con un amigo, lo ayudaron a empacar. Estaban aliviados porque se iba a hacer independiente y más entusiasmados por el hecho de que finalmente se iba a mudar de su sótano.

Martha comentó: "Es un vago. Llego a casa del trabajo y encuentro los platos sucios en la tarja y ropa sucia en el piso del baño. Cuando le digo que necesita limpiar sus cosas, se enoja".

"También discutimos sobre dinero. Nos pide que paguemos sus boletos de conciertos o que le demos dinero para que pueda salir con sus amigos. Y en ocasiones lo hacemos, tan sólo para tenerlo fuera de la casa", expuso Jim.

Ahora estaban libres del conflicto diario. Pero no era el fin de sus problemas.

Chris no estaba ganando suficiente dinero para ser verdaderamente independiente. Y les pedía a Jim y Martha dinero cada mes. Para asegurarse de que pudiera mantener su departamento le estaban dando dinero. Pero su generosidad estaba haciendo estragos en su cuenta de banco y no estaban seguros de qué hacer.

Cuando les pregunté acerca de la capacidad de su hijo para manejar dinero, aceptaron que Chris no tenía competencias financieras. No estaban seguros si podía usar una chequera, crear un presupuesto o ahorrar parte de su sueldo. Tampoco estaban seguros de cuánto dinero ganaba. Cada vez que le preguntaban les decía que eso no les incumbía y ellos no lo presionaron más allá.

Cuando sugerí que sí les incumbía si le estaban dando dinero cada mes, estuvieron de acuerdo. Pero como no quería compartir esa información con ellos, sentían que no había nada que pudieran hacer.

Pero una cosa era segura: mientras siguieran manteniéndolo, no iba a cambiar por sí mismo. Si querían que fuera financieramente estable, ellos eran los que debían cambiar.

Los problemas que estaban enfrentado incluían:

1. **Estaban gastando sus ahorros.** El dinero que le enviaban a Chris venía de su cuenta de ahorros. Si continuaban enviándole dinero, iban a quebrar.

2. **No querían que Chris regresara a casa.** Pensaban que era más sano para todos si Chris no regresaba. Pero tampoco querían que viviera en la calle.

Les recomendé establecer estas reglas básicas con Chris:

1. **Él tenía que compartir información sobre su ingreso.** Si le iban a dar dinero cada mes, necesitaban saber cuánto estaba ganando.
2. **Tenía que trabajar con ellos para crear un presupuesto.** Crear un presupuesto es el primer paso para ayudarlo a manejar su propio dinero.
3. **Tenía que aprender a manejar sus finanzas.** Programar encuentros semanales para pagar cuentas, hacer el balance de su chequera y controlar el presupuesto eran pasos que podían ayudar a Chris a tener control sobre sus finanzas.
4. **Sólo recibiría un cierto monto de dinero cada mes por parte de ellos.** Si Jim y Martha estaban decididos a darle un poco de dinero a Chris para que pudiera pagar sus gastos, necesitaban establecer un claro monto mensual. También necesitaban establecer límites firmes y rehusarse a darle dinero extra si se le acababa.

Jim predijo que Chris se negaría a seguir estas reglas. Y si él y Martha no le daban dinero, él pensaba que sería desalojado de su departamento. Entonces tendría que regresar a casa y renunciaría a su trabajo, ya que le quedaba demasiado lejos para viajar ahí todos los días. Le preocupaba que Chris viviera con ellos para siempre.

Le recordé que si Chris elegía no trabajar con ellos en sus finanzas, sería su decisión. Y si no podía pagar sus cuentas, sería un resultado directo de sus elecciones y si era desalojado, no estaban bajo ninguna obligación para permitirle regresar.

Jim aceptó que no estarían "legalmente obligados" a dejar que Chris regresara con ellos, pero sentía que era su obligación moral. Pensaba que Chris no era tan listo como otros jóvenes de su edad. Les aseguré que si Chris era lo suficientemente listo como para terminar la preparatoria y para mantener un trabajo, podría aprender a manejar su dinero. Asumir que era incapaz de pagar sus cuentas sólo le daría una excusa para ser irresponsable para el resto de su vida.

Martha y Jim acordaron hablarlo en la semana. Y cuando regresaron a la semana siguiente, estaban los dos de acuerdo con el plan. Jim dijo que se había pasado mucho tiempo pensando sobre ello y que finalmente decidió que necesitaba ayudar a su hijo a ser más independiente. Se sentía mal por no haberle enseñado a manejar su dinero cuando era más chico, pero sabía que si no le enseñaba ahora, no aprendería nunca.

La siguiente semana le comunicaron a Chris el nuevo plan. Cuando escuchó las reglas les dijo: "¡Es como si no les importara que no tenga suficiente dinero para comer!", y les colgó el teléfono. No les habló por un par de días. Pero luego habló pidiendo dinero.

Se mantuvieron firmes y le dijeron que primero necesitaban verse para hablar de finanzas. Los llamó "controladores" y les volvió a colgar. Pero para la siguiente semana, les habló y les dijo que haría lo que quisieran, siempre y cuando le dieran dinero, ya que debía su mitad de la renta.

Aceptaron encontrarlo en su departamento y revisaron sus finanzas juntos. Chris no tenía idea de cuánto dinero ganaba, ni cuáles eran sus gastos. Así que Jim y Martha le ayudaron a comprenderlo.

Luego le ayudaron a establecer un presupuesto y descubrieron que no le alcanzaba para pagar sus gastos. Así que Jim y Martha aceptaron pagar las cuotas de su auto, siempre y cuando siguiera viviendo dentro de su presupuesto y continuara trabajando con ellos aprendiendo cómo manejar sus finanzas.

Martha y Jim sólo vinieron a dos citas más. Me dijeron que se sentían menos estresados y que tenían más esperanzas sobre el futuro, y el futuro de su hijo. Confiaban en que finalmente estaban en el camino correcto para enseñarle a ser responsable y vivir de forma independiente.

¿Le das a tu hijo suficiente responsabilidad?

Mientras es importante que evites tratar a tu hijo como un adulto en miniatura, es igualmente importante evitar tratarlo como si fuera un niño incompetente. Así, aunque estés tentado a dejarlo ser "sólo un niño", asegúrate que también lo estés educando para ser un adulto responsable. ¿Acaso respondes afirmativamente alguna de las siguientes afirmaciones?

- Hago cosas por mi niño que él es capaz de hacer por él mismo.
- No le doy a mi hijo muchos quehaceres.
- Le doy a mi hijo recordatorios frecuentes sobre las cosas que se supone debería estar haciendo.
- Mi hijo puede mantener sus privilegios, independientemente de si hace algo para ganarlos.
- No invierto mucho tiempo en enseñarle a mi hijo habilidades para la vida, como lavar la ropa o usar una chequera.
- Tengo problemas para identificar qué tanta responsabilidad puede mi hijo manejar con seguridad.
- Disculpo muy a menudo los errores y las distracciones de mi hijo.
- Paso más tiempo ayudando a mi hijo "a ser un niño", que enseñándole a ser responsable.

Por qué los padres dejan a los niños evadir su responsabilidad

Cuando Chris era joven, Martha y Jim llegaron a la conclusión de que no era tan inteligente como su hermano mayor. Ellos tenían menos expectativas para Chris y nunca le enseñaron las habilidades para la vida que necesitaba para hacerse responsable.

Afortunadamente, todavía pudieron enseñarle algunas habilidades básicas para la vida como adulto. Es mucho más fácil hacer esto cuando el niño es pequeño pero, por una razón u otra, muchos padres no consideran una prioridad enseñar la responsabilidad.

Aunque no eduques a un niño para que espere que lo mantengas económicamente de por vida, tal vez estés limitando su potencial al permitirle evadir ciertas responsabilidades.

LOS PADRES NO PUEDEN VER EL BOSQUE POR VER LOS ÁRBOLES

A veces los padres están tan concentrados en el resultado, que se olvidan que hay lecciones vitales que los niños están aprendiendo al mismo tiempo. Toma como ejemplo la tendencia preocupante de demandas que padres levantan en contra de maestros.

Más que hacer responsables a sus hijos cuando hacen trampa, tienen demasiadas faltas o reprueban la materia, algunos padres han comenzado a demandar legalmente a las escuelas. Y a veces, bajo la amenaza de una demanda o la presión de la administración escolar, los maestros cambian calificaciones o no toman ninguna acción disciplinaria. Aunque demandar a una escuela cuando se violan los derechos de un niño no es un concepto nuevo, la idea de que una "mala calificación" viole los derechos de un niño parece estar tomando fuerza.

Aun si el sistema de calificaciones de un maestro es "injusto", ¿deben los padres realmente demandar al maestro? Aprender cómo lidiar con prácticas injustas puede ser una gran habilidad para la vida. Y cuando los niños ven a sus padres y a otros modelos de adulto tratar con circunstancias injustas en la vida, aprenden que son parte de ésta. En un punto u otro, tu hijo se topará con un jefe poco razonable o un supervisor injusto, pero eso no querrá decir que él deberá demandarlos.

Dentro de esta misma línea de pensamiento, a algunos padres les preocupa menos si un niño se vuelve responsable, más que si tiene una ventaja competitiva. Así, enfocan toda su energía en asegurarse de que el expediente su hijo les sea atractivo a los responsables de la admisión en la universidad.

Y claramente, escribir "Hago mi cama todos los días" en la solicitud a la universidad no va a lograr que acepten a un muchacho en las universidades de la Ivy League.[10] Así que en lugar de asegurarse que sus hijos sepan doblar su ropa o cambiar sus sábanas, los padres los inscriben en actividades que mejorarán su currículum, como tocar el cello, ganar una Varsity Letter[11] o llevar al equipo de matemáticas a la victoria.

De hecho, la mayoría de los padres actualmente no les dan a los hijos ninguna tarea doméstica. De acuerdo con la encuesta de 2014 del Braun Research, a pesar de que 82 por ciento de los adultos dice que tuvieron quehaceres cotidianos mientras crecían, sólo 28 por ciento piden a sus hijos que realicen alguno.

¡Esto significa que 72 por ciento de los niños no levantan un dedo en casa! Mientras algunos padres dicen que sus hijos están muy ocupados como para hacer tareas domésticas, otros dicen que sólo quieren que sus hijos se diviertan. Pero, en cualquier caso, los niños que no hacen quehaceres se están perdiendo el aprender habilidades de vida que los preparen para el futuro. Después de todo, parte de tener una relación exitosa con alguien en el futuro depende de cómo contribuimos a la vida familiar.

ENSEÑAR A LOS NIÑOS A SER RESPONSABLES IMPLICA UN ESFUERZO CONCERTADO

A veces es difícil saber dónde termina tu responsabilidad y dónde comienza la de tu hijo. Tal vez pienses que es tu trabajo mantener limpia

---

[10] La Ivy League es un conjunto de ocho universidades americanas, que se destacan por su excelencia académica.

[11] La Varsity Letter o monograma, es un premio de excelencia al deporte por equipos otorgado por una universidad estadounidense. Consiste en un monograma en tela afelpada que se pega a una chamarra deportiva.

la casa. Y cuando el cuarto de tu hijo es un desastre, sientes que es tu responsabilidad limpiarlo, ya que después de todo es parte de tu casa.

O tal vez sientas que es tu responsabilidad asegurarte que tu hijo tenga todo lo que necesita para desempeñarse bien en la escuela y en sus actividades. Así que cuando olvida sus tenis de soccer, se los llevas antes del entrenamiento. Después de todo, no quieres verte como un padre irresponsable cuando tu hijo es el único que no lleva completo el uniforme.

Cuando se trata de responsabilidades domésticas, con frecuencia es más fácil que tú mismo hagas el trabajo. Enseñar a tu hijo cómo lavar la ropa o cómo cocinar la comida toma bastante tiempo. Y los errores —como si pone una camisa roja en la carga de ropa blanca— pueden ser costosos. Así que, para ahorrarse tiempo, dinero y molestias, muchos padres optan por hacer ellos mismos las tareas domésticas.

Y cuando decidas enseñarle a tu hijo cómo realizar ciertas tareas, hay una muy buena probabilidad de que le tengas que enseñarle más de una vez. Tal vez tengas que pasar una buena cantidad de tiempo enseñándole cómo cortar el pasto, sin dejar líneas de pasto crecido entre cada fila o cómo preparar una comida que sea adecuada para que la familia pueda comerla. Para muchos padres muy ocupados, puede parecer que no hubiera suficientes horas en el día para enseñarle a un niño cómo ser responsable.

LOS PADRES ENCUENTRAN DIFÍCIL DEJARLOS IR

Tania buscó tomar terapia porque se sentía deprimida. Un día, en medio de una de sus sesiones, su celular sonó. Tania me dijo: "Es mi hijo. Discúlpeme un minuto".

Contestó el teléfono y comenzó a hablar en una voz suave, como si le hablara a un niño de tres años. "Bueno, ¿por qué no fríes unas papas y preparas unos hot dogs para la cena de hoy, te parece bien? Mañana puedes venir a cenar y te hago una lasaña", terminó.

Cuando colgó el teléfono, Tania me explicó: "Cada vez que la esposa de mi hijo sale de la ciudad me habla para pedirme ayuda. Quería saber qué podía cocinar a los niños para la cena de hoy". Pensó que era lindo que aún le pidiera ayuda en cosas tan básicas.

Dijo: "Siempre temí que creciera y me dejara. Estoy tan contenta de que aún necesite a su mamá".

Eso nos llevó a una conversación sobre cuánto del propósito en la vida de Tania derivaba de cuidar a sus hijos. Como madre ama de casa, siempre había hecho todo por ellos. Y ahora que su hijo de 30 años no sabía qué cocinar para la cena, se sentía orgullosa, de manera retorcida.

Haber contestado esa llamada de su hijo en mi consultorio ese día, aceleró el proceso de la terapia. El enfoque de su tratamiento se centró ahora en ayudarla a establecer un sentido y un propósito en la vida como una mujer sola, y hacerlo de una manera que fuera sana.

Como muchos padres, Tania había tenido problemas manejando el dolor que implicaba dejar que sus hijos crecieran. Para protegerse de la tristeza, ella seguía demasiado involucrada en sus vidas. Si bien el que sus hijos dependieran de ella todavía le daba un placer temporal, no era suficiente para hacerla sentir que estaba viviendo una vida satisfactoria.

En una de mis primeras experiencias como trabajadora social, tuve un supervisor que solía decir: "Ustedes crían a los niños hasta que tengan 12. Luego de eso, su papel pasa de chofer al pasajero". Eso no quiere decir que tus hijos no te necesiten durante sus años de adolescencia. Pero sí significa que, en lugar de hacer cosas por ellos, deberán tomar muchas responsabilidades por ellos mismos.

Dejar que los niños eludan su responsabilidad los mantiene inmaduros

Mis clientes Martha y Jim aprendieron de la peor manera: haber dejado a Chris ser irresponsable fue una mala idea. Aun cuando era técnicamente un adulto, no estaba listo para el mundo adulto. Carecía de las habilidades necesarias para ser independiente y se sentían como si estuvieran pagando el precio, literalmente.

Así que puedes pensar que no es la gran cosa hacer todos los días la cama de tu hijo de diez años, o puedes asumir que llenar la solicitud de tu hijo adolescente para una beca para la universidad en realidad lo está ayudando; pero al final, tal vez le estés haciendo más daño que bien. Los muchachos no aprenderán las habilidades que necesitan para alcanzar su mayor potencial si no los haces responsables de sus propias vidas.

LOS NIÑOS IRRESPONSABLES SE CONVIERTEN EN ADULTOS IRRESPONSABLES

Cuando los animales nacen y son criados en cautiverio, usualmente no se les deja en libertad en su ambiente natural. Los biólogos dicen que dejar a estos animales defenderse por sí mismos es cruel, ya que no tienen las habilidades necesarias para sobrevivir por ellos mismos.

Pero eso es lo que muchos padres les hacen a sus hijos. Hacen todo por ellos, y ellos crecen sin preparación para los rigores de la adultez. Les faltan las habilidades necesarias para tener éxito en la universidad, el ejército o en un trabajo. Es por ello que estamos viendo otra tendencia preocupante: padres que se involucran abiertamente en el trabajo de sus hijos adultos. En una encuesta de 2007 conducida por la Universidad Estatal de Michigan, 32 por ciento de las grandes compañías reportaba que habían escuchado acerca de los padres de los empleados.

Mientras 31 por ciento de los directores de contrataciones decían que los padres entregaban los currículums de sus hijos por ellos, cuatro por ciento decía que le había tocado la experiencia de que los padres asistieran a las entrevistas de trabajo con sus hijos adultos y nueve por ciento habían tratado de negociar los salarios de sus hijos.

Algunos departamentos de recursos humanos reportan que reciben llamadas telefónicas de los padres de sus empleados cuando éstos reciben alguna acción disciplinaria. Tal como en la secundaria, los adultos jóvenes se quejan con mamá y papá cuando se meten en problemas. Y los padres se están involucrando y tratando de asegurarse de que a sus hijos no los hagan responsables cuando arruinan algo en la oficina.

Si tú no crees que tu hijo es capaz de conseguir su propio trabajo, o piensas que no puede manejar los problemas en su lugar de trabajo por sí mismo, eso es un gran problema. Esto no quiere decir que no requiera de tu ayuda. Puede tener preguntas sobre cómo negociar su salario o tal vez quiera que leas su currículum. Ofrecer tus sabias palabras puede ser útil. Pero eso es distinto a hacerse cargo y hacer las cosas por él.

Si siempre estás rescatando a tu hijo para enfrentar sus propias batallas y protegiéndolo de la responsabilidad, carecerá de la experiencia y la confianza que necesita para vivir en el mundo real. El futuro jefe de tu hijo —o su pareja, para el caso— no está interesado en alguien que todavía depende de sus padres financiera, física y emocionalmente.

¿Qué hacer en su lugar?

Martha y Jim querían que su hijo Chris fuera más responsable. Pero más que fortalecerlo para ser más responsable, su conducta estaba alimentando su irresponsabilidad. Si no hubieran cambiado su conducta, hubieran estado atascados en esa situación para siempre. Si querían que Chris cambiara, tenían que asegurarse de que él supiera cómo ayudarse a sí mismo. Eso significaba que debían convertirse en maestros, más que en facilitadores.

Tus intentos de salvaguardar a tu hijo de la responsabilidad le harán un flaco favor. Comprométete a crear un plan para ayudarlo a ganar las habilidades que necesita para convertirse en un adulto responsable.

ESPERA QUE TU HIJO SEA RESPONSABLE

La mayoría de los padres subestiman lo que sus hijos son capaces de hacer. Pero si intervienes y haces cosas por tu hijo, él no aprenderá a hacerlas por él mismo.

Dale a tu hijo oportunidades de practicar haciendo cosas por su cuenta. Aunque tome más tiempo dejarlo que te ayude con algo, piensa en ello como una inversión. Cuanto más tiempo pases ahora enseñándole cómo hacer algo, menos tiempo pasará haciéndolo más tarde.

Aquí hay algunos ejemplos de cómo puedes incrementar el sentido de responsabilidad de tu hijo:

- Más que hacerle su merienda, muéstrale dónde guardas la fruta. Platícale sobre cómo lavas las uvas y por qué cortas las manzanas. La siguiente vez que te pida algo de comer, dale más responsabilidad: pídele que te traiga la fruta y supervisa mientras la lava.
- En lugar de preguntarle a tu hijo: "¿Empacaste tu botella de agua y tu uniforme para el juego de hoy por la noche?", pregúntale: "¿Qué necesitas empacar para el juego de hoy por la noche?"
- No hagas el proyecto de la feria de la ciencia de tu hijo la noche anterior a la entrega. En cambio, dile: "Parece que tu proyecto para la feria de la ciencia se debe entregar en dos semanas. ¿Qué puedes hacer para asegurarte de entregar a tiempo?" Tal vez desees ayudarlo a desarrollar un plan para que lo entregue a tiempo.

Al tiempo que tu hijo se haga más grande y más maduro, sigue permitiéndole demostrar que puede ser responsable. Cuando cometa un error, sabrás que necesita más oportunidades para practicar.

RESPONSABILIZA A TU HIJO

Cada mañana Mandy levantaba a su hijo de trece años Ryan al menos seis veces. Las primeras veces le decía amablemente que se levantara. Pero cuando se negaba a moverse, pasaba a gritarle y a sacudirlo. Cuando finalmente lograba levantarse de la cama, era increíblemente lento en estar listo.

Ryan perdía el camión por lo menos dos días a la semana. Y cada vez que lo perdía, Mandy lo llevaba a la escuela, lo que la hacía llegar tarde al trabajo. "No puedo dejar que se quede en casa sólo porque perdió el autobús. ¡Eso le encantaría!", me explicó.

El problema era que Ryan no tenía nada de dinero. Como no hacía quehaceres, no tenía mesada. Afortunadamente, Mandy aceptó hacer algunos cambios.

Si Ryan perdía el autobús, tenía que hacer los quehaceres de la casa hasta que pudiera pagarle lo que le debía. No tendría derecho a tener ninguno de sus privilegios, incluyendo videojuegos, hasta que hubiera realizado esos quehaceres.

Así que la siguiente vez que Ryan perdió el autobús, Mandy le dio un aventón y le dijo que su "tarifa" eran quince dólares. Esa tarde le dio una lista de tareas, en la que cada una valía un dólar. Necesitaba completar toda la lista para poderle pagar.

Le informó que no tenía permiso de usar sus aparatos electrónicos o de salir con sus amigos hasta que terminara sus quehaceres. Para su sorpresa Ryan completó cada tarea de su lista esa misma noche. Al día siguiente se levantó de la cama la primera vez que lo despertó y llegó a la parada de autobús con unos minutos de antelación.

Mandy estaba entusiasmada de que el castigo hubiera sido efectivo. Sin embargo, era consciente de que Ryan podría regresar a sus antiguas costumbres en algún momento. Pero esta vez estaba preparada para hacerlo responsable de su conducta.

Está alerta a las formas en que estés recompensando inadvertidamente la conducta irresponsable de tu hijo. Aquí hay algunos ejemplos:

- Una niña de diez años siempre dice que no tiene tarea. Luego a la hora de acostarse, recuerda una que debe hacer. Sus padres le permiten quedarse despierta hasta que la termina.
- Un niño de doce años "olvida" hacer una tarea importante hasta la noche previa a la entrega. Sabe que su madre lo ayudará y que harán algo juntos para que no tenga una mala calificación.
- Un muchacho de catorce años no practica el piano toda la semana y sabe que su maestro estará molesto. Así que convence a su madre para que le diga que no se ha sentido bien para que no se enfade.

Cuando tu hijo es irresponsable, asegúrate de que haya una consecuencia negativa que le enseñe a ser más responsable la próxima vez. Si no lo haces responsable, no aprenderá. Aquí hay unos ejemplos de las consecuencias que enseñan a los niños a ser más responsables:

- Una niña pierde una prenda de ropa durante la temporada de soccer. Luego deja dos sudaderas en el vestidor (las que no son encontradas nunca), sus padres le hacen comprar reemplazos para la ropa con su propio dinero.
- Un niño olvida ponerse el casco cuando toma su bicicleta para dar un paseo. Sus padres le quitan la bicicleta por lo que resta del día.
- Una niña nunca pone atención cuando el director de teatro anuncia la fecha y la hora para el siguiente ensayo. Sus padres le dejan la tarea de hablar y preguntar, y establecen una regla que dice que necesita avisar con veinticuatro horas de anticipación cuando necesite que la lleven a un ensayo.

PERMITE QUE LOS INFRACTORES REINCIDENTES ENFRENTEN LAS CONSECUENCIAS NATURALES

Hay veces en que no tienes que salirte del camino para que tu hijo sufra las consecuencias. En cambio, puedes sentarte y permitir que enfrente las consecuencias naturales de su conducta. Esto puede ser especialmente útil si tu hijo es "reincidente".

Aquí hay algunos ejemplos:

- Un niño olvida empacar sus tenis de baloncesto en su mochila. Su madre se rehúsa a llevárselos a la escuela, ya que ésta es la tercera vez que los olvida. Sin sus tenis no le permiten participar en el entrenamiento.
- Un niño insiste en que no tiene tarea. Más que volver a revisar su cuaderno de tareas, sus padres le permiten asistir a la escuela sin haber terminado su tarea. Tiene que quedarse durante el recreo a terminar su tarea de matemáticas.
- Un niño quiere gastar toda su mesada durante los primeros minutos en el parque de diversiones. Sus padres le permiten que lo haga. Entonces no tiene dinero para gastar el resto del día.

Muestra empatía más que enojo cuando dejes a tu hijo enfrentar una consecuencia natural. Dile: "Sé que estás triste por no haber podido participar en el entrenamiento. Pero espero que la próxima vez no se te olvide llevar tus tenis para que puedas jugar con el equipo".

Las consecuencias naturales son más apropiadas para niños desde los ocho años. Los niños más chicos usualmente carecen de la habilidad para comprender que la consecuencia es resultado directo de su comportamiento.

Antes de dar lugar a las consecuencias naturales, asegúrate de que la consecuencia podría enseñarle a tu hijo una lección. Mientras un niño puede estar molesto si tiene que quedarse en el recreo, a otro niño podría no importarle en absoluto. Así que considera cuál es la consecuencia que pueda funcionar para tu hijo.

USA LA REGLA DE DISCIPLINA DE LA ABUELA

La Regla de Disciplina de la Abuela enseña que los privilegios pueden ganarse a cambio de conducta responsable. Usa un contexto positivo para que tu hijo reconozca que tiene cierto control sobre lo que gana y cuándo lo gana. Así que en lugar de decir: "No puedes jugar afuera hasta que tu cuarto esté limpio", dile: "Puedes jugar afuera tan pronto como tu cuarto esté limpio".

El ligero cambio en la enunciación de la oración hace una gran diferencia en cómo tu hijo ve su responsabilidad. En lugar de pensar: "No puedo tener algo porque mis padres no me dejan", es más probable que reconozca: "Depende de mí decidir cuándo me gano mis privilegios".

Ese ligero cambio en la enunciación enseña a tu hijo que es responsable por sus elecciones. Y mientras más responsable elija ser, más privilegios ganará.

Éstos son algunos ejemplos de formas efectivas de poner en práctica las Regla de Disciplina de la Abuela:

- "Cuando termines de hacer tu tarea, puedes jugar con la computadora".
- "Cuando guardes tus juguetes, jugaremos un juego juntos".
- "Tan pronto como termines tus quehaceres, puedes salir en tu bicicleta".

Luego de que le hayas dicho a tu hijo lo que ganará cuando haga una buena elección, deja que decida por sí mismo el horario. Evita molestarlo, suplicarle o recordarle que haga su trabajo. Si se hace demasiado tarde para que salga y todavía no termina con sus quehaceres, infórmale que salir a jugar ya no es una opción, pero que lo puede intentar al día siguiente.

SÉ UN MODELO RESPONSABLE

Mientras es importante *hablarle* a tu hijo acerca de las responsabilidades diarias, como limpiar la casa o ir a trabajar, es más importante *mostrarle* que tomas tu responsabilidad seriamente. Parte de ser un adulto responsable significa ayudar a la gente que lo necesita y tomar en cuenta los problemas y los elementos de seguridad.

Así que, aunque algunas veces sea tentador evadir responsabilidades, especialmente si tienes prisa, recuerda que tu hijo siempre está observando. Si ve que haces hasta lo imposible para ser responsable, aun cuando es inconveniente, verá lo importante que es.

Aquí hay algunos ejemplos de cómo puedes ser un modelo de responsabilidad.

- Mientras compra en la tienda, un padre nota que hay líquido regado en el suelo. Le habla a un empleado para que lo limpien antes de que alguien se resbale y caiga. Le explica a su hijo que, aunque ellos no derramaron el líquido, una vez que lo notó es su responsabilidad hacerse cargo del problema.
- Una madre ve a una vecina mayor tomando un paseo, pero la mujer parece confundida. La madre se acerca a platicar con la vecina para ver si necesita alguna ayuda. Le dice a su hijo que es importante ayudar a otras personas que necesiten auxilio.
- Una madre nota que hay una parada de autobús en una esquina ciega. Cada mañana hay varios niños que se congregan en la calle y parece que es un riesgo de seguridad. La madre contacta a la escuela para compartir su preocupación de que la parada de autobús esté en un área poco segura. Le explica a su hijo que los administradores de la escuela podrían querer saber de ese tipo de problemas de seguridad para que puedan hacer cambios que mantengan a los niños a salvo.

Pon atención a las veces que hayas estado tentado a decir: "Alguien debería hacer algo al respecto". Recuerda, tienes la oportunidad de ser esa persona. Muestra a tu hijo que estás dispuesto a dar la cara y a hacer lo correcto, aun cuando nadie te lo haya pedido. Entonces será más probable que reconozca que tiene la oportunidad —o tal vez incluso la responsabilidad— de hacer lo mismo en su vida.

Cómo enseñar a tus hijos a ser responsables

En el caso de Chris y sus continuas peticiones de dinero, Martha y Jim tuvieron que poner unas reglas básicas. Tenían que encontrar una forma de enseñarle a su hijo las cosas que debía haber aprendido en la primaria sin tratarlo como un niño pequeño. Pero como no le habían enseñado importantes habilidades de vida a una edad temprana, su trabajo era complicado y delicado.

Considera las formas en que estás dejando que tu hijo evada responsabilidades que es capaz de manejar. Sé proactivo en cuanto a enseñarle los ejercicios que le ayuden a aprender a ser responsable, más temprano que tarde.

INVOLUCRA PRONTO A LOS NIÑOS EN LAS TAREAS COTIDIANAS

No subestimes el poder de un niño que hace su cama. Investigadores de la Universidad de Minnesota encontraron que realizar quehaceres a edad temprana es el mayor indicador del éxito de los adultos jóvenes. Involucrarse en los quehaceres es más importante que el ingreso de la familia, el coeficiente intelectual del niño o las dinámicas familiares.

Pero el estudio encontró que es crítico para los niños comenzar a hacer tareas cuando tienen tres o cuatro años. Niños que no empezaron a hacerlas sino hasta los quince o dieciséis tuvieron menos probabilidades de ser exitosos. Sin embargo, si tu hijo ya es adolescente, no desesperes. Mejor asignar tareas tarde que nunca.

Marty Rossmann, el profesor asociado que condujo el estudio, informa que los quehaceres enseñan responsabilidad, que dura toda la vida. Los niños pequeños obtienen competencia, autonomía y mejora la autoestima por la realización de las tareas, todo lo cual seguramente contribuirá a su éxito futuro.

Los niños que realizan quehaceres crecen para convertirse en adultos bien ajustados y tienen más empatía con los demás. Enseñarles a ser responsables desde una edad temprana incluso mejora sus relaciones como adultos.

Tu niño requiere saber que hacer sus quehaceres y comportarse responsablemente no siempre es divertido. Pero sólo porque parezca aburrido, no quiere decir que no pueda hacerlo de todas formas. Comportarse de forma contraria a sus emociones es una habilidad de vida esencial.

Cuando se trata de pagarles a los niños por las tareas, los investigadores no se ponen de acuerdo. Algunos estudios muestran que pagar a los niños por realizar sus tareas disminuye su motivación para hacer algo cuando no son recompensados. Pero otros estudios muestran que pagarle a los niños por los quehaceres proporciona una oportunidad para enseñarles cómo ser responsables con el dinero.

Así que una estrategia moderada podría darle a tu hijo lo mejor de ambos mundos. No le pagues a tu hijo por cada tarea que haga; poner la mesa, levantar y lavar los platos son parte de ser un buen ciudadano.

Es importante que esperes que tu hijo haga todo esto sin que tengas que decírselo y sin ganar dinero por ello. Debes asegurarte de que cuando viva con un compañero de cuarto o una pareja, pueda ser responsable sin que nadie le esté recordando lo que tiene que hacer.

Asegúrate de que tu hijo reconozca la necesidad y que actúe en ello. Si la abuela necesita ayuda para sacar la compra del coche o un amigo se está esforzando para cargar un montón de cajas, tú quieres que intervenga y ofrezca su ayuda antes de que le digan que lo haga. Y no quieres que espere que le paguen por ello. Así que cerciórate de enfatizar la importancia de ser un buen ciudadano que intervenga y ayude sin esperar remuneración alguna.

Entonces puedes darle a tu hijo tareas extra que puedan ser pagadas, como podar el pasto o lavar tu coche, cosas que tal vez pagarías para que las hicieran. Sólo asegúrate que ofreces reglas y guía que lo ayuden a aprender a ahorrar y gastar su dinero de forma responsable.

ACEPTA EXPLICACIONES, PERO NO EXCUSAS

Cuando tu hijo cometa errores, busca una explicación, pero no lo dejes que excuse su irresponsabilidad. Una excusa culpa a otros o a circunstancias externas. Una explicación asume responsabilidad personal. Aquí hay un ejemplo:

Una excusa: Reprobé el examen porque mi maestro no explica las cosas lo suficientemente bien. Ni siquiera nos dijo qué debíamos estudiar.

Una explicación: Reprobé el examen porque no entendí el material. Estudié las cosas equivocadas.

Aun si el examen fue difícil, o el maestro no explicó la información, claramente tenía opciones. Debió haber pedido ayuda cuando no entendió. Enséñale a ser responsable por su conducta para que pueda mejorar sus oportunidades de éxito.

Cuando tu hijo da excusas, señálalo. Comenta: "Eso suena a una excusa. ¿Qué pudiste haber hecho para prevenir que sucediera?" o "¿Cuál fue tu papel en eso?" Ayuda a tu hijo a ver que ofrecer excusas no reducirá su responsabilidad.

Enseña a los preescolares a ser ayudantes

Un niño verdaderamente responsable necesitará ser capaz de reconocer cuándo debe intervenir y ayudar sin que nadie se lo diga. Aunque parezca una habilidad complicada de aprender, en realidad puedes empezar a enseñársela durante los años de preescolar. Una forma simple de hacerlo es refiriéndote a tu hijo como "un ayudante".

Un estudio de la Universidad de California en San Diego realizado en 2014 encontró que los niños de tres a seis años estaban más motivados para ayudar a otros si se les daba la opción de "ser un ayudante". Sin embargo, cuando se les decía que podían escoger ayudar a otros, era menos probable que intervinieran. (Similarmente, en un estudio de 2011 realizado por la Universidad de Stanford, encontró que los adultos que se ven a sí mismos como votantes —más que alguien que vota— son más proclives a emitir su voto.)

Cuando los niños se ven a sí mismos como ayudantes, están listos para intervenir y asistir en el momento en el que los necesitan. Así, di a tu hijo cosas como: "Vamos a ver cómo podemos ayudar hoy" o "Realmente eres un buen ayudante". Es posible que moldees el punto de vista de tu hijo como una persona capaz e independiente que puede asistir a otras personas.

Aunque tu hijo de preescolar no pueda hacer tareas domésticas complejas, puedes enseñarle a ser un ayudante involucrándolo en las tareas que estás realizando. Déjalo que te ayude a lavar los trastes y a trapear los pisos. Cuando estés haciendo mandados o comprando, dale pequeños trabajos y señala que es "un buen ayudante pequeño".

Aquí hay algunas tareas que puedes asignar a tu niño de preescolar:

- Hacer la cama
- Guardar sus juguetes
- Empatar los calcetines
- Guardar parte de la ropa recién lavada
- Desempolvar
- Barrer el piso
- Vaciar pequeños botes de basura, como los de las recámaras y el baño

Enseña a los niños en edad escolar a unir los puntos

Cuando sea posible, señala el vínculo directo entre la conducta de tu hijo y los resultados. Ayuda a tu hijo a unir los puntos mencionando cosas como: "Vamos a unir los puntos. De veras estudiaste mucho y todo ese trabajo te ayudó a tener tan buena calificación", o "Tus habilidades para jugar soccer realmente han mejorado por todo lo que has estado practicando en el patio trasero cada tarde".

Si pone mucho esfuerzo, pero aún falla, asegúrale que todo ese trabajo duro no se va a perder. Comenta cosas como: "Toda esa práctica te puede preparar para que entres al equipo el año próximo", o "Estudiar duro puede ayudarte a aprender más, aun cuando no siempre saques una buena calificación".

Cuando tu hijo se dé cuenta de que sus elecciones influyen en el resultado, aceptará más responsabilidad personal por sus decisiones. Al hacerse más grande, verá que tiene una buena cantidad de control sobre la probabilidad de alcanzar sus metas.

Además de unir los puntos, ayúdale a ser más responsable asignándole quehaceres como:

- Trapear los pisos
- Cocinar platillos simples, como un sándwich de queso derretido
- Pelar vegetales

- Guardar la ropa recién lavada
- Empacar su propio almuerzo
- Limpiar el baño
- Aspirar las alfombras

Enseña a los adolescentes a ver el panorama general

Para el momento en que tu niño se convierta en un adolescente, tienes sólo unos cuantos años más antes de que entre al mundo de los adultos. Así que es esencial retroceder y examinar el panorama general juntos.

Sólo porque tu hijo adolescente tenga buenas notas y se destaque en los deportes, no quiere decir que ya esté equipado para ser un adulto responsable. Piensa en todas las habilidades de vida que tu hijo necesita aprender. Además de saber cómo hacer tareas domésticas, como lavar la ropa, necesita habilidades interpersonales, relacionales, de comunicación, etcétera.

No pases por alto cosas simples que puedes asumir que tu hijo adolescente ya sabe cómo hacer. Todos los días me encuentro con muchachos que se rehúsan a hacer una llamada por teléfono. Están tan acostumbrados a mandar textos que no tienen idea de cuál es la etiqueta usada en las llamadas. Y es posible que habrá ocasiones en las que tu hijo necesitará hablar por teléfono con un ser humano. Así que déjalo concertar una cita por sí mismo y déjalo que llame a un negocio para preguntar sobre un producto o un servicio.

Mira cada día como una oportunidad para ayudar a tu hijo a aprender más habilidades de vida que lo ayuden a tener éxito. Cuando rompa las reglas o no asuma sus responsabilidades, considéralo como una retroalimentación para ti de que necesita más práctica para tomar mejores decisiones.

Además, tu hijo adolescente debe ser capaz de hacer todas las tareas domésticas que tú haces. Quizá quieras rotar los quehaceres para que tenga una oportunidad de tratar de hacer todo en algún momento u otro. Aquí hay algunas tareas que le puedes encargar a tu hijo:

- Cocinar comidas
- Cambiar las sábanas
- Cuidar de sus hermanos pequeños
- Lavar el coche
- Podar el pasto
- Lavar los platos
- Ir a recoger cosas en la tienda
- Lavar las ventanas
- Desyerbar el jardín
- Rastrillar el jardín

Niños responsables crecen sabiendo cómo recuperarse de un fracaso

Verónica trajo a su hijo de catorce años, Zack, a terapia porque estaba preocupada de que pudiera tener TDAH. Ella comentó que Zack era olvidadizo, desorganizado y completamente flojo. Éste es un problema común que veo en mi consultorio: padres frustrados que no pueden entender por qué su hijo no está motivado para hacer ningún trabajo. Pero después de trabajar con ellos por un rato, el problema era muy claro.

Verónica había concluido que Zack era un niño irresponsable. Así que le recordaba constantemente todo lo que debía hacer. Ella le decía: "Zack, no se te olvide empacar tu botella de agua para el juego", o "Recuerda que vas a necesitar estudiar para ese examen de ciencia esta tarde".

Ya que siempre le recordaba todo lo que debía hacer, Zack nunca se preocupaba por cómo organizar su horario. Esperaba a que su madre le dijera qué hacer. E incluso entonces hacía lo mínimo posible.

No estaba aprendiendo a pensar por sí mismo. En cambio, sólo seguía órdenes. No es de extrañar que fuera olvidadizo y desorganizado. Afortunadamente, algunos cambios al estilo de crianza de Verónica lo ayudaron a ser más responsable.

Dado que Verónica siempre había evitado que Zack enfrentara las consecuencias agobiándolo y recordándole qué hacer, él nunca había experimentado las consecuencias de las ramificaciones de su comportamiento. Una vez que se quitó de en medio y le permitió experimentar las consecuencias naturales, se hizo mucho más responsable.

Dale a tu hijo tareas difíciles, aun cuando falle algunas veces. Con la práctica él aprenderá a recuperarse de la decepción y descubrirá que puede manejar más responsabilidad de la que él mismo pensaba poder manejar.

Hazlo responsable por su conducta. Con el tiempo, aprenderá cómo ser responsable. Y aprenderá cómo recuperarse del fracaso e intentarlo otra vez.

Las personas mentalmente fuertes no se rinden luego del primer fracaso. Pero tu hijo necesita práctica fallando para que pueda recuperarse de un fracaso. Enseñarle a ser responsable es la mejor forma de ayudarlo a descubrir cómo manejar los retos y cómo hacerlo mejor cuando falle.

Soluciones y trampas comunes

Algunas veces los padres quedan atrapados al asignar tareas basados en roles de género tradicionales. Las niñas lavan los platos y los niños limpian la cochera. Asegúrate de que las habilidades de tus hijos no queden restringidas de esta forma.

Otro problema común es la inconsistencia. Algunos padres encuentran que en los días en que tienen más energía son capaces de seguir hasta el final, con ello aseguran que su hijo está haciendo sus tareas o están más involucrados apoyándolo para que sea responsable.

Pero en los días en que los padres están cansados o estresados, es menos probable que sigan hasta el final. Tu hijo no va a aprender a menos de que mandes un mensaje consistente. Entre más consistente puedas ser hoy al enseñarle a ser responsable, emplearás menos tiempo en tratar problemas más tarde.

La frustración sobre las responsabilidades con frecuencia surge de expectativas poco claras. Decirle a tu hijo que "limpie su cuarto" o "haga sus quehaceres" no ayuda. Debes cerciorarte de que sepa exactamente lo que quieres decir y qué esperas de él.

Si tu hijo es un reincidente, no pierdas tu paciencia. Regañarlo no va a servir. Evita decir cosas como: "¿Cómo puedes seguir olvidando empacar tus tenis? ¡No hay muchas cosas que necesites llevar a la escuela y siempre estás olvidando esto!"

En cambio, soluciona con él el problema. Di: "Ésta es la tercera vez que olvidas empacar tus tenis. ¿Qué podemos hacer para ayudarte a recordar?" Ya sea que tu hijo necesite una lista en la puerta o un calendario en su tableta, ayúdalo a encontrar la forma de ser más responsable y trabajen juntos para hacer que suceda.

LO QUE ES ÚTIL

* Esperar que tu hijo se comporte responsablemente
* Que viva las consecuencias cuando tu hijo no se comporta responsablemente
* Permitir que tu hijo sufra las consecuencias naturales cuando repita los mismos errores
* Usar la Regla de Disciplina de la Abuela
* Referirte a tu hijo como un "ayudante"
* Asignarle tareas en una edad temprana
* Otorgar privilegios sólo cuando se los han ganado
* Hacer responsable a tu hijo

LO QUE NO ES ÚTIL

* Agobiar, suplicar y regañar a tu hijo
* Rescatar a tu hijo cuando repetidamente ha sido irrespon-
  sable
* Permitir a tu hijo excusarse por sus elecciones
* Dar prioridad a otras actividades estructuradas, en lugar de
  enseñar a tu hijo a ser responsable
* No hacer mucho por tu hijo
* No seguir hasta el final las consecuencias

No protegen a su hijo del dolor

Desde su divorcio hace cinco años, Julie había mantenido la custodia principal de sus tres hijos, de diez, catorce y dieciséis años. Su ex marido Michael, vivía cerca y usualmente visitaba a los niños algunas veces por semana. Pero como sólo tenía un departamento de una sola recámara, los niños nunca pasaban la noche en su casa.

De hecho, rara vez iban a su departamento. En cambio, Michael los visitaba en casa de Julie, que era el mismo hogar en el que habían vivido cuando estaban casados. Julie aceptaba que era más fácil en esa forma ya que su departamento era muy pequeño y los niños tenían sus videojuegos, bicicletas y otras pertenencias en su casa.

Julie se sentía mal de que Michael viviera solo, así que lo invitaba a cenar todos los domingos por la noche. Sabía que no era un buen cocinero, por lo que siempre lo mandaba a casa con algo de comer.

Michael también pasaba las fiestas en casa de Julie. Ella pensaba que era importante para los niños que celebraran la Navidad y los cumpleaños como una familia. Ella compraba los regalos, pero siempre les decía a los chicos que eran de parte de "Mamá y Papá".

Con el pasar de los años, Julie había salido con algunos hombres pero ninguna de sus relaciones había sido seria, hasta ahora. Ella y su actual no-

vio, David, habían estado juntos por seis meses y Julie podía ver un futuro a su lado.

Pero había un problema. Cuando Michael y David se conocieron, Michael fue grosero. Le dijo cosas desagradables a David e hizo comentarios sarcásticos sobre él a Julie y a los niños.

Para evitarle a David los insultos de Michael, Julie comenzó a ir a casa de David cuando Michael iba a visitar a los muchachos. Y últimamente eso se estaba sintiendo como un gran inconveniente.

La Navidad sólo estaba a dos meses de distancia y Julie estaba ansiosa. Quería invitar a David a su casa para que pasara las fiestas con ella y sus hijos. Pero sabía que Michael también quería estar presente.

Ella buscó terapia para manejar su estrés. Tratar de resolver cómo pasar la Navidad y con quién era increíblemente problemático. "Me temo que voy a tener un colapso nervioso antes de que las fiestas empiecen realmente", me comentó.

Era claro para ella que ya había superado su relación y que no deseaba pasar más tiempo con Michael. Cuando le pregunté por qué era tan importante pasar las fiestas con él me respondió: "Porque mis hijos quieren que estemos todos unidos como una familia".

Invitar a David y Michael a su casa sería tenso y extraño. Pero sentía que si Michael no iba, los chicos se sentirían tristes. Y no quería arruinarles las fiestas. Pero al mismo tiempo quería pasar la Navidad con David. Se sentía atrapada.

Los problemas que Julie estaba experimentando eran:

1. **Estaba retrasando el dolor.** Aunque había tomado la decisión de divorciarse, no quería que sus hijos experimentaran el dolor de ese hecho. Ella pensaba que estaba minimizando el daño a sus hijos, pero en realidad estaba retrasando lo inevitable.
2. **Sus elecciones estaban dañando sus relaciones actuales.** Julie no era capaz de avanzar con su vida. Su continuo contac-

to con Michael interfería en su habilidad para tener una relación sana con David.

Mis recomendaciones:

1. **Crear un poco de separación de Michael.** Mientras algunos padres mantienen una amistad cercana luego del divorcio, era claro que Julie y Michael no podían hacerlo. Necesitaba establecer algunos límites saludables con su ex esposo.
2. **Darle tiempo a la familia para afligirse.** Aun cuando habían pasado años desde su divorcio, no habían separado sus vidas. Crear la separación ahora significaba que todos necesitarían tiempo para afligirse.

Le tomó a Julie un par de semanas darse cuenta de cómo su decisión de estar cerca de Michael había protegido a sus hijos temporalmente del dolor. Decidió que era tiempo de establecer límites más claros con Michael, de forma que pudiera avanzar con su vida.

Así por primera vez le dijo a Michael que no era bienvenido en su casa para la Navidad. Decidió que tampoco David iría a su casa. No quería que sus hijos culparan a David por la ausencia de su padre.

Pasó la Navidad con sus hijos sin Michael. Decidieron crear algunas nuevas tradiciones para ellos mismos. Julie dijo que era una extraña experiencia y los muchachos estaban tristes porque Michael no estuvo con ellos. Pero les explicó que ya era hora de que celebraran las fiestas por separado. Los muchachos visitaron a Michael en su casa más tarde esa noche.

En las siguientes semanas, Julie empezó a ponerle más límites a Michael. Le dijo que tenía que visitar a sus hijos en su propio espacio, al menos la mayor parte de las veces. Y que ya no vendría cada domingo a cenar en la casa con ella.

Incluso cambió las cerraduras de las puertas y no le dio llave a Michael.

Esto significaba que no podía entrar sin más y llegar cuando quisiera, sino que tendría que tocar la puerta como una visita.

Michael no estaba contento con los cambios. Le dijo que "dejara de ser ridícula". Pero Julie comprendía que sus reacciones airadas eran sus intentos de hacer retroceder los cambios que estaba haciendo. Ella se mantuvo firme en su decisión y le dejó claro que tenían que vivir vidas separadas.

Julie notó que sus hijos estaban tristes por los cambios. Y discutimos que su reacción era normal. Por vez primera, estaban empezando a sentir el dolor por el hecho de que su familia ya no estaba intacta.

Y la aflicción era parte del proceso de curación. No serían capaces de aceptar completamente las consecuencias del divorcio hasta que se permitieran estar tristes y enojados y experimentar muchas otras emociones que habían sido removidas por estas circunstancias familiares.

Con el tiempo Julie vio que los cambios fueron positivos para todos. Sentía que finalmente podía avanzar con su vida Y pensó que sus hijos estaban desarrollando un nuevo sentido de "normalidad" en sus vidas, al tiempo que comenzaban a sanar.

¿Proteges a tus hijos del dolor?

Es saludable que en ocasiones ayudes a tu hijo a evitar el dolor innecesario. Pero muchos padres van demasiado lejos y se vuelven tan sobreprotectores que evitan que sus hijos experimentar en conflictos que los pueden ayudar a crecer más fuertes. ¿Algunas de estas afirmaciones te suena familiar?

- Evito decirle a mi hijo la verdad porque quiero protegerlo del dolor.
- Pongo mucho esfuerzo en asegurarme de que los sentimientos de mi hijo no sean lastimados.
- No creo que mi hijo pueda manejar demasiada adversidad.

- Algunas veces dejo ganar a mi hijo un juego porque no quiero que se sienta mal.
- Me mantengo enfocado en lo que hará feliz a mi hijo ahora, sin tomar en cuenta las consecuencias a largo plazo.
- Si creo que mi hijo puede ser rechazado, lo desaliento a exponerse ahí.
- Me esfuerzo mucho para prohibirle a mi hijo que tome riesgos.
- No creo que los niños deban lidiar con algún tipo de dolor emocional.
- Quiero proteger a mi hijo de los problemas de la vida real tanto tiempo como sea posible.

Por qué los padres protegen del dolor a los niños

Julie se divorció de Michael porque pensaba que era conveniente para ella —y sus hijos—, que fueran por caminos separados. Pero al mismo tiempo no quería que sus hijos soportaran el dolor del divorcio. Así que pensó que estaba haciendo lo correcto al mantener una relación cercana con Michael. Pero Michael no podía tolerar verla en una nueva relación. Y era claro que ella no le hacía un favor a nadie al tratar de proteger a sus hijos del dolor del divorcio.

Examina las veces que has protegido a tus hijos del dolor. Considera si ese dolor en realidad podría serles de ayuda de alguna forma.

LA FELICIDAD ES LA ONDA

Cuando le pregunto a los padres qué es lo que quieren para sus hijos, la respuesta más común que escucho es: "Sólo quiero que mi hijo sea feliz". Ya sea que un niño esté luchando con la depresión, tenga problemas de aprendizaje, de salud o serios problemas de conducta, casi cada padre que conozco quiere que su hijo disfrute la vida.

Claramente, la tendencia hacia la felicidad no está limitada a mi consultorio. Una búsqueda rápida en línea nos da más de medio millón de artículos sobre el tema de cómo criar a niños felices. Artículos como "7 formas de criar niños felices" y "10 maneras de criar a un niño feliz" promocionan las estrategias "secretas" para asegurarte de que tu hijo tenga siempre una sonrisa en la cara.

Y mientras es bueno que te preocupes por la felicidad de tu hijo —los estudios nos muestran que la gente feliz disfruta de los beneficios de tener desde mayores ingresos a mejores relaciones—, la felicidad no debe ser tu meta a corto plazo.

Dejar que tu hijo no haga sus deberes le da un placer efímero. Pero no le va a enseñar responsabilidad. Y no es probable que una persona irresponsable viva una vida especialmente feliz.

Comprarle a tu hijo todo lo que quiera lo puede hacer feliz hoy. Pero si nunca conoce lo que es tener que esperar para obtener lo que quiere, nunca apreciará lo que tiene. Tienes que dejar que tu hijo sufra algo de dolor en la vida si quieres que se convierta en una persona verdaderamente feliz. Aun así, hay muchos padres que no pueden soportar la idea de que su hijo pueda sufrir. Así que intervienen y ayudan a sus hijos para evitar cualquiera cosa que los incomode.

Ayudar a los niños a evitar el peligro y eludir el dolor más serio es sano. Pero a veces es fácil llevar las cosas demasiado lejos.

Aquí hay algunas formas en las que proteger a los niños del dolor se torna nocivo:

- **Mentir u ocultar información.** Una madre le dice a su hija que el doctor le informó que su peso es saludable, aun cuando el doctor indicó que la niña tiene sobrepeso.
- **Manipular el resultado.** Un padre deja que su hijo le gane al ajedrez para que no se sienta mal si pierde.
- **Poner límites muy estrictos.** Un padre que se preocupa porque su hijo se lastime jugando deportes, tal vez nunca lo deje que intente entrar a algún equipo.

- **Propiciar.** Una madre que no desea que su hijo adolescente tenga que soportar la crisis de abstinencia de la nicotina le compra cigarros.
- **Hacer las cosas por los niños.** Una madre limpia la cochera, aun cuando es el quehacer de su hijo porque no quiere que él lo haga.
- **Distraer.** Un padre cambia de una actividad a otra para evitar que sus hijos se sientan tristes luego de que murió su perro.

LOS NIÑOS NO DEBEN ESTAR EXPUESTOS A MÁS DOLOR

Cuando los niños en adopción temporal se mudan a nuestra casa, es tentador tratar de protegerlos de cualquier otra forma de sufrimiento. Los niños que han sufrido abusos, han sido descuidados y separados de sus familias no deberían lidiar con tareas escolares difíciles o no ser cortados del equipo de beisbol. Pero proteger a los niños del estrés de todos los días, no compensa las penurias que han sufrido.

De hecho, los niños que han sufrido circunstancias extremadamente difíciles necesitan ganar confianza en su habilidad de tratar con los problemas de cada día. Éste era el caso de Marissa, nuestra niña adoptiva de diez años. No había sido capaz de proteger a sus hermanos más pequeños del abuso de su padrastro. Y sentía que era una niña mala que no podía hacer nada bien. Pero al permitirle enfrentarse a pequeños problemas cotidianamente, como peleas con amigos y tareas escolares demandantes, se dio cuenta de que tenía buenas habilidades para resolver problemas. Reconoció que podía levantar su voz cuando otros niños estaban siendo buleados y que podía abogar por sí misma cuando no entendía su tarea.

Hacer frente con éxito a estos inconvenientes menores la ayudaron a cambiar sus creencias fundamentales sobre ella misma. Con suficiente éxito, pudo ver que era una persona competente que tenía la habilidad de hacer una diferencia en el mundo.

Cuando un niño experimenta un evento doloroso, puede ser natural tratar de sobrecompensarlo. Luego de un divorcio o la pérdida de una miembro de la familia un padre puede decir: "Ya ha pasado por mucho. No quiero que tenga que enfrentar nada más". Pero no puedes prevenir que tu hijo sufra todas las dificultades inevitables de la vida. Y volverte sobreprotector envía el mensaje equivocado. Le enseñará a tu hijo que es demasiado frágil para hacer frente a las realidades de la vida, que afectará la forma en que piensa sobre él mismo y el mundo.

Proteger a los niños del dolor les enseña que no pueden manejar el malestar

Los intentos de Julie para proteger a sus niños del dolor no los iba a ayudar en el largo plazo. Iban a tener que enfrentar en un momento dado el hecho de que sus padres ya no estaban juntos. Así que mientras era importante para ella tomar medidas para minimizar el dolor, proteger a sus hijos sólo retrasaba su sufrimiento.

A veces es difícil saber cuándo tus esfuerzos para proteger a tus hijos del dolor han cruzado la raya. En el corto plazo, puedes pensar que has hecho lo correcto. Tu hijo puede parecer saludable y feliz, pero en el largo plazo, él puede sufrir serias consecuencias.

LOS NIÑOS PUEDEN MANEJAR MÁS DE LO QUE IMAGINAS

Addie era una niña de ocho años con mucha ansiedad. Aunque su madre decía que siempre había sido un poco ansiosa, últimamente su ansiedad se había disparado. Se comía las uñas, no podía concentrarse en clase y no quería dormir sola en su cuarto en la noche.

Trabajé con Addie por varias semanas para saber qué tipo de cosas la ponían ansiosa. Eliminé las sospechas comunes, como abuso escolar y pesadillas. Pero era claro que había algo específico en su cabeza.

Finalmente, luego de varias semanas me confesó: "Escuché a mis padres platicando y dijeron que mi padre tiene diabetes". Le pregunté qué sabía sobre la diabetes y me contestó: "La gente que la tiene se muere". Por eso se llama *die*-a-betes".[12] Ella empezó a llorar y dijo: "No quiero que mi papá se muera".

Invitamos a la mamá de Addie a unirse a la sesión y ella confirmó el diagnóstico de su marido. Pero no le habían dicho nada porque temían preocuparla. Pensaron que era demasiado para que pudiera manejarlo. Pero evidentemente Addie lo descubrió y, sin mayor información, asumió lo peor. Y esta pobre niña había pasado las últimas semanas pensando que su padre podría morir en cualquier momento.

Su tratamiento incluyó educarla en lo que concierne a la diabetes. Una vez que comenzó a creer que la enfermedad no llevaría a su padre a morir repentinamente, se relajó.

Usualmente los padres subestiman qué tanto pueden enfrentar los niños. Los niños son listos y entienden las cosas, aun cuando no se las digas. A pesar de tus mejores intenciones, tus intentos por proteger a tu hijo pueden ser contraproducentes.

Si tu hijo se da cuenta de que no le estás diciendo lo que realmente está pasando, tal vez piense que está en mayor peligro del que le dejas ver. Un niño que escucha a otros niños hablar en la escuela sobre un tiroteo, puede comenzar a pensar que está en un alto riesgo de que le disparen también. A menos que conozca los hechos y las medidas de seguridad que se vayan a tomar, su imaginación puede volar.

EL DOLOR NO ES EL ENEMIGO

Ava era una niña de seis años que había estado viniendo a terapia para tratar algunos problemas de conducta. Sólo la había estado viendo por unas semanas cuando recibí una llamada de su madre.

---

[12] Juego de palabras en el que la niña malinterpreta la pronunciación de diabetes en inglés, que involucra al verbo morir, *die*. (N. del T.)

Me dijo que su gato había estado enfermo y que el padre de Ava lo había llevado al veterinario. El examen había revelado serios problemas de salud y decidieron que lo más humanitario que se podía hacer era ponerlo a dormir en ese mismo momento.

Cuando el padre de Ava regresó a casa sin el gato, Ava preguntó: "¿Dónde está Fluffy?" Su madre intervino de inmediato: "Bueno es que el veterinario pensó que Fluffy era muy lindo y pensó quedárselo un tiempo en su consultorio". Al escuchar la noticia, Ava se puso realmente enfadada, y dijo que no debían dejar al veterinario quedarse con su mascota.

Y ahora su madre no estaba segura de qué hacer. Se había dado cuenta de que se había metido en un aprieto. Había dejado escapar una historia inventada para evitarle el dolor a Ava.

Le dije que debía decirle a Ava la verdad, con una explicación de por qué había mentido. Ella dudaba al principio porque pensó que iba a ser demasiado perturbador. Así que hablamos sobre cómo proteger del dolor a Ava no era un plan a largo plazo. Eventualmente, ella se iba a enterar de todos modos.

Cuando vinieron la siguiente semana, Ava me explicó qué le había sucedido a su gato. Junto con su mamá hablamos del dolor y de cómo podía encargarse de sus sentimientos tristes.

Así como la madre de Ava, muchos padres inventan excusas y mienten para proteger a sus hijos. Pero mentir les manda el mensaje equivocado. En última instancia, provoca que los niños tengan mucho más dolor cuando se dan cuenta de que han sido engañados.

Sé sincero con tu hijo. Si ya le has mentido, dile la verdad. Y entonces está a su lado para que lo ayudes a tratar con sus sentimientos de dolor.

Tristemente, los niños que nunca adquieren las competencias que necesitan para lidiar con el dolor, con frecuencia pasan todas sus vidas tratando de escapar de sus sentimientos de dolor. Es probable que vayan de una actividad a la otra, llenando su tiempo, o que busquen estrategias de supervivencia perjudiciales que sólo les darán alivio temporal.

LOS NIÑOS APRENDEN A PARTIR DE LA EXPERIENCIA

Cuando comencé a enseñar en la universidad, como todos los profesores, me dieron un entrenamiento sobre cómo identificar problemas de salud mental entre los estudiantes. Como una profesional de la salud mental, me impresionó que la escuela pusiera tanto cuidado en asegurarse de que todo el personal estuviera provisto con los recursos y herramientas para ayudar a los estudiantes que estuvieran abrumados por las demandas de la universidad.

Pero sólo me tomó una semana o dos darme cuenta por qué la escuela se tomaba ese problema tan en serio. Cada semana los estudiantes se quedaban al terminar la clase a platicar y rara vez tenían preguntas sobre sus calificaciones. En cambio, estaban enfrentando problemas con sus compañeros de cuarto. O no sabían cómo manejar el estrés de la vida universitaria. La lista seguía y seguía.

Entonces tenía sólo treinta años, así que no había salido de la universidad hacía *tanto* tiempo. Sin embargo, no recuerdo haber escuchado sobre estudiantes que buscaran apoyo emocional de sus profesores cuando estaba en la escuela. Pero desde entonces aprendí que ese problema no se limitaba a esa universidad en particular. La disminución de la resiliencia entre los estudiantes universitarios es una epidemia.

En 2015 el *Chronicle of Higher Education*, un periódico nacional para el personal universitario, publicó un artículo titulado "An Epidemic of Anguish". Dan Jones, el presidente anterior de la Asociación para directores de centros de asesoramiento para universidades y escuelas superiores (Association for University and College Counseling Centre Directors),[13] dijo que hoy en día los estudiantes universitarios "no han desarrollado habilidades para consolarse a sí mismos, porque sus padres han resuelto todos sus problemas y removido los obstáculos. No parecen tener tanta determinación como las generaciones anteriores".

---

[13] La Asociación agrupa a centros universitarios de salud mental del medio oeste americano y posibilita la consulta y colaboración entre las diversas universidades.

Algunos estudios apoyan la idea de que los actuales estudiantes universitarios están teniendo más dificultades que nunca para enfrentarse a los rigores del dolor del mundo real. En una encuesta en 2015, realizada a estudiantes de primer año, la mitad de ellos reportaban sentirse estresados la mayor parte del tiempo. Informaban que luchaban con la ansiedad, la soledad y la depresión. Sesenta por ciento dijo que deseaban haber tenido mayor preparación emocional para la universidad. Ochenta por ciento comentó que se le daba más énfasis a estar preparados académicamente. Muchos de los estudiantes no estaban seguros de cómo manejar la angustia. Más de un estudiante de cada cinco dijo que recurría al alcohol y a las drogas. No es de sorprender que los que más problemas tenían eran los que tenían el promedio GPA más bajo.[14]

Es muy seguro que la mayoría de estos adultos jóvenes hayan sido protegidos toda su vida de los problemas. Los niños que no practican manejando retos emocionales tendrán problemas con la vida de todos los días hasta bien entrada la adultez.

Tu hijo no será un gran guitarrista por escuchar la radio. Y puede leer todos los libros del mundo sobre cómo ser un gran jugador de baloncesto, pero esos libros no lo llevarán a la NBA. Si quiere ser bueno en algo —como lidiar con la angustia—, él necesita practicar.

En ciertos momentos a lo largo de su vida tu hijo va enfrentar circunstancias duras. Desempleo, problemas económicos, divorcio y la pérdida de un ser querido son algunas de las desventuras que puede encontrarse en algún momento. Si no practica el manejo del dolor ahora, no va a estar equipado para enfrentarlo más tarde.

---

[14] GPA es un promedio de calificación global de todos los cursos que se han llevado en la preparatoria y es uno de los estándares con los que se seleccionan a los alumnos para el ingreso a universidad.

¿Qué hacer en su lugar?

Cuando Julie decidió finalmente hacer cambios en su relación con Michael, se dio cuenta de que debía dejar a sus hijos enfrentar el dolor. Eso significaba permitirles estar tristes cuando su padre no estaba en casa y enojados porque nunca más iban a pasar las fiestas juntos como una familia.

Era esencial que todos tuvieran tiempo para lamentar la pérdida de su familia. Reconocer que sus padres continuarían con sus vidas separadamente significaba que los muchachos debían ajustarse a los cambios.

En lugar de prevenir que tu hijo experimente dolor, equípalo con las habilidades que necesita para lidiar con él exitosamente. Entonces tu hijo será capaz de convertir los periodos dolorosos de su vida en oportunidades para desarrollar su músculo mental. Más que sólo tolerar el dolor, él aprenderá de éste.

EXAMINA TUS CREENCIAS SOBRE EL DOLOR

Ya sean físicas o emocionales, tus creencias sobre el dolor pueden provocar que trates de evitar a toda costa que tu hijo lo sufra. Aquí hay algunas creencias que pueden hacer esto más difícil para ti:

- El dolor es intolerable.
- Los niños no pueden soportar el dolor.
- El dolor es dañino.
- Los niños no deberían soportar ningún tipo de dolor.

Cuando los padres mantienen estas creencias, protegen a los niños de todo el dolor posible. Pero cada vez que protegen a su hijo de los inconvenientes menores y los problemas de todos los días, menos práctica tiene para sobrellevar el malestar. A la vez, él está menos preparado para manejar el dolor. Y el padre se vuelve más protector. Es un nocivo ciclo vicioso.

Varios estudios nos muestran que dejar que tu hijo sufra un poco de dolor puede ser de ayuda de varias formas:

- **El dolor ayuda a tu hijo a reconocer el placer.** Si tu hijo nunca siente dolor, no puede reconocer el placer. Para realmente apreciar el lado placentero al final del espectro, tiene que sufrir dolor, a veces.

- **El dolor puede ayudar al niño a formar lazos sociales.** Los niños que han soportado experiencias dolorosas se relacionan muy bien uno con el otro. Ya sea que tanto tu hijo como su amigo hayan perdido sus mascotas, o se sientan asustados durante una alerta de tornado, los tiempos difíciles y las experiencias compartidas ayudan a los niños a crecer más cerca el uno del otro.

- **El alivio del dolor estimula el placer.** Mientras que el dolor no es placentero, el alivio del mismo lo puede ser. Ya sea que tu hijo dé un suspiro como señal de alivio luego de una actuación enervante o lo seleccionen en el equipo de soccer luego de haber sido separado dos años seguidos, él se sentirá más contento que si nunca hubiera sufrido dolor.

- **Las recompensas son más placenteras cuando has tolerado dolor.** Tu hijo podrá disfrutar más esa bebida deportiva cuando ha tenido un entrenamiento pesado o apreciará más su mesada cuando ha trabajado duro al cortar el pasto. El dolor aguza los sentidos y hace que las recompensas sean más placenteras que lo usual.

- **El dolor captura tu atención.** Así como el yoga o la meditación ayudan a la gente a vivir en el presente, el dolor también ayuda a los niños a hacerse más conscientes de lo que está sucediendo ahora. Ser consciente es una habilidad y algunas veces el dolor ayuda a que la gente se dé cuenta de lo que es estar aquí y ahora.

DISTRAE A TU HIJO DEL DOLOR AGUDO

Hay veces en las que definitivamente debes alejar a tu hijo del dolor. Si está parado en la orilla de un acantilado, no esperarás que aprenda su lección si se cae, ¿verdad? Pero si tu hijo de cuatro años quiere jugar con un perro que muerde o si tu hijo adolescente quiere ir a una fiesta no supervisada en la que es probable que haya alcohol, por supuesto debes intervenir y protegerlo.

Pero también habrá momentos en que no podrás proteger a tu hijo completamente. Si tiene un dolor de espalda horrible o está aterrorizado mientras está sentado en el consultorio del dentista esperando que le hagan una endodoncia, decirle "aguántate" no ayuda. En momentos de dolor agudo, provee una distracción para ayudarlo a soportarlo. Habla de algo que no tenga nada que ver, lean un libro juntos o dale a tu hijo una tarea que aleje de su mente del dolor. De la misma forma, si tu hijo está sufriendo dolor emocional —como el que su mejor amigo se haya mudado, llevarlo en una salida especial puede darle un alivio temporal.

Sólo cerciórate de usarlo como una lección vital. Explícale a tu hijo: "Quería ayudarte a sentirte bien, por lo que pensé que hablar de tus vacaciones te daría un poco de alivio". Sigue explicando que la distracción puede ser una buena forma de combatir el dolor intenso, aunque no debemos distraernos todo el tiempo. De otra forma, tu hijo estará tentado a evadir regularmente los problemas porque es muy estresante enfrentar.

Debes reforzarlo: "Esto es difícil, pero sé que eres lo suficientemente fuerte como para enfrentarlo". Manda un mensaje claro de que tienes confianza en su habilidad para manejar circunstancias difíciles.

DILE A LOS NIÑOS LO QUE NECESITAN SABER

Un reciente artículo de opinión en el *Washington Post* llamado "¿Acaso los padres deben discutir las catástrofes mundiales más importantes con sus hijos?" describía los esfuerzos de una madre que trata de proteger a su hija de ocho años de los eventos mundiales. La autora del artículo, Sarah Maraniss Vander Schaaff, dijo que escondió los periódicos, apagó la televisión y no escuchó la radio porque no quería que su hija se enterara de que pasan cosas malas.

Sin embargo, un día su hija dio un vistazo a un programa de televisión en que se hablaba del Vuelo 370 de Malaysia Airlines, el avión que desapareció mientras se dirigía a Pekín. De repente Sarah tuvo que explicar de qué trataba el programa noticioso. Hablar a su hija sobre las realidades del mundo la hizo pensar: "Una parte de la capa protectora que imaginaba que había creado alrededor de ella se ha abierto para siempre. No puedo remendar esa capa y ahora ella sabe que la creé".

Cuando los niños no son advertidos de que hay cosas malas en el mundo, en un instante pasan de creer que la vida está llena de arcoíris y cachorritos a saber que el mal existe. Ése es un salto muy grande. Es mejor que le des a tu hijo una versión un poco censurada del mundo, que mantenerlos al margen.

El hecho es que hoy el mundo es un lugar aterrador. Aunque tu hijo de seis años no necesita saber los detalles cruentos del último ataque terrorista y el de ocho años no necesita saber que estás esperando el resultado de los análisis de la abuela para saber si la biopsia es cancerosa, resguardar a tu hijo de todas las realidades de la vida lo hará un tanto ingenuo.

En general, no permito que los niños menores a siete años vean las noticias. Escuchar sobre desastres naturales, crimen y crisis mundiales puede ser muy decepcionante y generalmente hay imágenes y videos gráficos que pueden ser demasiado para los niños.

Eso no quiere decir que no le des a tu hijo ninguna información. Él puede escuchar acerca de las noticias por otras personas. De ahí la importancia de darle a los niños información apropiada para su edad cuando hacen preguntas.

Es probable que niños más grandes escuchen sobre lo que está sucediendo mediante sus amigos o en la computadora. Así que es útil proveer algunos hechos básicos. Aquí vemos cómo puedes hablar con los niños sobre hechos dolorosos:

- **Un enfermo en la familia.** Si alguien en la familia tiene una enfermedad seria, es probable que tu hijo capte que hay algo que está mal. Si es una enfermedad que alterará la apariencia de alguien, es especialmente importante decirle al niño qué está sucediendo. Menciona la enfermedad y habla de los pasos que se están tomando para tratarla.

- **Muerte.** Los niños más pequeños no entienden que la muerte es permanente, así que en un momento un niño de cinco años puede aceptar que su ser amado se ha ido, pero al siguiente pregunte cuándo volverá a verlo. Evita usar frases como: "La abuela se fue a dormir" o "Ella falleció". En su lugar dile cosas como: "El cuerpo de la abuela dejó de funcionar y no la vas a volver a ver. Pero podemos seguir queriéndola y recordándola". Cuando hables con un niño más grande o un adolescente, sé honesto y dile: "Me da mucha pena decirte esto, pero la abuela murió hoy. Los médicos dijeron que no había nada que hacer". Prepárate a contestar preguntas sobre la muerte y lo que sucede luego de que la gente muere.

- **Terrorismo.** Usa un lenguaje que tu hijo pueda comprender, diciendo algo como: "Algunas personas malas dañan a otras". Enfatiza las medidas que la gente está tomando para garantizar tu seguridad diciendo cosas como: "Hay muchas personas que trabajan duro para mantenernos a salvo". A menos que tu hijo sea un adolescente, evita hablar mucho de motivos religiosos y políticos.

- **Desastres naturales.** Ya sea una inundación, un tornado o un incendio, proporciona una explicación breve de lo que sucedió. No des detalles innecesarios, pero asegúrate de que tu hijo esté consciente de los detalles básicos. Discute los pasos que se están tomando para enfrentar el problema, tales como: "Los bomberos están trabajando muy fuerte para ayudar a la gente".

- **Un evento próximo.** Si un evento futuro puede perturbar a tu hijo, no le avises con mucha anticipación. Saber que va a tener una cirugía dolorosa el mes próximo puede hacer que se ponga muy ansioso. Avisa con un poco de anticipación —tal vez una semana o un día— y habla sobre los pasos que todos van a tomar para ayudarlo. Una de las mejores formas para ayudar a tu hijo a enfrentar un evento doloroso es recordarle que hay gente buena en el mundo que están trabajando para mantener a otros a salvo.

Mr. Rogers dijo la famosa frase: "Cuando era un niño y veía cosas atemorizantes en las noticias, mi madre me decía: 'Busca a los que están auxiliando. Siempre encontrarás gente que está ayudando'".[15] Ése es un muy buen consejo. Señala a tu hijo que hay policías, oficiales del gobierno, equipos de emergencia, doctores y otros que están ayudando a proteger y aliviar el dolor de la gente. Y también asegúrate de hablarle de ciudadanos normales que todos los días intervienen y hacen lo que les toca.

Como discutimos en el capítulo 7, puedes fortalecer a tu hijo haciéndolo un "ayudante". Así como ser un ayudante le puede enseñar a ser responsable, también lo puede enseñar a enfrentar tiempos difíciles. Involúcralo en hacer que la situación mejore. Dile que puede escribir notas de agradecimiento para los trabajadores. O busca una cosa que pueda hacer contigo para ayudar a otras personas, como donar ropa o dinero a gente necesitada.

---

[15] Fred McFeely Rogers fue un ministro presbiteriano, conductor de un famoso programa de televisión educacional para niños llamado *"Mister Rogers Neighborhood"*.

ACEPTA EL DOLOR

Cuando tenía seis años de edad, me caí y me lastimé el brazo. Empecé a llorar y corrí hacia la casa cogiéndome la muñeca. Mientras mi madre examinaba el daño, una amiga de la familia que estaba de casualidad en nuestra casa, me dijo: "Ya, ya para, no duele tanto".

Realmente sí dolía mucho, pero dejé de llorar. No quería verme como una cobarde delante de ella y sus hijos. Así que me esforcé por contener las lágrimas. Incluso cuando ya se habían ido, decidí ser valiente y negar que tenía dolor alguno.

En el siguiente par de días el dolor empeoró, pero me rehusé a quejarme. Para el tercer día, ya no podía mover mi muñeca en absoluto. A pesar de mis esfuerzos para ocultar el problema, mi madre notó que mi muñeca derecha se había vuelto inútil cuando me vio tratando de comer unos chícharos con la mano izquierda. Me llevó al doctor, y los rayos X mostraron que estaba rota. Mi madre se sintió terrible y recuerdo que se preguntaba: "¿Cómo fue que la pude dejar andar por ahí con la muñeca rota, por tres días sin darme cuenta de nada?"

No era culpa de mi madre que no supiera que mi muñeca estaba rota. Los comentarios bien intencionados de su amiga, me hicieron esconder mi herida. Ella desestimó mi dolor, y como una niña pequeña, pensé que sabía más que yo.

Negar el dolor de tu hijo —emocional o físico— no ayuda. Desalentar sentimientos tristes o dolorosos no hará que desaparezcan, así como persistió el dolor de mi muñeca. En cambio, es posible que negarlos le enseñe a tu hijo que esos sentimientos no están bien.

Trata de decir cosas como: "Veo que realmente duele", o "Sé que ahora tienes mucho dolor", aun cuando la reacción del niño esté un poco fuera de proporción de acuerdo con las circunstancias. Entonces apoya sus esfuerzos para tratar de lidiar con el dolor de una forma productiva.

Si la conducta de tu hijo se torna socialmente inapropiada, no lo recompenses con mucha atención. Si se tropieza cuando estás en la tienda y comienza a gritar y a rodar en el suelo, dile calmadamente: "Parece que necesitas un descanso de unos minutos en el coche". Cuando se calme regresa con él a la tienda y termina tu compra sin hacerle mucho caso. Hacer eso hará comprender a tu hijo que decir que tiene dolor —emocional o físico— no es una buena forma de capturar tu atención o de ayudarle a escapar de algo que no quiere hacer.

También es importante que no le mientas sobre algo que es posible que duela. Decir: "Esta inyección no va a doler nada", dañará tu credibilidad. Si va a doler, el mejor mensaje es decir: "Probablemente te duela, pero sé que puedes soportarlo".

Cuando algo va a ser doloroso, manda el mensaje de que es importante hacerlo de todas formas. Di cosas como: "Probablemente ir a la fiesta de despedida de tu amigo sea triste. Pero está bien estar triste y es importante que lo vayas a ver antes de que se vaya".

Enseña a los niños a manejar el dolor

En el caso de la madre divorciada Julie, ella se esforzaba mucho para mantener a sus hijos contentos. Aunque se sentía culpable y no quería que sufrieran, la verdad es que necesitaban oportunidades para aprender sobre el dolor. Darles a tus hijos las habilidades necesarias para sobrellevar y superar tiempos difíciles les permitirá construir músculo mental.

ENSEÑA A TU HIJO A RECONOCER CUÁNDO EL DOLOR ES UN AMIGO Y CUÁNDO UN ENEMIGO

Hay una gran diferencia entre superar el dolor cuando tus piernas están cansadas y tratar de correr con un tobillo fracturado. Lo mismo puede decirse del dolor emocional. Hay veces en que tiene sentido seguir a pesar del dolor y hay veces en que es esencial tomar un descanso y pedir ayuda.

Habla con tu hijo acerca de cómo las emociones pueden ayudar o dañar. Aquí hay algunos ejemplos:

- **Miedo.** El miedo puede ser un amigo cuando impide que un niño haga algo peligroso, como saltar de un puente. Puede ser un enemigo si impide que haga algo bueno, como hacerle una pregunta al maestro.
- **Tristeza.** Sentirse triste es un buen recordatorio de que necesitas honrar un recuerdo. Así que hacer un dibujo de la mascota que murió puede ayudar a que el niño mejore. Pero la tristeza puede ser dañina cuando causa que se haga retraído.
- **Ira.** Sentirse enojado puede ser un signo de que a alguien lo están tratando mal. Cuando un niño se siente enojado puede ser que defienda a un amigo al que están molestando. Pero el enojo puede ser un enemigo si hace que lastime a otros.

Cuando notes que tu hijo está lidiando con un problema emocional, habla sobre ello. Pregunta: "¿Crees que en este momento tu miedo es tu amigo o tu enemigo?" Discute varias estrategias para lidiar con sus sentimientos de forma significativa.

Algunas veces la idea de que los sentimientos dolorosos pueden ser útiles, puede ser difícil de comprender para los niños. Pero con conversaciones regulares, tu hijo aprenderá que las circunstancias difíciles y las emociones fuertes pueden ayudarlo.

CUIDA DE LAS HERIDAS EMOCIONALES

Joshua era un niño enfadado de trece años que me enviaron a la consulta porque seguía peleándose en la escuela. Atacaba a otros niños casi todos los días y sus maestros estaban preocupados por su salud mental. Las consecuencias, como las detenciones y suspensiones, no evitaban su agresividad.

Sin embargo, a diferencia de la mayoría de los jóvenes que se ajustaban a la descripción, Joshua estuvo muy agradable en mi consultorio. Fue amable y respetuoso.

Luego de varias semanas de conocerlo, mencionó —casi de pasada— que tenía un hermano menor. Esto era una novedad para mí. Cuando les pregunté a él y a sus padres sobre su familia, mencionaron que tenía una hermana mayor, pero no dijeron nada sobre un hermano. Así que le pregunté sobre su hermano y me reveló que el niño, que tenía dos años menos que él, había fallecido cuando él tenía cinco años a causa de un terrible accidente. Joshua añadió rápidamente: "Estaba triste, pero ahora me siento bien".

Conforme lo fui conociendo mejor, me di cuenta de que nunca hablaba de su hermano. El mencionó: "Pone a mis padres muy tristes el escuchar su nombre, así que nunca hablamos sobre ello". De hecho, luego de la muerte de su hermano, la familia empacó y se mudó a una nueva ciudad y siguieron con su vida como si su hermano no hubiera existido jamás.

No era de extrañarse que en ocasiones Joshua atacara a otros niños. Nunca tuvo la oportunidad de enfrentar su dolor y su herida se estaba convirtiendo en ira.

Me encontré con los padres de Joshua y comenté el delicado tema de su hijo menor. Ambos parecían sorprendidos de que Joshua me hubiera dicho qué había sucedido. Su madre comentó: "Asumimos que era muy duro para él hablar de ello, por lo que nunca mencionamos el tema. Pensamos que darle la oportunidad de comenzar de nuevo en una escuela nueva, donde nadie supiera lo que había sucedido, le ayudaría a ya no pensar más en ello".

Pero, por supuesto, Joshua pensaba en ello. Extrañaba a su hermano. Y nunca había tenido la oportunidad de hablar de ello.

Les dije a sus padres que pensaba que su dolor sin resolver era buena parte del origen de su conducta agresiva. Les recomendé que lo inscribieran en un grupo de apoyo para que pudiera hablar sobre sus sentimientos con otros niños de su edad. Mientras tanto, les recomendé que asistieran a algunas de las sesiones de terapia con él para que pudieran enfrentarse a sus sentimientos. Y afortunadamente aceptaron.

Joshua tenía que sanar el dolor subyacente que estaba atrás de su conducta destructiva. Y poco a poco con el tiempo su conducta agresiva se desvaneció.

Enseña a tu hijo que hay una gran diferencia entre ser fuerte y ser rudo. Los niños que son rudos pueden decir cosas como: "Eso no me dolió", o "No me importa", en un intento de enmascarar su dolor. Pero tolerar el dolor no es suficiente.

Los niños pueden aprender del dolor. Pero antes de que aprendan de él, deben aceptarlo. Ya sea que los sentimientos de tu hijo estén heridos porque su amigo le dijo algo malo o se siente mal porque no fue seleccionado para el equipo de beisbol, anímalo a que admita cuando se siente mal.

Habla con tu hijo acerca de la importancia de cuidar las heridas, tanto físicas como emocionales. Si se corta un brazo, necesita limpiarlo y prevenir que se infecte. Si la herida es muy profunda, tal vez necesite puntos. De forma similar, cuando una herida emocional es muy profunda, tal vez necesite ir a ver a un doctor.

No puedes controlar todas las experiencias dolorosas que tu hijo sufrirá en su vida y no puedes resguardarlo de todo el dolor. Así que más que tratar de prevenir que se encuentre con dificultades, dale las herramientas que necesita para manejar el dolor de una manera saludable.

AYUDA A TU HIJO A EXPRESAR EL DOLOR

Una de las mejores formas de manejar el dolor emocional es hablándolo. Alienta a tu hijo a hablar cuando se encuentre en dificultades.

Si no se siente a gusto hablando con nadie, escribir un diario puede ayudarlo a clasificar sus emociones y a enfrentar su dolor. Hay varias actividades de escritura que pueden ayudar a los niños para darle sentido a sus emociones:

- **Diario de arte.** Los niños pequeños que tienen dificultades con la escritura, pueden beneficiarse dibujando. Aparta algunos minutos antes de ir a la cama cada noche y dile a tu hijo que dibuje algo que le haya pasado en el día. Esto puede enseñarlo a empezar a dar sentido a lo que hizo y cómo se siente.

- **Diario privado.** Los niños se pueden beneficiar de escribir acerca de sus pensamientos y sentimientos diarios. A algunos niños les va bien con una libreta en blanco, pero otros necesitan una entrada simple. Puedes comprar un diario que diga: "Esto fue lo que hice hoy" o "Así es como me siento". Habla con tu hijo con anticipación sobre si quiere que lo lean juntos o si prefiere mantenerlo privado.

- **Diarios de padres e hijos.** Escribir un diario de ida y vuelta puede ser una buena forma de compartir tus sentimientos. Puede ser especialmente útil para niños mayores que se sientan un poco incómodos para hablar de sus sentimientos frente a frente. Escribir en un diario y dártelo puede ser para ellos una buena manera de que comparta contigo sus preocupaciones más privadas. Y puedes contestar con consejos sobre cómo lidiar con sus sentimientos y problemas, o simplemente para mostrar que estás escuchando.

Enseña a los niños de preescolar a cómo enfrentar los retos

Puede que sea una tendencia natural en los niños el evadir circunstancias difíciles, si se les da la oportunidad. Darle ánimos a tu niño de preescolar puede ayudarlo a estar más dispuesto a hacer cosas, aun cuando sea duro.

Sé un buen modelo al señalar momentos en que quieres seguir trabajando a pesar del dolor. Di cosas como: "Estoy muy cansado, pero voy a seguir corriendo", o "Tengo un poco de miedo de ir por esta pendiente, pero sé que estaré bien, así que voy a ser valiente".

Elogia también la voluntad de tu hijo para soportar un dolor leve. Dile cosas como: "Sé que es frustrante cuando esas piezas no encajan, pero me gusta que sigas intentando", o "Puede dar miedo pedirle a un amigo que juegue contigo ¡pero lo hiciste de todos modos!"

Enfrentar tiempos difíciles y retos complicados de frente puede ayudar a tu niño de preescolar a ganar confianza en sí mismo. Sólo asegúrate de que lo ayudes a enfrentar esos retos un pequeño paso a la vez para que pueda experimentar el éxito. Si le dices que haga cosas que son muy difíciles o dolorosas, él dudará de sí mismo y es menos probable que enfrente esos retos en el futuro.

Enseña a los niños de edad escolar a ser resilientes

Tus hijos van a enfrentar dificultades, dolor y problemas en sus vidas. Eso es inevitable. Pero puedes tomar medidas para disminuir la cuota que esas cosas les cobran.

Imagina que tu hijo tiene una alcancía de resiliencia. Tienes innumerables oportunidades de poner monedas en su banco, ayudándolo a ganar las habilidades y herramientas que necesita para enfrentar la adversidad. Cada vez que tiene una experiencia dolorosa, es como si retiraran una moneda. Mientras tenga muchas monedas en su alcancía, puede darse el lujo de tratar con esos retiros. El rechazo, el fracaso y el dolor no dolerán tanto si has hecho depósitos positivos de manera regular.

La mejor manera de hacer depósitos en la alcancía de tu hijo es ayudándolo a ser competente. Los niños que se sienten competentes están mejor equipados para manejar la adversidad. Explora los intereses de tu hijo y ayúdalo a desarrollar sus talentos.

Ayudar a otras personas también puede ser una buena manera de fomentar la resiliencia. Un niño que lea a niños más pequeños o uno que ayude a un vecino anciano con el trabajo del jardín verá que tiene la habilidad de marcar una diferencia en el mundo, lo que puede ayudarlo a recuperarse de eventos difíciles.

Enseña a los adolescentes a aprender del dolor

Tu hijo adolescente puede no sentirse cómodo hablando contigo todo el tiempo, y eso está bien. De hecho, puede ser un signo de que está ganando una saludable independencia.

Pero es importante que tu hijo adolescente sea capaz de hablar con otros adultos saludables. Haz una lista de adultos de confianza con los que se siente cómodo hablando. Trata de conseguir al menos de tres a cinco personas que podrían servir como buenos recursos cuando esté pasando por tiempos difíciles. Esto puede incluir entrenadores, abuelos, tías y tíos, vecinos, amigos de la familia o cualquiera que pueda prestar un oído de apoyo.

Confirma que tu hijo sabe que procesar eventos dolorosos con otras personas puede ayudarlo a ver las cosas desde una perspectiva diferente, lo que puede ayudarlo a aprender de la adversidad. Perder un amigo, ser abandonado por el primer amor, o no ser seleccionado para el equipo pueden ser experiencias que lo hagan crecer más fuerte.

Habla con tu hijo sobre cómo eventos dolorosos pueden convertirse en importantes lecciones de vida. Comparte lo que hayas aprendido de las dificultades que has sufrido. Tal vez los problemas económicos te enseñaron a manejar mejor tu dinero.

O tal vez la pérdida de un familiar te enseñó a apreciar el tiempo que tienes con tus seres queridos.

Pero lo más importante: habla con tu hijo adolescente sobre cómo la mayoría de gente es más fuerte de lo que cree. Asegúrale que es normal la inseguridad y cuestionar su habilidad para soportar experiencias dolorosas. Pero al final, el dolor es parte de la vida y pasar por tiempos difíciles puede ayudar a la gente a crecer más fuerte.

Los niños que crecen desde el dolor se convierten en adultos que están más a gusto en su propia piel

Superar la adversidad puede beneficiar a los niños. En un estudio de 2016 conducido por la Universidad Estatal de Kent, los investigadores examinaron lo que les sucedía a niños que crecían con padres que estaban luchando con dolor físico crónico. Muchos de estos niños crecieron en hogares en los que los problemas de salud de sus padres no eran visibles. La enfermedad de Crohn, fibromialgia y dolor crónico de espalda no son observados fácilmente por otros, lo que hace la situación de estos niños particularmente desafiante.

Cuando entrevistaron a adultos jóvenes sobre sus experiencias de infancia, los investigadores descubrieron que el dolor emocional que sufrieron mientras crecieron los ayudó en varias formas:

- **Comprensión expandida.** Sus experiencias los ayudaron a ver el mundo de una forma un poco diferente. Describían ser más empáticos y tener una mejor comprensión de cómo algunas cosas en el mundo están fuera de nuestro control.
- **Carácter más fuerte.** Reportaban ser más compasivos, perdonar más, eran más determinados y motivados debido a sus experiencias.

- **Ayuda en el desarrollo de habilidades importantes.** Aprendieron habilidades prácticas, como manejar sus finanzas y su tiempo, así como habilidades para salir adelante.
- **Compromiso inculcado para vivir bien.** Las enfermedades de sus padres les enseñaron el valor del cuidado de sí mismos. Reconocían el valor de comer bien y evitaban hábitos dañinos, como fumar.
- **Mayor espiritualidad.** Muchos de ellos reportaban tener una fe fuerte y usaban la plegaria para ayudarse a superar tiempos difíciles.

Tu hijo no crecerá más fuerte a menos que tenga oportunidades para llevar algo del peso del dolor. Deja que soporte un poco de dolor y adversidad para que pueda desarrollar las habilidades que necesita para vivir su vida.

No puedes evitar que tu hijo eluda el dolor y no puedes acompañarlo a través de todos los retos de la vida. Tendrá que sufrir algo de dolor por sí mismo. Cuando le des las habilidades que necesita para crecer desde ese dolor, será capaz de sacar fuerza de su interior.

Las personas mentalmente fuertes no le tienen miedo a estar solos. Se sienten a gusto con lo que son y tienen confianza en que pueden sostenerse por sí mismas, sin importar lo que la vida les ponga enfrente. Cuando se enfrentan con tiempos difíciles son capaces de buscar en lo profundo las herramientas que necesitan y no sólo soportar el dolor, sino también aprender de él.

Soluciones y trampas comunes

Algunas veces los padres no se sienten a gusto mostrando dolor delante de sus hijos. Se rehúsan a llorar delante de sus hijos y niegan estar tristes.

Esto puede ser confuso para los niños. Pueden crecer pensando que es malo mostrar emoción o que son débiles por sentir dolor. Así que es importante que seas un buen modelo. Está bien que muestres a tu hijo que algunas veces tienes dolor. Sólo cerciórate de que estás mostrando modos saludables de manejar tus heridas emocionales.

Otra trampa común en la que muchos padres caen es sentir que deben tener todas las respuestas. Cuando eventos trágicos suceden, está bien que le digas a tu hijo que no sabes qué va a suceder después. O que no estás seguro de por qué ocurrió algo.

Y no seas demasiado duro contigo mismo cuando cometas errores. Cuando se trata de decidir cuándo dejar a tu hijo enfrentar algunos retos o qué tanto dolor le puedes dejar sufrir, no hay respuestas claramente ciertas o falsas. Es una decisión de tu parte.

Habrá veces que creas que le has dado a tu hijo más de lo que puede manejar. O tiempos en los que pienses que lo has protegido de más. Sólo recuerda que siempre puedes continuar monitoreando las situaciones que tu hijo enfrenta y hacer ajustes de acuerdo con ellas.

QUÉ ES ÚTIL

* Distraer a tu hijo del dolor agudo
* Ser honesto con tu hijo cuando algo va a doler
* Reconocer el dolor de tu hijo
* Alentar a tu hijo a llevar un diario
* Construir la alcancía de resiliencia de tu hijo
* Ayudar a tu hijo a que aprenda de las experiencias dolorosas
* Examinar tus creencias sobre el dolor
* Proveer conocimiento, adecuado a la edad, acerca de las realidades del mundo
* Enseñar a tu hijo a reconocer cuándo el dolor es un amigo y cuándo un enemigo

LO QUE NO ES ÚTIL

* Minimizar o negar el dolor de tu hijo
* Mentir para evitarle dolor a tu hijo
* Alentar a tu hijo a actuar rudo
* Esperar que tu hijo maneje la adversidad sin el apoyo necesario
* Enmascarar tu dolor
* Prevenir que tu hijo enfrente tiempos difíciles

No se sienten responsables por las emociones de su hijo

Jeremy y Suzanne acompañaron a su hija de doce años, Grace, a su primera sesión de terapia. Grace había sido dirigida a asesoramiento porque estaba teniendo problemas sociales en la escuela. Cuando le pregunté por qué creía que su consejero escolar quería que me viera, me dijo: "Porque los otros niños en la escuela son malos". Cuando le pregunté qué habían hecho que fuera malo, me dijo: "No lo sé. Sólo lo son".

Suzanne intervino y preguntó: "Cariño, ¿le quieres decir sobre lo que esa niña hizo en el autobús?" Grace, inmediatamente cruzó sus brazos, hizo un puchero y dijo: "¡No!" Cuando le pedí a su madre que me platicara lo que había sucedido, Suzanne me contestó: "Bueno, si Grace no quiere hablar de ello, no lo discutiremos".

Esa sola afirmación que dio un indicio de por qué Grace estaba teniendo problemas. Así que le hice algunas preguntas sobre sus amigos e interacciones sociales. Jeremy me dijo: "Los otros niños a veces dicen que Grace es una llorona". Explicó que, como Grace era hija única, compartir y conceder no era su fuerte.

Jeremy aceptó que algunas veces Grace podía ser un poco demandante cuando las cosas no salían como ella quería. Al oírlo decir eso, Grace lo fulminó con la mirada y dijo: "¡Eso no es cierto!" En ese momento Suzanne ofreció llevarla afuera a la sala de espera por unos minutos, para que Jeremy pudiera hablar en privado conmigo.

Una vez que estuvieron fuera, Jeremy me explicó: "Grace es una niña sensitiva y la escuela no parece entenderlo. Y sus amigos tampoco parecen 'captarla'. Eso es duro para Grace".

Grace buscaba consuelo con la enfermera de la escuela cuando pensaba que otros niños estaban siendo malos o injustos. La enfermera solía permitir a Grace hablarle a Jeremy o a Suzanne para que pudieran consolarla. Pero recientemente la enfermera empezó a decirle a Grace que regresara a clase o saliera al recreo para "resolverlo" con sus amigos.

Molestos por la respuesta, compraron un celular para que pudiera llamarlos o mandarles un texto en secreto desde el baño cuando necesitaba hablar. Cuando estaba teniendo realmente un mal día, la recogían temprano para que pudiera ir a casa y "relajarse".

"Siempre puedo saber cuándo Grace necesita ir a casa, así que hablo a la escuela y pido que la dejen salir antes. Usualmente está molesta cuando sube al auto, así que la llevo a tomar helado y hablamos sobre lo que la está molestando. Tan pronto como tiene una oportunidad de hablarlo, se calma de inmediato", explicó Jeremy.

Cuando terminó de decirme sus opiniones, regresaron Grace y su madre. Parecía que los problemas eran:

- **A Grace le faltaban habilidades emocionales y sociales.** Grace no sabía cómo lidiar con estar triste, enojada o decepcionada. Le faltaban las habilidades para salir adelante y eso estaba afectando a sus relaciones.
- **Los padres de Grace la estaban rescatando de las incomodidades.** Los padres de Grace la habían etiquetado como "sensible". Pensaban que su trabajo era protegerla, tanto como fuera posible, de sentirse incómoda.

Mis recomendaciones incluían:

- **Entrenamiento en regulación de habilidades emocionales para Grace.** Grace necesitaba aprender habilidades para salir adelante. También tenía que ganar confianza en su habilidad para sentir una amplia gama de emociones.
- **Formación de aptitudes para sus padres.** Los padres de Grace necesitaban cambiar su papel de "salvadores" a "entrenadores". Tenían oportunidades diarias para enseñar a Grace cómo manejar sus emociones.

Les expliqué que el tratamiento para niños usualmente emplea un enfoque doble: Grace podía trabajar conmigo en aprender nuevas habilidades y sus padres podrían trabajar conmigo en aprender cómo entrenarla mientras practicaba esas habilidades en el mundo real. Cuando recomendé que empezáramos a programar las citas semanales, Suzanne comentó: "Bueno, depende de Grace. Todo esto se trata de lo que Grace piense que le pueda ayudar". Afortunadamente, Grace aceptó regresar.

Cuando comencé a trabajar con la familia fue claro que Suzanne y Jeremy caminaban sobre alfileres para evitar hacer cualquier cosa que la molestara. Si Grace no quería hacer algo, se aseguraban de que no tuviera que hacerlo. Así que era comprensible que tuviera problemas en la escuela, los otros niños de doce años no se iban a adaptar como lo hacían sus padres.

En el momento en que las relaciones con sus compañeros eran críticas para su desarrollo, las amistades de Grace se estaban deteriorando. La voluntad de sus padres de rescatarla de emociones incómodas había atrofiado su desarrollo emocional. Ella tenía la madurez emocional promedio de un niño de cuatro o cinco años.

Nunca vieron a la regulación emocional como una habilidad que puede aprenderse. Una vez que Grace pudo aprender a controlar su ira, calmarse y soportar el estar molesta —de la misma forma en que aprendió a atarse las agujetas o hacer su cama— vieron sus interacciones de manera diferente.

Con la certeza de que era lo mejor para ella, Jeremy y Suzanne acepta-ron dejar de ir a recogerla a la escuela cuando estaba teniendo un mal día. En casa, también tuvieron que empezar a decir que no, hacerla responsable y hacerla sufrir las consecuencias cuando rompía las reglas.

Tomó un par de meses enseñar a Grace las habilidades básicas: identi-ficar cómo se sentía y cómo expresar esos sentimientos de una manera salu-dable. Lentamente, ella aprendió que estaba bien estar contenta o enojada, pero que gritar, aullar y hacer pucheros no le estaban ganando puntos con los otros niños,

Mientras la habilidad de Grace de entender sus emociones mejoró, su empatía por los otros también aumentó. Probablemente, comenzó a reco-nocer cómo se sentirían los otros cuando era mandona o cuando hacía una rabieta. Lenta, pero segura, Grace desarrolló las habilidades que necesitaba para crear amistades genuinas con los otros niños.

¿Acaso te adueñas de las emociones de tus hijos?

Es normal querer alegrar a tu hijo cuando está de malas o calmarlo cuando está molesto. Pero si siempre te encargas de cambiar su estado emocional, no aprenderá a hacerlo por sí mismo. ¿Te describe alguna de las siguientes afirmaciones?

- No paso mucho tiempo hablándole a mis hijos sobre mis emocio-nes.
- Si mi hijo está aburrido, pienso que es mi trabajo proporcionarle diversión.
- Cuando mi hijo está molesto, trabajo duro para calmarlo.
- Me siento incómodo cuando mi hijo está ansioso, triste o enojado.
- Pongo mucho esfuerzo en alegrar a mi hijo cada vez que está triste.
- Algunas veces voy de puntillas alrededor de mi hijo, para evitar molestarlo.

- Sólo siento que estoy haciendo un buen trabajo como padre cuando mi hijo está contento.
- Cuando mi hijo está enojado conmigo, pienso que debí haber hecho algo malo.
- Le digo a mi hijo que "se calme", pero nunca pasé tiempo enseñándole cómo calmarse.

Por qué los padres se sienten responsables por las emociones de sus hijos

Como la mayoría de los padres, Jeremy y Suzanne querían criar a una niña feliz. Pero dudaban de la capacidad de Grace para manejar sus emociones por ella misma. Así que ellos se encargaron de ayudarla en cada oportunidad que tenían.

En el capítulo anterior, discutimos la importancia de permitir a los niños experimentar el dolor. Pero exponerlos a experiencias dolorosas no es suficiente. Tienes también que permitirles hacerse responsables de lidiar con su dolor de una manera sana. Así como es más fácil que hagas las tareas tú mismo —en lugar de enseñar a tu hijo cómo hacerlas—, es más fácil regular las emociones de tu hijo por él. Pero hacer esto en realidad puede hacer más mal que bien en el largo plazo.

ES DIFÍCL DEJARLES LAS RIENDAS

Decirle a un niño que se calme no hará que deje de llorar. Si quieres que un bebé deje de llorar, es posible que necesites cargarlo, cambiarlo o alimentarlo. Como no puede regular sus emociones, depende de ti modificar su ambiente para darle alivio.

Cuando tu bebé se convierte en un niño pequeño, empieza a desarrollar la habilidad de reconocer cómo se siente. Hasta cierto punto aprende cómo modificar el ambiente por sí mismo. Puede pedir de beber cuando tiene sed, o puede quitarse su chamarra cuando tiene mucho calor. Cuando crece para convertirse en niño de preescolar, comienza a aprender cómo hacer ajustes internos cuando no puede cambiar su ambiente. Trata con algunas emociones por sí mismo, sin requerir modificaciones inmediatas de ese ambiente.

Si está frustrado o asustado puede aprender cómo calmarse. Y si está aburrido o triste puede aprender cómo sobrellevar esas emociones sin depender de ti. Con guía y entrenamiento puede reconocer qué habilidades funcionan para él y qué opciones son las formas más sanas para lidiar con sus sentimientos.

Al menos esto es lo que sucede cuando los padres les enseñan activamente a los niños a monitorear y regular sus emociones. Pero muchos padres tienen problemas para pasar esa responsabilidad a su hijo. Continúan haciéndose responsables por las emociones de su hijo mucho tiempo después de lo que él lo necesita. Así que los padres de niños más grandes continúan modificando el ambiente diciendo cosas como: "No le digamos a Billy que comimos pizza sin él, para que no se moleste" o "No llevemos a Olivia a la tienda porque va a llorar si no le compramos algo". Como resultado de esto, su hijo nunca aprende a tomar responsabilidades por sus emociones. Y es un reto mayor enseñar a un muchacho de 15 años a calmarse, comparado con un niño de cuatro.

LOS PADRES NO SE SIENTEN A GUSTO CON SUS PROPIAS EMOCIONES

Mi consultorio es un laboratorio emocional donde llego a presenciar de primera mano cómo la gente maneja sus sentimientos. Afrontar cuestiones difíciles me da una idea de cómo las familias manejan los problemas emocionales en casa.

Toma por ejemplo a Kevin y su hija de once años, Rosie. Rosie estaba siendo buleada en la escuela y cuando describió las cosas malas que los niños le decían, comenzó a llorar. Pero mientras las lágrimas rodaban por sus mejillas, su padre comenzó a hacer caras graciosas y a decir tonterías. Rosie se volvió hacia él y le dijo: "Papá, estoy hablando acerca de algo serio. ¡Deja de actuar como si fuera una broma!" Kevin dijo que sólo quería "aligerar las cosas". Como muchos padres, le incomodaba ver a su hija llorar y trató de "arreglarlo".

Pero Rosie no quería ser animada en ese momento. Lo que necesitaba era apoyo y validación. Una distracción de su dolor era sólo una solución temporal.

La reacción de Kevin era común. La mayoría de los padres quieren acercarse en el momento y ayudar a su hijo a sentirse mejor. Pero hacerlo significa que los padres toman la responsabilidad por cómo se siente su hijo.

Tu hijo necesita saber cómo enfrentar su inquietud interior

Como viste con el ejemplo de Grace, cuando los niños no aprenden a tomar responsabilidad por sus emociones, es probable que experimenten problemas emocionales y de conducta. Los berrinches de Grace interferían con sus amistades. Los otros niños no querían estar cerca de ella cuando lloraba o estaba dándoles órdenes.

Como sus padres siempre la atendían cuando estaba molesta, nunca tuvo oportunidades de manejar los sentimientos incómodos por ella misma. Sentirse decepcionada, frustrada, enojada y triste es parte de la vida. Pero sus padres cedían constantemente para que ella pudiera escapar de esos sentimientos.

Todos los padres tratan de cambiar el estado emocional de su hijo, en un momento u otro. Pero, frecuentemente, hacerlo puede ser dañino.

LA FALTA DE COMPETENCIA EMOCIONAL PUEDE TENER CONSECUENCIAS PARA TODA LA VIDA

¿Te has encontrado con alguien que pierde los estribos por las cosas más insignificantes? ¿O has tenido un amigo que actuara como si los más mínimos inconvenientes de la vida diaria fueran una tragedia? Es posible que a esas personas nunca les hayan enseñado cómo manejar eficazmente sus emociones.

Cuando la gente no aprende estas habilidades, se comporta mal. Se hace manipulador en un intento por satisfacer sus necesidades.

Investigadores de la Universidad de Penn State estudiaron qué les sucede a los niños que aprenden en una edad temprana conductas prosociales y competencia emocional, en contraste con aquellos que no lo hacen. Pasaron veinte años siguiendo a los niños del jardín de niños hasta la mitad de sus años veinte y descubrieron un vínculo entre las habilidades sociales en el jardín de niños y el éxito temprano como adultos.

Los niños que mostraron más conductas prosociales a los cinco años —como compartir y llevarse bien con los demás— tenían más posibilidades de terminar la universidad. Por cada punto que aumentaba la calificación de la competencia social de los niños en el jardín de niños, tenían el doble de oportunidades de obtener un título universitario. Había también 46 por ciento más de posibilidades de tener un trabajo de tiempo completo para cuando tuvieran veinticinco años. Pero para los niños que tuvieron la mayor cantidad de problemas para cooperar, escuchar y resolver conflictos era menos probable que terminaran la preparatoria y la universidad. Adicionalmente, tenían más posibilidades de tener problemas legales y de abuso de drogas.

Por cada disminución de un punto en competencia social en kínder, un niño tenía 67 por ciento más de probabilidades de ser arrestado en su primera adultez. Un punto menos significaba también que un niño que tenía 52 por ciento más de posibilidades de tener problemas con el alcohol y 82 por ciento de vivir en viviendas de interés social (o al menos en la lista de espera). Con todas estas investigaciones, ¿acaso no es extraño que invirtamos tanto tiempo y dinero en destrezas académicas y tan poco en habilidades emocionales y sociales? Claramente, la competencia emocional puede ser más importante que otras destrezas que tradicionalmente vinculamos con el éxito y la felicidad.

Si tú quisieras que tu hijo fuese un gran jugador de baloncesto, no invertirías todo tu tiempo enseñándole cómo hacer tiros libres. Después de todo, podría ser el mejor en tiros libres en el mundo, pero si le faltaran otras destrezas básicas —como driblar y hacer defensa— no tendría éxito. Pero eso es exactamente lo que le hacemos a los niños. Nos enfocamos en las destrezas académicas y luego esperamos que sean exitosos en el mundo real, a pesar de su completa falta de otras habilidades.

Si dices que tu hijo es el más listo del mundo, pero no puede tolerar estar triste, nunca se podrá arriesgar al fracaso o al rechazo. O si es un atleta talentoso, pero no puede controlar su ira, no podrá mantener su temperamento en el juego cuando piense que otros no están jugando limpio.

Los niños que no tratan de controlar sus emociones tratan de controlar a otras personas

Durante mi primer semestre como profesor en la universidad, sólo una persona faltó a mis clases. Le faltaba una buena cantidad de tareas y su trabajo final era terrible. Pero si le hubiera ido bien en el examen final, hubiera pasado.

Pero no lo hizo. Reprobó el examen y su calificación final para el semestre estaba muy por debajo de la aprobatoria.

Apenas publiqué las calificaciones en el portal, recibí un correo electrónico de su parte pidiéndome que volviera a revisar su calificación. Estaba seguro de que había pasado. Le contesté y le confirmé que la calificación de su trabajo final, sus tareas faltantes y el terrible examen final significaban que estaba reprobado.

Cerca de cuatro días más tarde, recibí otro correo electrónico de él. Para ese entonces las vacaciones de Navidad estaban bastante avanzadas y me dijo: "Realmente estoy teniendo problemas para disfrutar mis vacaciones porque estoy muy molesto por haber reprobado. No puedo comer o dormir. Por favor considere darme una calificación aprobatoria".

Era mi primera experiencia con el fenómeno de llorar por una nota, en la que los alumnos piden a sus profesores que cambien sus calificaciones sin ninguna razón para ello. En este caso, el alumno quería que le cambiara su calificación porque se sentía angustiado.

Está de más decir que no cambié su calificación. No hubiera sido justo para los otros alumnos. Pero también hubiera sido hacerle un perjuicio. Él faltó a la clase, así que *tenía* que sentirse incómodo. Y con suerte esas emociones incómodas podrían motivarlo para la próxima vez.

Desafortunadamente, la mentalidad de no-puedo-controlar-el-sentirme-incómodo-luego-usted-debe-cambiar-algo es un problema común en estos días en los campus universitarios del país. Cuando los jóvenes universitarios se sienten ofendidos, tratan de convencer a todo el mundo de que deje de ofenderlos. Más que saber que está bien sentirse tristes, heridos o enojados, tratan de controlar a otras personas. "Dejen de publicar eso en las noticias", o "No dejen que mi profesor se salga con la suya", todo porque no les gusta lo que escuchan.

En consecuencia, las escuelas tienen problemas para definir la línea entre libertad de expresión y ser políticamente correcto. Tomemos como ejemplo el incidente de los disfraces de Halloween en Yale.

En 2015, la administración escolar mandó un correo electrónico recordando a los estudiantes que evitaran usar disfraces de Halloween que fueran ofensivos. En respuesta Erika Christakis, una profesora en uno de los campus residenciales de Yale, envió un correo electrónico propio. Su mensaje en parte decía: "¿Acaso ya no hay lugar para que un niño o un joven pueda ser un poco odioso... un poco inapropiado o provocativo o, sí, ofensivo?"

Los alumnos estaban indignados por sus palabras. Empezaron a protestar y cientos de ellos firmaron una carta abierta dirigida a la profesora, afirmando que ella invalidaba sus sentimientos. Un estudiante incluso la confrontó en video, diciendo que Christakis creaba un ambiente inseguro. Cuando Christakis no estuvo de acuerdo, el estudiante respondió con obscenidades.

Un par de meses después del incidente, Christakis renunció a su trabajo. Su esposo, Nicholas Christakis, también dimitió como jefe del Silliman College en Yale, como una secuela del incidente.

Irónicamente, los intentos de la administración para ser incluyente suscitaron a una gran controversia. ¿No es acaso un poco aterrador que algunos de nuestros jóvenes más brillantes y mejores, que asisten a las mejores universidades de la Ivy League, experimenten una angustia tal por el disfraz que van a vestir en una celebración infantil?

Pero no es un incidente aislado. Universidades de todas partes están enfrentando problemas similares. Como más y más estudiantes claman: "Mis sentimientos están heridos, por lo que tú necesitas cambiar", los administradores se están preguntando qué hacer. Si no cambian, se arriesgan a verse insensibles. Pero si lo hacen en un intento de no herir los sentimientos de alguien, se arriesgan a reprimir la libertad de expresión.

Estoy segura de que muchos de estos jóvenes crecieron creyendo que, si se sentían incómodos, es porque alguien más estaba violando sus derechos. Y tal como discutimos en el capítulo dedicado a la mentalidad de víctima, muchos de ellos creen que es su deber asegurarse que nadie diga las cosas que no quieren escuchar.

Es importante que los niños crezcan sabiendo que sólo porque sus sentimientos han sido heridos, no significa que alguien más debe cambiar. Está bien que otras personas tengan opiniones diferentes de las tuyas o que tomen otras opciones. Enseña a los niños que necesitan poner más esfuerzo en controlar cómo se sienten, más que en tratar de controlar lo que hacen los otros. Los niños necesitan saber que son ciento por ciento responsables por sus emociones y que pueden manejar el sentirse mal.

Si tu hijo no aprende: "Depende de mí el lidiar con mis emociones", tratará de controlar a otras personas. Y mientras ser mandón, grosero y demandante puede ayudarle ocasionalmente a obtener lo que desea, al final no le va a caer bien a las personas. Y puede convertirse en alguien que constantemente acuse a otros de ser insensibles o políticamente incorrectos porque no puede lidiar con las opiniones contrarias a las suyas.

LOS NIÑOS NO COMPRENDERÁN SUS EMOCIONES

Cuando Chelsea trajo a Max, su hijo de once años de edad, a mi consultorio, la primera cosa que me dijo fue: "No sé por qué estamos aquí. Pero su doctor dijo que teníamos que verla porque él no encuentra nada malo". Max había estado faltando mucho a la escuela debido a dolores de estómago y jaquecas. Su doctor le había realizado varios análisis y lo había examinado de la cabeza a los pies sin encontrar nada. Así que sugirió que pudiera ser un problema de salud mental. Y para la sorpresa de su madre, el médico tenía razón.

Después de que escuché algo más sobre sus síntomas y los problemas que estaba experimentando, era evidente que Max estaba estresado. Estaba ansioso y nerviosos todo el tiempo. Se preocupaba por todo, desde sus calificaciones hasta la salud de su abuela. Pero no entendía sus sentimientos lo suficientemente bien como para verbalizarlos.

No tenía duda de que verdaderamente estaba sufriendo algún dolor físico. Hay un fuerte vínculo entre la mente y el cuerpo. El estrés puede activar respuestas fisiológicas en el cuerpo que llevan a dolores de estómago y jaquecas. Los niños que carecen de habilidades para regular sus emociones tienden a presentar más problemas somáticos. Un estudio de 2008 de la Universidad de Vanderbildt descubrió que 67 por ciento de los niños con dolor abdominal recurrente tenían trastornos de ansiedad. Las quejas somáticas son comunes en niños y adolescentes con depresión.

Así que mientras los antiácidos y analgésicos temporalmente disfrazaban su dolor, Max no podría aliviarse hasta que enfrentara sus problemas emocionales subyacentes. Cuando comenzamos a enfrentar sus problemas emocionales, sus problemas de salud física disminuyeron. Tenía que aprender cómo comunicar sus sentimientos y cómo manejarlos de forma saludable si quería sentirse mejor físicamente.

Enseñar a tu hijo sobre las emociones y cómo regular sus sentimientos lo harán más capaz de reconocer cuándo se siente estresado o especialmente deprimido. La detección temprana puede prevenir problemas futuros y ayudar a los niños a recibir tratamiento oportunamente.

¿Qué hacer en su lugar?

Una vez que los padres de Grace comenzaron a verse a sí mismos como entrenadores, contribuyeron a ayudarla a aprender cómo regular sus emociones. Su formación práctica la ayudó a aplicar las habilidades que estaba aprendiendo en la terapia. Cuando estaba molesta, sus padres proveían recordatorios necesarios o pistas sobre cómo podía calmarse a sí misma.

Con el tiempo disminuyeron su apoyo, de modo que Grace asumiera ser completamente responsable de administrarse a sí misma y sus emociones. Para el momento en que completó la terapia, creía firmemente que tenía la fuerza mental para manejar sus sentimientos, sin importar qué tan intensos o qué tan incómodos se sintieran.

Aprender a manejar las emociones y soportar los sentimientos desagradables son habilidades que pueden enseñarse. Sin embargo, así como otras destrezas, los niños necesitan guía continuada y práctica.

ENSEÑA A TU HIJO A ETIQUETAR LOS SENTIMIENTOS

Si tu hijo no puede identificar sus emociones, tendrá problemas para tomar la responsabilidad por cómo se siente. Un niño que no puede decir: "Estoy enojado", es probable que comunique su ira a través de su comportamiento. Berrinches, gritos y agresión usualmente surgen de la incapacidad del niño para decirte cómo se siente.

Si eres como la mayoría de las personas, es probable que no escuches muchas palabras emotivas en la conversación de todos los días. Usualmente la gente tiende a decir: "Es un imbécil", más que: "Estaba enojado". Y aun cuando la gente haga referencia a sentimientos, usan frases como: "Tengo mariposas en el estómago" o "Tengo un nudo en la garganta". Así que a menos que hagas un esfuerzo consciente para enseñar a tu hijo palabras emotivas, es poco probable que tenga un vocabulario emocional extenso.

Enseña a tu hijo palabras emotivas diciendo cosas como: "Parece que ahora estás enojado", cuando patee el piso. O dile: "Parece que te sientes realmente emocionado porque vamos al parque", cuando corra a tomar sus zapatos. A medida que crezca la comprensión de las emociones en tu hijo, usa palabras más sofisticadas como "nervioso", "decepcionado", "aliviado" y "frustrado".

Aquí hay otras formas de enseñar a tu hijo sobre los sentimientos:

- **Comparte tus sentimientos en la conversación diaria.** Usa muchas palabras sobre sentimientos cuando estés hablando con tu niño. Dile cosas como: "Me sentí triste hoy porque la abuela no se estaba sintiendo bien", o "De veras me enojé en el parque cuando el niño empujó a la niña en los columpios".
- **Pregúntale a tu hijo: "¿Cómo te sientes hoy?"** Crea un hábito diario de preguntarle a tu hijo cómo se siente. Escoge una hora específica para preguntar por su estado emocional, como cuando estás comiendo o cuando se está preparando para ir a la cama.

Observa si es capaz de explicar por qué está sintiendo emociones específicas.

- **Explora las emociones de tu hijo cuando te cuente historias.** Cuando tu hijo te cuente sobre cómo le fue en el día, pregunta: "¿Cómo te sentiste cuando anotaste ese gol en el juego?", o "¿Cómo te sentiste cuando tu maestro dijo que no podías salir al recreo?" Si tu hijo tiene problemas para nombrar sentimientos específicos, trata de decir cosas como: "¡Yo creo que me habría enojado si eso me hubiera sucedido a mí!".

VALIDA LOS SENTIMIENTOS DE TU HIJO

Correr a arreglar los problemas de tu hijo significa que *tú* estás tomado la responsabilidad por *sus* emociones. En cambio, validar muestra que entiendes, pero dejas a tu hijo el trabajo de sobrellevar sus sentimientos. A una afirmación como: "Lamento que te sientas mal porque hoy no vamos al cine", le falta empatía.

Muestra a tu hijo que aceptas sus emociones llevando tus comentarios un paso más allá. Dile: "Es decepcionante cuando no puedes hacer algo que realmente quieres hacer. Así que es comprensible que te sientas mal porque hoy no vamos al cine". La validación muestra a tu hijo que está bien sentirse mal.

Aquí hay algunos ejemplos de cosas que puedes decir para validar cómo se siente tu hijo:

- "Veo que realmente estás enojado porque te dije que no puedes ir a casa de tu amigo. Puedo ver qué tan decepcionado estás de tener que quedarte aquí".
- "Es duro perder un juego. Yo también me siento triste".
- "Puedo entender que te sientas tan enojado, que quieras decir algo malo".

- "Muchos niños se sienten nerviosos el primer día de escuela. Hacer algo nuevo puede ser aterrador".

Aun cuando no entiendas las emociones de tu hijo o parezcan fuera de proporción en relación con la situación, valida cómo se siente. Los niños necesitan saber que sus sentimientos están bien y que tú respetas cómo se sienten, aun cuando no sientas lo mismo.

CORRIGE LA CONDUCTA, NO LA EMOCIÓN

A veces los niños se confunden acerca de la diferencia entre pensamientos, sentimientos y conducta. Aquí hay un ejemplo:

Padre: ¿Cómo te sentiste cuando tu amigo te dijo que no podías jugar con él?

Hijo: Sentí como que él ya no quería ser mi amigo.

Padre: Eso suena más a cómo lo estabas pensando, no a lo que estabas sintiendo. Tú pensaste que ya no quería ser tu amigo. ¿Cómo te sentiste acerca de eso?

Hijo: Triste.

Padre: Oh, te sentiste triste. Eso tiene sentido, ¿qué hiciste entonces?

Hijo: Me enojé con él.

Padre: Te enojaste también. Eso es un sentimiento. Probablemente yo también me hubiera enojado. ¿Qué hiciste cuando te enojaste?

Hijo: Me fui y le dije que iba a encontrar otro amigo con quien jugar.

Padre: Alejarte cuando te sentiste enojado fue una buena elección.

Explica a tu hijo que los pensamientos involucran palabras o imágenes que van a su cerebro. Los sentimientos describen su ánimo, como feliz o triste. La conducta involucra la acción que elige hacer con su cuerpo.

Cuando tu hijo comprenda las diferencias entre esas tres cosas, entenderá mejor sus opciones. Por ejemplo, está bien enojarse, pero no está bien golpear a alguien. De igual forma, sentirse triste está bien, pero gritar y hacer una rabieta no es una conducta aceptable.

Dile a tu hijo que no se meterá en problemas por sus sentimientos o sus pensamientos. En cambio, tus reglas tienen que ver con la conducta.

Establece reglas claras en tu casa que delineen maneras aceptables de expresar las emociones. Escribe tus reglas y tenlas a la vista en algún lugar de tu casa. Si dices: "No gritar", cerciórate de que es una regla que también vas a poder seguir. Si tú eres culpable de levantar la voz, tu hijo te va a seguir y tu regla escrita no va a ser efectiva.

Aquí hay algunas reglas simples que pueden ayudar a los niños a regular sus emociones:

- **Respeta el espacio físico de otras personas, así como sus pertenencias.** No golpear o herir el cuerpo de otro y no dañar la propiedad ajena.
- **Usa palabras gentiles cuando hables con otras personas.** Nada de insultos o ninguneos.
- **No levantes la voz.** No gritar o vociferar.

Aunque azotar las puertas puede ser algo de poca importancia en algunas familias, otros padres no lo permitirán. Así que asegúrate de crear una lista de reglas que todos en la casa puedan seguir. Recuerda, puedes cambiar y alterar las reglas cuando lo necesites. Sólo cerciórate de que tu hijo comprenda tus expectativas.

DEJA QUE TU HIJO SIENTA EMOCIONES INCÓMODAS

Tu trabajo no es poner una sonrisa en la cara de tu hijo. En cambio, tu papel debe ser ayudar a que tu hijo aprenda por sí mismo cómo lidiar con emociones incómodas.

Aquí hay algunas emociones incómodas que tu hijo necesita sentir:

- **Ira.** Tu hijo necesita aprender cómo calmarse cuando se molesta.
- **Ansiedad.** Es importante que tu hijo entienda que la ansiedad no tiene que impedirle hacer lo que desea.
- **Culpa.** Cuando tu hijo dice que lo siente o que se siente mal, no te apresures a decir: "Oh, está bien". Déjalo sentirse culpable para que esté motivado para cambiar su conducta.
- **Tristeza.** No alegres a tu hijo sólo porque está triste. Deja que practique el consolarse a sí mismo.
- **Decepción.** Cuando las cosas no salen como tu hijo quiere, no trates de resarcirlo automáticamente. Déjalo sentir algunas veces la decepción.
- **Aburrimiento.** Sólo porque tu hijo se queje de que está aburrido, no quiere decir que tienes que entretenerlo. Habrá muchos momentos en la vida en que tendrá que tolerar el aburrimiento.
- **Frustración.** Cuando tu hijo está trabajando en una tarea difícil, es bueno que se sienta frustrado. Pero eso no quiere decir que necesitas ayudarlo a arreglarlo.

Deja que tu hijo sienta un amplio rango de emociones y deja que las sienta plenamente. Entrénalo, pero no lo rescates. Con el tiempo ganará la confianza necesaria en su habilidad para lidiar exitosamente con sus sentimientos.

Cómo enseñar a los niños a ser responsables de sus sentimientos

Si bien algunos niños son sensibles, los padres de Grace usaban esa etiqueta como una manera de excusarla de lidiar con la incomodidad. Antes de que pudieran empezar a enseñarle a ser responsable por sus emociones, tenían que confiar que podía manejar sus sentimientos molestos. Si tratas a tu hijo como si fuera frágil, crecerá creyendo que no puede con la adversidad. Pero si lo ayudas a ver que es suficientemente fuerte para arreglárselas con los sentimientos molestos, estará bien equipado para sobrellevar esos sentimientos por sí mismo.

AYUDA A TU HIJO A IDENTIFICAR COSAS QUE LEVANTAN EL ÁNIMO

Tu hijo necesita saber que es normal sentir una gran variedad de emociones. Y cuando algo malo sucede, está bien sentirse triste. De hecho, sentirse triste es parte del proceso de curación.

Pero eso no quiere decir que tu hijo se quede atrapado en el mal humor. Él puede tomar control sobre cómo se siente. Si se levanta de la cama con el pie izquierdo o tiene un mal día en la escuela, puede tomar elecciones que lo hagan sentir mejor.

Resulta tentador comportarse de acuerdo con cómo te sientes. Si estás triste, tal vez te sientas solo en tu casa. Pero ese comportamiento sólo reforzará tus sentimientos de tristeza. Comportarte de forma contraria a como te sientes, cambia tus emociones. Así que salir con amigos puede alegrarte. O salir a dar una vuelta puede mejorar tu ánimo.

La clave es ayudar a tu hijo a descubrir formas *sanas* de enfrentar sus emociones. Si no lo haces, tu hijo puede encontrar algunas maneras no tan sanas de sentirse mejor. Un niño triste puede acudir a la comida para consolarse. O un adolescente solitario puede buscar relaciones en línea para obtener atención.

Enseña proactivamente a tu hijo maneras sanas de consolarse, calmarse y alegrarse a sí mismo. Ten en cuenta que no le funcionan a todo el mundo las mismas cosas para mejorar el ánimo. Jugar afuera por unos minutos puede ayudar a un niño a calmarse, pero dibujar tranquilamente puede ser lo más efectivo para otro.

Aquí te muestro cómo trabajar con tu hijo para descubrir qué herramientas pueden mejorar su ánimo:

Padre: Hagamos una lista de todas las cosas que te gusta hacer cuando estás contento. Dime, ¿qué te gusta hacer cuando te sientes muy bien?

Hijo: Me gusta ir a la playa y me gusta jugar en el parque.

Padre: Oh, ésas son cosas divertidas que hacer. Qué sucede si estás en casa. Digamos que llegas a casa luego de la escuela y te sientes feliz. ¿Qué sería lo que te gustaría hacer?

Hijo: Jugar con los gatos y hablar con mis amigos.

Padre: ¿Y esas cosas te mantienen contento?

Hijo: Sí, me río y me divierto cuando las estoy haciendo.

Padre: Genial. Vamos a pensar en otras cosas que podrías hacer cuando te sientes contento.

Hijo: Me gusta salir a caminar y me gusta hablarle al abuelo y leerle algunas de las bromas de mi libro de chistes.

Padre: ¡Es cierto! Definitivamente te gusta hacer ambas cosas.

Escribe todas las cosas que tu hijo dice que le gusta hacer cuando está contento. Luego, cuando esté de mal humor, dile que vaya y escoja algo que hacer de su lista. Enséñale que hacer una de esas cosas cuando está triste o se siente solo puede mejorar su humor.

También puedes hacer un equipo para mejorar el ánimo. Llena una pequeña caja con cosas que le recuerden lo que le gusta hacer cuando está contento, como su libro de chistes y algunos materiales artísticos. Puedes incluir cosas que lo hicieron sonreír, como esa foto graciosa del abuelo. Con práctica, él aprenderá qué actividades lo ayudan más y comenzará a hacer esas cosas por él mismo.

AYUDA A TU HIJO A IDENTIFICAR ACTIVIDADES QUE LO CALMEN

Así como tu hijo necesita saber cómo levantarse el ánimo cuando se siente mal, también necesita saber cómo calmarse cuando está molesto. Ya sea que tu hijo esté frustrado con un problema de matemáticas o enojado porque perdió en un juego de mesa, necesita saber cómo seguir trabajando para alcanzar sus metas a pesar de estar molesto. Una de las claves para manejar la ira y la frustración es la conciencia de sí mismo.

Enseña a tu hijo a reconocer los signos de advertencia de que se está molestando. Habla sobre esos signos fisiológicos que podrían indicar que está a punto de explotar. Tal vez su corazón late más rápido o su cara se enrojece. Si puede aprender a reconocer esos signos de advertencia, puede intervenir y calmar su cuerpo antes de que "explote".

Pregúntale a tu hijo: "¿Qué te gusta cuando estás calmado?" Dibujar, jugar con plastilina o escuchar música relajante son sólo algunas de las actividades potenciales que pueden calmar su cuerpo y cerebro.

De manera similar al equipo para mejorar el ánimo, crea un "equipo para calmarse" poniendo cosas en una caja. Cuando tu hijo esté ansioso, sobreexcitado o enojado dile: "Vamos por tu equipo para calmarse". Entonces puede asumir la responsabilidad de seleccionar herramientas que lo ayuden a controlar su humor.

REFINA LAS HABILIDADES DE REGULACIÓN DE LA EMOCIÓN DE TU HIJO

Tratar con emociones incómodas de una manera sana puede ser una de las habilidades más importantes que le enseñes jamás. Pero no puedes simplemente *decirle* a tu hijo cómo manejar sus emociones. Él necesitará práctica continua y entrenamiento de tu parte. Cuando crezca y enfrente nuevos retos e incluso circunstancias más difíciles, continuará necesitando tu guía y apoyo.

Como cualquier buen entrenador, transmite muchos elogios y apoyo positivos. Señala el esfuerzo y trabajo duro de tu hijo. Di cosas como: "Realmente me gusta la forma en la que hoy decidiste ir a tu cuarto para calmarte cuando te molestaste".

Igualmente, permanece constante con tus reglas y sus consecuencias. Muestra a tu hijo que estás comprometido a ayudarlo a aprender de sus errores de una forma constructiva. Mantén conversaciones regulares acerca de cómo puede mejorar en el futuro. Pregunta cosas como: "En lugar de pegarle a tu hermana, ¿qué puedes hacer diferente la próxima vez?" Ayuda a tu hijo a identificar nuevas estrategias que le puedan ayudar a hacer una mejor elección la próxima vez que experimente emociones intensas.

Enseña a los niños de edad preescolar a calmarse

La emoción con la que más luchan los niños de preescolar es la ira. Ya sea que tu hijo esté enojado porque un amigo tomó su juguete o que esté molesto porque dijiste que es hora de retirarse del patio, es probable que te muestre que no está contento gritando, pateando o llorando.

Aumenta la conciencia de tu hijo sobre los signos que lo alertan de que se está enojando, proponiéndole que haga un dibujo de cómo se ve enojado. Dile que te muestre qué le sucede a su cuerpo. Tal vez su cara se pone roja y cierre sus manos en un puño. Cuando termine dile cómo los sentimientos de enojo afectan nuestros cuerpos y nuestra conducta. Pero si puede localizar esos signos de advertencia de que su cuerpo se está enojando, es su trabajo calmarlo.

Una manera sencilla de enseñarle a los niños de preescolar a calmarse es ayudarlos a hacer ejercicios de respiración que producen una respuesta de relajación. Las respiraciones lentas y profundas no sólo calman el cuerpo, sino también pueden disminuir los sentimientos de enojo. Aquí hay una forma sencilla de enseñar a tu hijo cómo hacer respiración profunda:

1. Respira por tu nariz, como si estuvieras oliendo un pedazo de pizza.
2. Luego exhala a través de tu boca como si quisieras enfriar la pizza.

3. Repite este ejercicio lentamente varias veces para calmar el cuerpo y el cerebro.

Cuando notes que tu hijo se está molestando, recuérdale "parar y oler la pizza". Con el tiempo él empezará a hacer esto por sí mismo, con pocos recordatorios de tu parte. Y comenzará a entender cómo calmarse a sí mismo.

Una alternativa es enseñarle a hacer "respiraciones de burbujas". Sal y haz algunas burbujas. Pide a tu hijo que te muestre cómo soplar para hacer las burbujas más grandes y mejores. Lo más probable es que inhale profundamente y exhale lentamente.

Explícale cómo "hacer respiraciones de burbujas" puede calmar su cuerpo. Y cuando esté molesto dile que "haga respiraciones de burbujas".

Enseña a niños en edad escolar a cambiar el canal

Pensar en un evento molesto o preocuparse sobre algo que podría pasar en el futuro puede poner a tu hijo de mal humor. Pensar en algo más placentero cambiará cómo se siente. Sin embargo, usualmente no es algo tan simple como decirle: "No pienses sobre lo que hoy dijeron esos niños malos". De hecho, entre más se esfuerce tu hijo en no pensarlo, probablemente más se enrede en esos pensamientos molestos. Cambiar su conducta es la clave para sacar su mente de algo que sigue rondando en su cabeza.

En mi consultorio, uso una versión del popular "experimento del oso blanco"[16] para enseñarle a los niños cómo "cambiar el canal". También puedes usar este experimento para enseñar a tu hijo:

---

[16] Propuesto por Daniel Wegner en 1993, este experimento identifica cómo funcionan los procesos mentales irónicos. La hipótesis es que al tratar de evitar deliberadamente el pensar en algo determinado, ese pensamiento se presentará con mayor fuerza y frecuencia. Por lo que es necesario crear distractores para evitar que se presenten. (N. del T.)

1. Dile a tu hijo que piense en osos blancos por 30 segundos. Esto puede incluir cualquier cosa, desde osos polares hasta muñecos de peluche.

2. Mantente en silencio y deja que tu hijo imagine los osos. Cuando se acabe el tiempo, di "alto".

3. Entonces dile a tu hijo que piense en cualquier otra cosa que quiera por 30 segundos. Pero dile que no puede pensar en osos blancos.

4. Espera 30 segundos y pregúntale cómo le fue. La mayoría de los niños dirá que los osos blancos seguían apareciendo en sus pensamientos. Si tu hijo te dice que pudo evitar pensar en los osos blancos, pregúntale cómo lo hizo.

5. Dale a tu hijo una pequeña tarea para realizar en 30 segundos. Yo les doy un mazo de cartas y les pido que lo clasifiquen por número o palo o algo semejante. Cualquier tarea que le des a tu hijo, asegúrate de que sea algo que requiera su completa atención si quiere apresurarse a completarlo en 30 segundos.

6. Cuando se termine el tiempo, dile que pare. Entonces pregúntale qué tanto pensó en osos blancos durante la tarea. Si es como la mayoría de las personas, te dirá que no pensó en ello en absoluto.

El punto del ejercicio es mostrar de primera mano a los niños cómo cambiar su conducta puede cambiar lo que están pensando. Así que, si tu hijo está cavilando sobre algo que lo molesta, mantener sus manos ocupadas puede ser la clave para hacerlo sentir mejor. Refiérete a esto como "cambiar el canal" en su cerebro. Tal como la televisión, si la estación que está en su cabeza no es útil, necesita cambiar el canal a algo más productivo.

Cuando haya tenido un día difícil en la escuela y esté de malas, dile: "¿Cómo puedes cambiar el canal para hacer de esta noche, una buena noche?" O cuando te diga: "estoy aburrido", pregunta: "¿Qué crees que puedes hacer para cambiar el canal?" Después déjalo encontrar actividades que mejoren su ánimo o lo ayuden a sentirse mejor. Ofrécele ideas o sugerencias si está teniendo problemas, pero con la práctica, él debe aprender estas cosas por sí solo.

Sólo asegúrate de que no envías el mensaje de que necesita estar de buen humor todo el tiempo. Habrá momentos en los que quiera hablar sobre sus sentimientos tristes o cuando se sienta triste por algo que pasó. Cambiar el canal debe estar reservado para esos momentos en los que sus emociones no lo ayudan.

Enseña a los adolescentes a alargar su mecha

En un mal día, tu hijo adolescente seguramente tendrá la mecha corta. Un examen reprobado, una discusión con un amigo, el que lo haya regañado su entrenador de baloncesto pueden hacer que regrese a casa de mal humor. Puede que la menor cosa lo haga estallar.

Enseña a tu hijo a alargar la mecha. Hablar con un amigo, escuchar su canción favorita o hacer algo de yoga puede reducir su estrés. Ayúdalo a identificar las cosas que pueden servirle a manejar su estrés de manera sana. Comparte las estrategias que te ayudan a alargar la mecha en un día difícil.

Discute cómo reconocer cuando trae la mecha corta. Tal vez se irrita cuando cualquiera le habla. O tal vez empieza a tamborilear ruidosamente los dedos o a caminar de arriba abajo. Habla sobre los signos que te advierten cuando tienes la mecha corta.

Explica entonces cómo todos tienen opciones cuando están estresados, cansados o han tenido un mal día. Y todos podemos tomar acciones para alargar la mecha.

Una mecha más larga significa que será menos probable que diga cosas que no pensaba o hacer algo que lamente. Habla con tu hijo adolescente acerca de la responsabilidad de reconocer cuando tiene la mecha corta. Pero si notas que parece estar particularmente estresado e irritable, sugiere que tome acciones para alargar su mecha.

Si termina enojándose y explotando con alguien o teniendo un colapso, habla al respecto cuando se haya calmado. Discute si tuvo algún signo que lo alertara de que su mecha se estaba acortando y discute cómo puede hacer mejores elecciones la próxima vez.

Niños emocionalmente competentes se convierten en adultos que gastan energía sólo en cosas que pueden controlar

Logan era un niño de nueve años que fue referido a terapia por su escuela porque tenía serios problemas de enojo. Cuando se molestaba, volteaba los escritorios o arrojaba cosas en el salón. Cada vez que Logan tenía estos estallidos de violencia el profesor sacaba a todos del salón para mantener a los otros niños a salvo. Cuando era "seguro" regresar para todos, Logan era retirado del salón por un rato. Iba a la oficina del director o a pasar un tiempo a solas con un auxiliar.

Cuando conocí a Logan, fue el primero en decir: "No puedo controlar mi temperamento. Realmente me enojo y tomo malas decisiones". Asumí que había escuchado decir eso a adultos. Sus padres aceptaron que también en casa tenía problemas para controlar su ira, pero decían que era peor en la escuela.

Pasé algún tiempo trabajando con Logan y me quedó claro que era un chico brillante que tenía buenas intuiciones sobre sus problemas. Así que le pregunté por algunos detalles de sus estallidos habituales, cuándo sucedían y qué lo había llevado a ellos. Entonces hablamos sobre el gran problema que era que volteara los escritorios y se pusiera tan agresivo.

Interrumpía la clase, causaba que otros estudiantes tuvieran que salir del salón, etcétera. Así que le pregunté: "¿Qué piensas que podemos hacer para aliviar este problema?"

Él dijo: "Bueno, ¿por qué no mejor yo dejo el salón, en lugar de todos los demás?" Y con eso Logan, creó su propia solución. Trabajamos con su maestro y su director para crear un plan. A Logan se le daría un pase rojo para mantener en su escritorio. Cuando sintiera que se estaba enojando, colocaría el pase en el escritorio del maestro como señal de que necesitaba salir y luego se dirigiría directamente a la oficina del director. Un adulto lo vigilaría mientras estuviera sentado en la oficina calmándose.

Una vez que el plan se puso en práctica, el maestro de Logan nunca tuvo que volver a sacar a sus alumnos del salón. En cambio, Logan se hizo responsable de sus emociones. Se excusaba tranquilamente y se calmaba. Luego de que se calmaba, regresaba a clase.

La confianza de Logan aumentó al darse cuenta de que podía tener más control sobre sus emociones. Y en la medida que continuamos trabajando en estrategias de manejo de ira, necesitó menos descansos en la clase con su pase rojo. Comenzó a practicar sus habilidades para afrontar situaciones difíciles en su escritorio. Y finalmente su actitud cambió. Más que pensar que era un mal niño con problemas de ira, comenzó a pensar que era un niño competente que podía dominar su temperamento.

La competencia emocional le servirá a tu hijo a través de su vida. Algunos investigadores han examinado las ventajas competitivas de que los adultos ganan cuando comprenden cómo sus emociones impactan en sus pensamientos y su conducta. Han vinculado la inteligencia emocional con un mejor desempeño en el trabajo, mejores matrimonios y una mejor salud física y emocional.

Las personas mentalmente fuertes no gastan energía en cosas que no pueden controlar. Desear que las circunstancias fueran diferentes o tratar de forzar a alguien a que cambie no es productivo. Los niños emocionalmente competentes crecen sabiendo poner su energía en los lugares correctos. Cuando no pueden controlar sus circunstancias, se concentran en controlar su actitud.

Soluciones y trampas comunes

Es difícil para muchos padres enseñar a sus hijos acerca de sus sentimientos porque a ellos no les enseñaron tampoco estas habilidades. Así que, a pesar de tener las mejores intenciones, algunos padres dan a sus hijos malos consejos. El mayor malentendido que veo es cuando los padres creen que debes dejar escapar la ira o de alguna forma se irá acumulando y te hará explotar. Así que, en un esfuerzo bien intencionado, le dicen a su hijo que golpee una almohada cuando esté enojado.

Pero los estudios nos muestran que alentar a tu hijo a "dejar salir su enojo" será contraproducente. Es probable que se enoje más y sea más agresivo. Así que una mejor aproximación es enseñar a tu hijo habilidades para calmarse, de una forma más apropiada socialmente.

Otra trampa común es que los padres piensan que suprimir las emociones es un signo de fortaleza mental. Tuve un padre que trajo a su hijo de ocho años a mi consultorio luego de que la abuela del niño falleciera. El padre dijo: "Estoy tan orgulloso de él. Ha sido muy fuerte. Sólo ha llorado dos veces a pesar de que él y su abuela eran muy cercanos".

Pero ser fuerte no tiene nada que ver con cuántas veces tu hijo ha llorado. En cambio, se trata de estar atento a tus emociones y saber cómo manejar esas emociones de una manera saludable.

En lugar de enseñar a tu hijo a no mostrar sus emociones, que no es útil, enséñale cómo sobrellevar sus sentimientos de una manera productiva para que pueda sanar.

LO QUE ES ÚTIL

* Enseñar a tu hijo a etiquetar emociones
* Validar los sentimientos de tu hijo
* Establecer reglas y límites para su conducta
* Ayudar a tu hijo a descubrir cosas que efectivamente mejoren su humor
* Identificar actividades que lo calmen
* Entrenar a tu hijo para que controle sus emociones
* Enseñar a tu hijo habilidades específicas para regular sus emociones, como ejercicios de respiración y cómo alargar su mecha
* Corregir la conducta de tu hijo, no sus emociones

LO QUE NO AYUDA

* Minimizar o descartar los sentimientos de tu hijo
* Rescatar a tu hijo cada vez que está angustiado
* Modificar el ambiente de tu hijo conforme va creciendo
* Siempre alegrar a tu hijo cuando está triste
* Calmar constantemente a tu hijo cuando está molesto
* Entretener a tu hijo cada vez que se aburre
* Subestimar la capacidad de tu hijo para sobrellevar emociones incómodas
* Alentar modos agresivos de liberar el enojo

No evitan que su hijo
cometa errores

Aunque Taylor, de 14 años, se llevaba bien con su padre, estaba especialmente cercana a su madre, María. Como una madre ama de casa, María estaba dedicada a ayudar a que Taylor ganara todas las ventajas competitivas posibles. Ella escogía sus clases, monitoreaba su tarea y pagaba por clases de verano adicionales para asegurarse de que Taylor destacara académicamente.

Cuando se trataba de deportes, María también la apoyaba mucho. Pasaba horas investigando cuáles eran los mejores campamentos de baloncesto e invertía mucha energía en asegurarse que Taylor tuviera los recursos que necesitaba para opacar a las otras muchachas. María confiaba en que había ayudado a Taylor a allanar su camino para tener éxito en su vida.

Hasta una noche, cuando Taylor hizo una pregunta extraña. Poco después de irse a acostar, llamó a María, que se dirigió a la puerta del cuarto de Taylor para ver qué necesitaba. Taylor dijo: "Creo que tengo que ir al baño, pero no sé si deba levantarme". Al principio María pensó que estaba bromeando, pero cuando Taylor insistió en que estaba sufriendo una confusión interna, María se dio cuenta de que hablaba en serio. Taylor le dijo: "Bueno, tal vez sólo pienso que tengo que ir al baño, y si me levanto y enciendo la luz, me voy a despertar completamente y entonces voy a tener problemas para volverme a dormir. ¿Qué crees que deba hacer?"

Todavía asombrada, María le contestó: "Bueno, ¿por qué no tratas sólo de dormirte?" Taylor le contestó: "Esta bien, gracias mamá". María bajó las escaleras y le explicó a su marido, Ken, lo que acababa de suceder. Ken le respondió: "No me sorprende, María. Has tomado por ella todas las decisiones en su vida. Y ahora, a la edad de catorce años, no puede tomar una sola decisión sin consultarte primero".

Fue en ese momento cuando María se dio cuenta de que estaba ofreciendo algo más que dirección. Había estado diseñando la vida de Taylor hasta en los más mínimos detalles. Y ahora su hija adolescente no podía decidir si debía ir al baño, sin temer que estuviera cometiendo un error.

En ese momento, María pidió una cita para una consulta para ella y Taylor y llegaron a mi consultorio juntas. Taylor, sin embargo, no parecía compartir las preocupaciones de su madre. Dijo: "Mi mamá me ayuda con cosas y juntas lo estamos haciendo genial. No entiendo por qué está tan preocupada". María habló fuerte y dijo: "Taylor, si tú no puedes decidir si tienes que ir al baño por tu cuenta, claramente no lo estamos haciendo tan bien".

Mientras más aprendía de la situación, me quedó claro que los problemas eran:

1. **María evitaba que Taylor tomara decisiones por sí misma.** María actuaba más como la asistente personal de Taylor, que como su madre. Ella llevaba su agenda, organizaba sus pertenencias y tomaba decisiones por ella.
2. **Taylor carecía de habilidades básicas para tomar decisiones.** Taylor buscaba el consejo de su madre en todo lo que hacía y siempre realizaba todo lo que su madre le decía. Nunca necesitaba resolver los problemas por ella misma.

Mis recomendaciones fueron:

1. **María necesitaba retirarse y dejar de microgestionar la vida de Taylor.** Tenía que dejar que Taylor hiciera las cosas por sí misma, aunque pensara que Taylor estaba cometiendo un error.

2. **Taylor necesitaba aprender cómo tomar decisiones sin la participación de su madre.** Por primera vez, Taylor necesitaba desarrollar sus propias opiniones. Y necesitaba fomentar la confianza en su habilidad para tomar decisiones y recuperarse de sus errores cuando se equivocara.

En el curso de las siguientes semanas, exploramos todos los pasos que María había estado tomando para evitar que Taylor cometiera algún error. Ella corregía la tarea de Taylor, le daba consejos de cómo vestir y llevaba su agenda por ella.

En retrospectiva, se dio cuenta de que Taylor pedía su opinión antes de tomar cualquier decisión. Y se percató de que, sin su participación, Taylor no tenía idea de cómo administrar su vida. Ahora quería tomar distancias, pero no estaba segura de cómo hacerlo. Tenía miedo de que Taylor se perdiera si dejaba de ofrecer su ayuda.

Y tenía razón. Distanciarse de ella completamente después de tomar todas las decisiones por ella, podría ser muy duro para Taylor. Así que creamos algunas formas en las que lentamente empezaría a apoyar los esfuerzos de Taylor para tomar decisiones por ella misma, un paso a la vez.

Al principio Taylor tuvo problemas, aun con decisiones pequeñas. Ella hacía preguntas como: "¿Mamá, me debo poner esta blusa o la rosa?" y María aprendió a responderle: "Cualquiera es una buena opción. ¿Cuál crees que sea la mejor?" Las preguntas de Taylor no sólo tenían el objetivo de saber la opinión de su madre: ella necesitaba aprobación y validación antes de que pudiera encontrar el valor para tomar incluso la más simple de las decisiones.

María también dejó de volver a revisar la tarea de Taylor. Y, por primera vez, las calificaciones de Taylor bajaron un poco. Era muy difícil para

María dejar que eso sucediera, pero sabía que prevenir esos errores al final causarían más problemas a Taylor.

Afortunadamente María estaba comprometida a apoyar y enseñar a Taylor que ella podía tolerar que cometiera errores. Despacio, Taylor aprendió que los errores no eran la peor cosa del mundo.

Mientras su madre alentaba su disposición para intentar, Taylor ganó confianza en su habilidad para recuperarse cuando fallaba. Definitivamente cometió algunos errores, pero fue capaz de comprender de primera mano que ella podía tratar con ellos y aun aprender de esos errores.

¿Evitas que tu hijo fracase?

Muchos padres insisten en llevar las riendas de la vida de sus hijos. Piensan que, si pueden dirigir cada movimiento, se asegurarán que sus hijos nunca comentan un error. ¿Acaso respondes afirmativamente a alguno de los siguientes puntos?

- Corrijo la tarea de mi hijo para que no saque una mala nota.
- No puedo ver que mi hijo se equivoque.
- Pienso que es mi deber intervenir antes de que mi hijo cometa un error, más que verlo sufrir las consecuencias de haberse equivocado.
- Pienso que los errores se deben evitar a toda costa.
- Quiero evitarle a mi hijo la vergüenza y el dolor que derivan de cometer errores.
- Temo que si mi hijo comete un error, no ponga el esfuerzo necesario para arreglarlo.
- Si mi hijo comete un error, me preocupa que sea yo el que sufra las consecuencias.
- Pienso que es mi responsabilidad el evitar que mi hijo sufra el dolor del fracaso.

- Si pienso que mi hijo está haciendo algo malo, me siento obligado a intervenir y mostrarle la forma correcta de hacerlo.
- Pienso que evitar que mi hijo cometa errores académicos es la mejor manera de prepararlo para la preparatoria y la universidad.

Por qué los padres evitan que los niños cometan errores

María pensaba que estaba llevando a Taylor al éxito evitando que cometiera errores a lo largo del camino. Le parecía que si podía ayudar a su hija a hacer bien las cosas la primera vez, ella se desempeñaría mejor. Asumía que su alto nivel de participación era la mejor manera de darle a Taylor una ventaja competitiva.

Y, por un lado, estaba funcionando. Taylor era una estudiante y atleta destacada. Pero era sólo porque María estaba ahí dirigiendo cada uno de sus movimientos.

Mientras que el excesivo involucramiento de María es un ejemplo extremo, muchos padres hacen cosas similares en una escala menor. Seguir constantemente a un niño pequeño, entrenar al niño de edad escolar desde las gradas e involucrarse demasiado en las amistades de su hijo adolescente son algunos de los ejemplos comunes de los llamados padres helicóptero.[17] Considera si hay oportunidades de aprendizaje que estás evitando porque tú, como María, intervienes antes de que tu hijo tenga la oportunidad de cometer un error.

LOS PADRES HELICÓPTERO CREEN QUE SABEN MÁS

Los padres controladores solían ser raros. Estaba la madre incómoda que insistía en ponerle un suéter sobre los hombros a su hijo, mientras

---

[17] El término padres helicóptero (o también híperpadres) fue acuñado por Foster W. Cline y Jim Fay en 1990, quienes acuñaron el término para describir a padres que están siempre presentes, encima de las vidas de sus hijos, como un helicóptero. (N. del T.)

estaba sentado en la banca durante el partido de soccer. O estaba el padre ocasional que demandaba una reunión con el consejero escolar para hablar sobre los horarios antes de permitir que su hijo, estudiante de preparatoria, escogiera una asignatura optativa. La gente solía sorprenderse ante los padres que hacían ese tipo de cosas.

Pero en estos días, los padres helicóptero son la norma. Traspasan todos los límites durante la vida de sus hijos y no consideran excesivo su involucramiento. Por definición, los padres helicóptero son tan sobreprotectores que limitan la habilidad de sus hijos para cometer errores. Microgestionan las actividades diarias de sus hijos y trabajan duro para que sus hijos destaquen.

El cambio social que ha normalizado a los padres helicóptero posiblemente surge de diversos factores. Los niños llave[18] de los años ochenta pueden querer que sus hijos tengan más apoyo del que ellos tuvieron cuando estaban creciendo. Pero sus esfuerzos por estar más involucrados puede que hayan cruzado la raya, habiéndose involucrado en exceso.

El aumento de los padres helicóptero también nace de los avances tecnológicos. Los padres que tienen acceso a las noticias todo el día pueden sentir que el mundo es más peligroso de lo que era en el pasado. Y aunque puedas pensar que los celulares les dan más libertad a los niños, de hecho, en realidad hemos visto lo opuesto. Los padres pueden contactar a sus hijos ahora más que nunca.

Los padres también están más centrados en sus hijos que nunca antes y hay un gran énfasis en el éxito y la universidad. Como resultado, muchos padres han convertido en su misión asegurarse que sus hijos no hagan nada que pueda poner en peligro sus oportunidades de un futuro brillante.

El educar como padre helicóptero también parece ser contagioso. Una vez que unos cuantos padres comenzaron a sobrevolar a sus hijos,

---

[18] Niños llave o niños de la llave: originado del vocablo inglés *latchkey kid*, se refiere a aquellos niños entre 6 y 13 años que se quedan solos en casa por las tardes porque sus padres trabajan. (N. del T.)

otros comenzaron a pensar que educar bien a sus hijos significa una educación intrusiva. Y los padres sintieron la presión de haberse involucrado demasiado para asegurarse de que sus hijos puedan continuar siendo competitivos. Y eso es exactamente lo que vemos hoy.

Cuando la educación intrusiva era rara, todos los niños cometían errores a veces. Se les olvidaba la tarea, no hacían siempre sus proyectos a tiempo y ocasionalmente llegaban tarde al entrenamiento de hockey. Pero como esas cosas les sucedían a todos los niños en un momento u otro, no era la gran cosa.

Pero una vez que unos cuantos padres comenzaron a involucrarse demasiado en la microgestión de las vidas de sus hijos, esos niños ganaron una ventaja competitiva. Sus padres les proporcionaron servicios de asistencia personal que asegurara que siempre iban a estar preparados para la escuela y sus actividades extracurriculares. Eso presionó a los "padres normales" a ayudar a sus hijos a ser también competitivos.

LOS PADRES CREEN QUE LOS ERRORES SON MALOS

Algunos padres piensan que evitar que sus hijos cometan errores les enseña la manera "correcta" de hacer las cosas sin tener que sufrir el dolor del fracaso. Y ese concepto tiene sentido algunas veces. Después de todo, no quieres dejar que tu hijo ponga su mano en la estufa para que aprenda que está caliente. Hacer eso podría dejar cicatrices de por vida. Pero para muchos padres, la noción de que los errores deben evitarse se extiende a todas las áreas de las vidas de sus hijos. Ellos trabajan duro para asegurarse de que su hijo saque cien en su tarea, no olvide ningún trabajo y siempre tenga su uniforme limpio para el juego.

Muy frecuentemente los padres desarrollan estas creencias en etapa temprana, durante su propia infancia. Una madre que fue ridiculizada cada vez que se equivocaba, podría trabajar duro para prevenir que sus hijos sintieran ese tipo de vergüenza. O un padre que cree que nunca alcanzó su potencial completo porque no tomó en serio la escuela, puede adoptar reglas rígidas sobre las tareas para evitar que sus hijos tengan un resbalón en sus deberes.

También pueden hacer suposiciones acerca de lo que los errores significan realmente. En vez de que el error sea algo que cometes, éste significa lo que eres. Si repruebas un examen, significa que eres estúpido. O si no eres contratado para un trabajo, significa que eres un perdedor. Con esta mentalidad no sorprende que algunos padres traten de prevenir que sus hijos cometan errores. Quieren evitarles el sufrir un serio golpe en su autoestima.

LOS PADRES NO QUIEREN SUFRIR LAS CONSECUENCIAS

Una vez trabajé con una madre que estaba desesperada porque su hijo aprendiera cómo manejar su ira. Seth tenía doce años y su temperamento era explosivo. Cada vez que su madre trataba de que hiciera sus quehaceres o le quitaba sus videojuegos por romper las reglas, él se enfurecía. Algunas veces amenazaba con romper cosas. Ocasionalmente aventaba objetos —como su celular— y una vez le dio un puñetazo a una puerta. Su madre tenía miedo de que fuera a romper algo cada vez que se enojara. Así que, para prevenir su conducta destructiva, lo apaciguaba cada vez que se molestaba.

Cuando le pregunté qué sucedería si no interviniera, ella me dijo: "Va a romper algo". Así que le pregunté qué pasaría si rompiera algo. Ella dijo: "Bueno, él tendría que ser el que lo arreglara". Como Seth no tenía dinero y no tenía ninguna destreza particular para arreglar cosas, asumía que sería de ella la responsabilidad de reparar todo daño que él hiciera.

La reté a que se hiciera a un lado cuando él se enojara y lo dejara romper algo. Si rompía sus pertenencias, dejarlo que viviera sin ellas. Si dañaba la propiedad de alguien más, responsabilizarlo para repararla. Eso significaría asignarle tareas extra para que pudiera ganar el dinero para reemplazar un objeto roto.

Había una buena probabilidad de que se rehusara a reparar algo que hubiera roto. Pero sería su trabajo el hacerle respetar las consecuencias y ayudarlo a aprender de sus errores.

En la semana, rompió el control remoto de la televisión de su cuarto. Su madre le había dicho que limpiara su cuarto y como no se desdijo cuando se enojó, aventó el control remoto al otro lado del cuarto y lo rompió.

Cuando ella se rehusó a comprarle un nuevo control remoto, Seth se molestó. Pero luego de varias semanas de tener que levantarse y caminar hasta la televisión para cambiar el canal, por primera vez él comenzó a sentirse motivado para aprender a manejar su ira. No quería romper cosas —especialmente las suyas— cuando se enojaba. Ahora que se le había permitido cometer errores cuando estaba enojado, él reconocía que tenía un problema.

Deja que tu hijo cometa errores bajo tu supervisión, es mejor para él aprender ahora importantes lecciones vitales, que más tarde en la vida cuando las consecuencias puedan ser más serias. Es necesario tener autocontrol para evitar interferir cuando tu hijo está a punto de cometer un error que podría costarle caro, pero ayudarlo a aprender de él requiere paciencia, tiempo y energía.

Enseñarle cómo aprender de sus errores para que no los repita, toma mucho más tiempo que sólo prevenir el error. Pero con tu apoyo, tu hijo puede convertir esos errores en valiosas lecciones vitales.

Evitar que los niños cometan errores les enseña que los errores son horribles

Taylor tenía problemas para tomar decisiones simples por sí misma porque su madre siempre había hecho todo por ella. No veía la conducta de su madre como intrusiva. En cambio, pensaba que eran un equipo. Pero la falta de independencia de Taylor podría conducirla a serios problemas cuando tratara de vivir por su cuenta.

A veces hay formas mucho más sutiles en las que los intentos equivocados de un padre de evitar errores pueden volverse problemáticos. Examínate cuando tu dirección cruce la línea entre lo útil y lo dañino.

LOS NIÑOS QUE NO COMETEN ERRORES PUEDEN SUFRIR LAS CONSECUENCIAS TODA SU VIDA

Algunos estudiantes se quedaron después de clase un día para hablar sobre los pasos necesarios para convertirse en un terapeuta. Cuando nuestra discusión llegaba a su fin, una estudiante se quedó hasta que todos los demás se habían marchado. Llevaba con ella el plan de estudios y me preguntó por mi opinión sobre las clases que podrían ser más provechosas para ella. Subrayó las que le sugerí y tomó notas mientras explicaba cómo ciertos cursos podrían ayudarle en su carrera.

Al final de nuestra conversación me agradeció y me preguntó: "Si olvido algo que me haya dicho, ¿podrían mis padres escribirle un correo electrónico? Ellos podrían tener algunas preguntas sobre en qué clases inscribirme".

Por un momento, pensé que estaba confundida acerca del proceso de inscripción. (A veces los estudiantes de 18 años olvidan temporalmente que ahora son ellos los que se deben hacer cargo de hacer sus trámites.) Le recordé que ella podía inscribirse en línea y que no necesitaba el permiso de sus padres. Ella me contestó: "Oh, lo sé. Pero mis padres quieren tomar la decisión final para asegurarse de que me inscriba en los cursos correctos".

No conozco a los padres de esta muchacha, pero supongo que siempre se han esforzado para evitar que cometa errores en muchas áreas de su vida. Y ahora que era un adulto, todavía estaban a cargo. Y ella parecía contenta de dejarlos hacerlo.

Eso no quiere decir que no tuvieran nada que ver en su carrera universitaria, especialmente si son los que pagan las cuentas. Rehusarse a pagar $60 mil dólares al año para que tu hijo estudie historia del arte es una cosa, pero microgestionar su horario de materias es otra. La estudiante estaba convencida de que sus padres tenían que tomar las decisiones por ella, porque tenía miedo de cometer un error si la dejaban decidir por sus propios medios. Si tú le enseñas a tu hijo que los errores deben ser evitados —y tú eres el que los evita—, tendrá problemas para tomar decisiones cuando no estés cerca. Tendrá miedo de tomar riesgos y salir de su zona de confort.

Irónicamente, sin embargo, la mayoría de los padres helicóptero piensan que le hacen un gran servicio a sus hijos. Piensan que los enviarán a la universidad con una ventaja competitiva. También asumen que han reducido el estrés de sus hijos al evitarles tropiezos embarazosos y costosos. Pero los estudios muestran que los padres que evitan que sus hijos cometan errores les están haciendo daño.

Las investigaciones dicen que a los niños a los que no se les permite cometer errores sufren:

- **Tasas más altas de problemas mentales.** Un estudio de 2014 de la Universidad de Mary Washington, en Virginia, encontró que los estudiantes universitarios con padres helicóptero eran más propensos a deprimirse y a estar menos satisfechos con sus vidas.
- **Mayor posibilidad de que les prescriban medicación siquiátrica.** Un estudio de 2011 conducido por investigadores de la Universidad de Tennessee, en Chattanooga, encontró que los estudiantes universitarios cuyos padres sobrevolaban sobre ellos, tenían más probabilidades de tomar medicamentos para la depresión y eran más propensos a consumir analgésicos de forma recreativa.
- **Baja capacidad de funciones ejecutivas.** Un estudio de 2014 de la Universidad de Colorado descubrió que las personas que

son criadas en ambientes altamente estructurados, con pocas oportunidades de tiempo libre, carecen de las habilidades necesarias para administrar sus recursos y a sí mismos de manera que los ayuden a alcanzar sus metas. Carecen de control mental y destrezas de autorregulación.

- **Riesgo incrementado de problemas de salud física.** Un estudio de 2016 de la Universidad Estatal de Florida encontró que los adultos jóvenes con padres helicóptero tenían más probabilidades de tener problemas de salud física. Esto es muy probablemente porque carecen de las habilidades para cuidar de su salud por sí mismos. Si sus padres no están ahí para decirles qué comer, cómo ejercitarse y cuándo irse a dormir, tal vez les cueste cuidar sus cuerpos.

LOS ERRORES SON GRANDES MAESTROS

Una tarde de lunes recibí una llamada de una madre en mi consultorio en la secundaria. Había estado trabajando con su hijo Mason por unas cuantas semanas para ocuparnos de algunos problemas de interacción social, pero ahora su madre estaba preocupada por sus calificaciones.

Sus calificaciones de mitad de semestre revelaban varios ceros en las tareas. La madre de Mason estaba confundida sobre cómo podría haber sucedido eso. Todas las noches se sentaba con él y lo ayudaba con su tarea. Estaba tan confiada de que estaba haciendo su trabajo que rara vez revisaba el portal en línea para ver sus calificaciones.

Le recomendé que hablara con los profesores —y con Mason— para llegar al fondo de ello. Y acepté hablar con Mason un poco más tarde ese día. Cuando llegó a mi consultorio para su cita, le dejé saber que su madre había hablado preocupada. Él me dijo: "Oh, sabía que se iba a enojar cuando viera mis calificaciones". Admitió que le faltaba una buena cantidad de tareas. Dijo que olvidó llevar de regreso a casa su libro de ciencias. Sin él, no podía hacer su tarea. Sabía que su madre se enojaría por su irresponsabilidad, así que le dijo que no tenía tarea de ciencias para esa tarde.

Tampoco había terminado un proyecto importante para estudios sociales. Había estado posponiéndolo. Al acercarse la fecha de entrega, le dio miedo decirle a su madre que había dejado todo hasta la última semana. Así que simplemente no lo hizo porque no quería que se enojara. Me dio ejemplos de contratiempos que había tenido en cada materia. Me dijo que a medida que el semestre avanzaba, sintió como si sus problemas se acumularan y se estaba hundiendo más y más profundo. Pero no se atrevía a decirle a su madre que estaba atrasado con su tarea. Él comentó: "Ella me diría que estoy siendo irresponsable y realmente se enfurecería. Así que pensé que lo mejor sería no decirle nada".

Como muchos chicos a los que se les ha enseñado que "los errores se deben prevenir", Mason puso más energía en esconder sus errores que en aprender de ellos. Su madre había gastado tanto tiempo concentrándose en la importancia de hacer todo bien, que él no estaba seguro de qué hacer si hacía algo mal.

Cuando a los niños se les da el mensaje de que los errores son malos —ya sea que piensen que los errores son incómodos o no quieren que alguien más esté molesto—, se hacen expertos en encubrirlos. Pero a menos que acepten sus errores, nunca aprenderán de ellos.

Qué hacer en su lugar

María había evitado que Taylor cometiera errores hasta el punto en que ella estaba inmovilizada para tomar la más mínima decisión sobre ella misma. Para componer la situación, María tuvo que retroceder y permitir a Taylor tomar decisiones por ella misma. Aun cuando estuviera en desacuerdo con la decisión que tomara Taylor, tenía que dejar que sucediera. Pero tenía que asegurarse de que le estaba dando a Taylor las destrezas emocionales y cognitivas que necesitaba para manejar los errores. Como una adolescente que no estaba acostumbrada a algún tipo de traspié, Taylor necesitaba resiliencia. Su madre tenía que enseñarle cómo recuperarse de sus errores.

Afortunadamente, María se convirtió en un buen modelo en este sentido. Le dijo a Taylor: "Cometí el error de hacer todo por ti. Ahora te tengo que enseñar que hay algunos errores que tienes que cometer por ti misma".

No basta con sólo dejar que tu hijo cometa errores. Tienes que darle las habilidades que necesita para aprender de ellos.

EXAMINA CÓMO VES TU PAPEL COMO PADRE

Tómate un minuto para pensar sobre el papel que tienes como padre. Si tuvieras que resumir todos tus deberes en una oración, ¿qué dirías?

Si ves tu papel más como un protector, tu meta será ayudar a que tu hijo sobreviva. Si vez tu papel más como un guía, tu meta debe ser ayudar a que tu hijo prospere. Los padres que se ven a sí mismos como protectores tienden a prevenir que sus hijos cometan errores. No quieren que les suceda nada malo. Los padres que se ven a sí mismos como guías saben que los errores les ayudan a los niños a aprender. Están dispuestos a dejar a sus hijos hacer su propio camino en el mundo y no tratan de definir lo que es el éxito por ellos.

No importa cómo veas tu papel, habrá ocasiones en las que posiblemente has evitado que tu hijo cometa errores, ya sea porque querías evitarte el dolor o querías proteger a tu hijo. Pasa un tiempo pensando en el tipo de errores que pudieron ser oportunidades de aprendizaje.

Considera cómo podrías responder a los siguientes escenarios:

- Tu hija de seis años sale de su cuarto vistiendo un atuendo que no combina. Es lo suficientemente brillante y atrevido y definitivamente va a atraer la atención. ¿La dejas que lo lleve a la escuela o la ayudas a encontrar otra cosa que ponerse?

- Tu hijo de diez años orgullosamente te muestra su proyecto para la feria de ciencias. Se supone que es un volcán, pero más bien parece una masa amorfa y realmente no hace erupción. ¿Lo dejas que use ese proyecto o le ayudas a construir un volcán mejor?
- Tu hijo de 15 años te presenta a su nueva amiga. Has escuchado a otros padres hablar de esta chica, que es conocida por ser poco respetuosa con los padres y los maestros. ¿Le dirías a tu hijo adolescente que no puede verla fuera de la escuela o lo dejarías frecuentarla?

Tú conoces mejor a tu hijo, así que no siempre hay una sola respuesta clara para contestar. Pero es esencial estar consciente de las razones detrás de tus elecciones y preguntarte: "¿Es esto lo mejor para mi hijo en el largo plazo?"

PREVENIR ERRORES DOLOROSOS

Por supuesto, no todos los errores hacen buenos maestros. Hay momentos en los que debes intervenir y evitar que tu hijo cometa errores que podrían ser realmente dañinos para ti o para otras personas.

Aquí hay tres tipos de errores que deberías evitar:

- **Errores que plantean un riesgo de seguridad.** Si tu hijo pequeño está acercándose mucho a la orilla de la piscina, no dejes que aprenda su lección del modo difícil. Intervén antes de que se caiga. Similarmente, no te hagas de la vista gorda si tu hijo adolescente fuma, bebe o toma anfetaminas con la esperanza de aprender su lección. Podría morir por sus errores antes que aprender de ellos.
- **Errores que perjudican a otras personas.** Si tu hijo te dice que le va a decir a algunos niños que no los invitó a su fiesta de cumpleaños, no dejes que lo haga. Igualmente, debes intervenir si ves

o escuchas que tu hijo adolescente está publicando comentarios provocativos u ofensivos en Facebook.

- **Errores que no le enseñan una lección a tu hijo.** Si tu hijo no sufre ninguna consecuencia negativa, probablemente no verá su conducta como un error. Pero sólo porque algo salió bien no significa que sea una buena idea. Si saltó de un puente y no se lastimó, tal vez piense que deba hacerlo nuevamente. Explica que sólo porque salió bien, no quiere decir que haya sido una buena idea.

RESISTE LA TENTACIÓN DE INTERVENIR

El encuentro más extraño que he tenido con un padre helicóptero, no fue en mi consultorio o en la universidad en donde enseño. Fue a través de mi trabajo como escritora.

Estaba escribiendo un artículo para *Forbes*, que por coincidencia se titulaba "10 CEOs nos dan sus mejores consejos para convertir errores en oportunidades de aprendizaje". Había buscado CEOs para conocer sus sabios consejos. Pero antes de terminar el artículo, quería algunas recomendaciones más de dueños de negocios.

Así que hice una consulta general invitando a otros CEOs a mandarme sus mejores consejos. Uno era de un joven llamado Mark, que decía que era director ejecutivo de una compañía de confección que él mismo había creado. Su recomendación era un poco redundante, comparada con las otras que tenía, así que la hice a un lado. Unos días más tarde, recibí un correo electrónico que nunca olvidaré. Decía: "Mark no ha recibido aún respuesta de usted con referencia a ser incluido en su artículo en *Forbes*. Así que estoy agregando algunos consejos más en caso de que su consejo no fuera lo que usted estaba buscando". Era de parte de la madre de Mark.

Por un lado, este joven estaba tratando de presentarse como un CEO competente. Y al mismo tiempo su madre estaba mandando el mensaje que él era tan incompetente, que ella tenía que esconderse a sus espaldas para prevenir que fracasara.

Aunque el caso de Mark es un caso extremo, muchos padres hacen cosas similares con sus hijos, corrigiendo su tarea cada día. Y mientras es sano apoyar los esfuerzos académicos de tu hijo, muchos padres no sólo están indicando errores, ellos los están fijando porque no pueden tolerar pensar que sus hijos vayan a la escuela con errores en sus tareas.

Fijar los errores de tu hijo muestra que estás más preocupado por sus calificaciones, que con su habilidad de aprender. Y puede llevar a que los niños crean que el éxito se define por su calificación final o el marcador en el partido, independientemente de lo que hayan aprendido en el proceso.

Mientras algunos niños necesitan mucho apoyo para mantenerse en la tarea, la mayoría necesita un pequeño espacio. Y darles un poco de libertad con su trabajo puede ser bueno para tu relación. Más que ser visto como el supervisor quisquilloso con grandes exigencias, puedes ser el jefe que apoya y ofrece guía.

CONVIERTE LOS ERRORES EN OPORTUNIDADES DE APRENDER

Connor, de doce años, continuaba metiéndose en problemas por pelear en la escuela. Pero su padre estaba más preocupado por la política de disciplina de la escuela que por enseñar a Connor cómo manejar mejor los conflictos. Él arreglaba reuniones en la escuela, escribía cartas y despotricaba en redes sociales sobre su descontento con el director. Cuando la escuela le recomendó a Connor buscar una terapia, su padre aceptó. Pero su intención era usar la terapia de Connor como una oportunidad para quejarse de la escuela. Él preguntó cosas como: "¿Acaso piensa que la suspensión fue justa?" Y me comentó sobre la conducta de un maestro y preguntó: "¿No parece como si el maestro estuviera provocando a Connor a propósito?"

Nunca preguntó una vez cómo ayudar a Connor a manejar su problema de ira. En lugar de enseñarle formas socialmente apropiadas de resolver sus problemas, el padre de Connor le estaba enseñando que la escuela era un lugar injusto. No sorprendía que la conducta del niño estuviera empeorando, en lugar de mejorar.

Veo este tipo de padres con frecuencia. Ponen su energía en el lugar equivocado. Más que enseñar a su hijo una lección importante, ellos se convierten un ferviente defensor. Puede ser difícil escuchar comentarios negativos sobre tu hijo. Pero ponerte defensivo y tomar la crítica como algo personal no ayuda en nada. Y no le ayudará a aprender a tu hijo.

Si bien abogar por nuestro hijo puede ser saludable, también es importante que tu hijo enfrente las consecuencias cuando comete un error. Si constantemente lo rescatas, le estás haciendo un flaco favor. Enseña a tu hijo que los errores son inevitables y mientras pueden tener consecuencias, cada resultado ofrece una oportunidad para aprender.

Cómo enseñar a los niños sobre el error

La madre de Taylor, María, tuvo que darle a Taylor las habilidades que la ayudaran a recuperarse de los errores. Ella le tuvo que enseñar que cometer errores no era horrible y que podía tomar medidas para manejarlos y aprender de ellos. Con práctica y guía, Taylor aprendió a tomar decisiones sanas por sí misma. Cuando hacía una mala elección o sus decisiones no salían tan bien, ella aprendió que no era un desastre y que podía continuar trabajando para alcanzar sus metas.

Enseña a tu hijo que es mentalmente fuerte para enfrentar sus errores de frente. Enséñale a admitir sus fallas y continuar lo mejor posible.

REALIZA UN INTERROGATORIO CON TU HIJO

Es fácil decir cosas como: "¡Buen trabajo en el recital!", o "Tu trabajo para la feria de ciencias fue un éxito", y luego seguir con tu día. Pero las conversaciones que tienes con tus hijos sobre los hechos en sus vidas pueden ayudarles a aprender más que los eventos mismos. Algunos estudios nos muestran que revisar los eventos provoca el aprendizaje, independientemente del resultado. Por ello es importante invertir tiempo para hacer que las elecciones de tu hijo sean una oportunidad para aprender. Ésta es la forma en que podemos hacer efectivas estas conversaciones:

> **Cuando tu hijo tiene éxito:** Comenta áreas en las que puede mejorar. Reconocer errores es clave para retarlo a mejorar para la próxima vez. Pero asegúrate también de felicitarlo por lo bien que lo hizo. Concentrarse mucho en sus errores puede ser contraproducente.
>
> **Cuando tu hijo falla:** No importa si hablas de lo positivo o de lo negativo. Lo que importa es que hables acerca de ello. Así que pregunta a tu hijo qué es lo que aprendió y cómo piensa que le fue. Aunque hablar sea lo último que tu hijo desea hacer cuando se equivoca, este diálogo puede convertir una oportunidad fallida en una para aprender.

Más que señalar los errores de tu hijo, pídele que te reseñe su actuación. Ve si está contento en cómo lo hizo y observa si puedes ayudarlo a descubrir formas nuevas para hacerlo aún mejor la próxima vez.

Padre: Puedo decir que realmente te esforzaste mucho durante el jugo de baloncesto. ¿Cómo piensas que te fue?

Hijo: Creo que hice un buen trabajo.

Padre: ¿Qué crees que fue lo que hiciste especialmente bien?

Hijo: Anoté cuatro puntos y jugué realmente una buena defensa.

Padre: Noté que estabas trabajando realmente fuerte en la defensa. ¿Hay algunas cosas que te gustaría hacer diferente la próxima vez o algunas en las que te gustaría trabajar para hacerlo todavía mejor?

Hijo: Bueno, no anoté mis dos tiros de faul y se me olvidó una de las jugadas.

Padre: ¿Cómo crees que podrías mejorar esas cosas?

Hijo: Puedo practicar más mis tiros de falta en el patio trasero. Y tal vez puedo revisar las jugadas en un papel para ver si puedo recordarlas todas.

Enseña a tu hijo a celebrar las oportunidades de aprendizaje, ya sea que haya alcanzado sus metas o no. Rétalo a que aspire a mejorar, al tiempo que le muestras que debe estar orgulloso de su esfuerzo, siempre y cuando haya hecho su mejor esfuerzo.

HABLA SOBRE TUS ERRORES

Los niños aman las historias sobre fracasos y errores, así que platica sobre los errores que hiciste de niño y las veces que te equivocaste. Indica cómo te recuperaste de tus errores y por qué está bien que no hayas sido perfecto.

Ya sea que hayas anotado un gol para un lado equivocado o que fueras eliminado en la primera ronda del concurso de deletreo, comparte esos recuerdos tempranos. Pero asegúrate de que la historia no tenga un desenlace desastroso como, "y esa mala calificación impidió que me aceptaran en Harvard". En cambio, di cosas como: "Me sentí muy mal en ese momento. Pero al final no fue tan importante" o "Ahora me doy cuenta de que no hubiera importado realmente si no hubiera ganado la feria de ciencias. Lo que fue más importante fue que hice mi mejor esfuerzo".

Y también comparte historias de errores recientes. Di: "Saludé a alguien hoy y por accidente lo llamé por un nombre equivocado", o "Se me olvidó la reunión a la que quería ir esta noche. Voy a tener que llevar mejor mi agenda". Muestra a tu hijo que puedes continuar siendo una obra sin acabar y que estás a gusto sabiendo que no eres perfecto.

Enseña a los niños de preescolar que dejen volar su imaginación

Los niños de preescolar se entusiasman por aprender y explorar, por lo que puede ser tentador tratar de apresurar ese aprendizaje corrigiendo constantemente sus errores. Pero intervenir demasiado puede aplastar la imaginación y creatividad de tu hijo. Veo esto frecuentemente cuando los niños juegan con los juguetes que tengo en mi consultorio.

Algunos padres no pueden soportar ver al niño poner la tina en el techo de la casa de muñecas. Ellos dirían: "No, la tina va en el baño". O si su hijo está dibujando un elefante púrpura, le dirían: "No, los elefantes son grises, no púrpura. Toma, usa este crayón en su lugar". Pero estas cosas no son errores. Son sólo ejemplos de la imaginación vívida de los niños de preescolar. Y hay que aceptarlo: los niños son mucho más creativos que la mayoría de nosotros los adultos.

Es muy posible que tu hijo sepa que los elefantes son grises y que las tinas van en el baño —al menos en el mundo de los adultos, así que no hay razón de convertir el tiempo de juego en clases obligatorias. No hay errores en el juego de la imaginación. Está bien jugar con unicornios mágicos: la gente puede volar y animales coloridos que pueden hablar. Es casi como si fueras un locutor de radio diciendo: "Estás poniendo el caballo en el barco. Y mira eso, el cerdo está viendo televisión en el granero".

La mayoría del tiempo los errores que debes corregir durante los años de preescolar deben estar centrados en la seguridad y las habilidades sociales. Evita que tu hijo salga corriendo a la calle y corrígelo cuando diga algo que pueda herir los sentimientos de alguien más.

Deja que tu niño de preescolar haga cosas que son difíciles para él. Aun cuando tire la leche o se ponga los zapatos en el pie equivocado, cometer esos errores le pueden ayudar a aprender.

Enseña a niños de edad escolar a ser pensadores críticos

Solía haber una creencia ampliamente compartida de que no debíamos dejar a los niños cometer errores porque la respuesta errónea quedaría grabada para siempre en sus cerebros y tendrían problemas para aprender la correcta. Así que más que preguntarle a la clase: "¿Cuántos son 5 + 5?", el maestro diría "5 + 5 = 10". Pero estudios muestran que lo opuesto es verdadero. Los niños recuerdan más cuando les dan la oportunidad de encontrar una respuesta por sí mismos. Aun cuando ofrezcan una respuesta equivocada, tendrán más oportunidades de recordar la respuesta correcta más tarde.

Darles a los niños las respuestas afecta su habilidad para aprender. Ya sea que tu hijo esté trabajando en su tarea de matemáticas o esté tratando de reparar su bicicleta, dejarlo cometer algunos errores es bueno para él. Él necesita ser retado para hacer cosas por sí mismo para que pueda desarrollar habilidades básicas, como el pensamiento crítico y la solución de problemas. Así que retrocede un paso cuando tu hijo no sepa la respuesta. Y recuerda que sólo porque pida tu ayuda, no quiere decir que sea una buena idea ayudar.

Aliéntalo a intentarlo de nuevo o dile: "Trata de resolverlo primero por ti mismo". Muéstrale que realmente quieres que lo intente, aun si no lo hace bien.

Hazle preguntas cuando se encuentra con problemas. Aquí hay un ejemplo:

Hijo: Mamá, me iba a poner la camisa roja que va con esos shorts, pero mi camisa está en la ropa sucia.

Madre: ¿Entonces qué es lo que piensas que puedes hacer?

Hijo: No lo sé.

Madre: Bueno, apuesto a que se te pueden ocurrir un par de ideas.

Hijo: Creo que podría ponerme una camisa diferente. O podría ponerme mis jeans con la camisa naranja de botones.

Madre: La camisa naranja con botones y jeans me parece una gran idea.

Apresurarte y dar consejos impide a tus hijos aprender a resolver problemas. Déjalo identificar algunas soluciones por sí mismo. Luego, cuando sea necesario, provee guía, pero recuerda que está bien dejarlo cometer algunos errores a lo largo del camino

Enseña a los adolescentes a luchar en contra de la presión social para verse perfectos

Los adolescentes experimentan una relación de estira y afloja, entre el deseo de pertenecer y la necesidad de destacar. Muchos sufren la presión de enmascarar sus errores e imperfecciones, temiendo que serán juzgados duramente. Esta idea de que te debes ver bello, tener un calendario social repleto y ser un atleta estrella usualmente se da en las redes sociales.

Si no quieres que tu hijo adolescente ventile la ropa sucia en las redes sociales, déjale claro que puede admitir sus errores. Y algunas veces ser capaz de reírse de sí mismo puede ayudarle a ver que unas pocas equivocaciones no son realmente algo que le vaya a cambiar la vida.

Tu hija puede publicar una fotografía sudando con un comentario que diga: "Creo que no debí haber usado una sudadera en un día tan caluroso", o compartiendo una imagen de su rodilla raspada con un comentario que diga: "Tal vez usar tacones altos no es siempre una buena idea", pueden ayudar a ver que está bien aceptar sus errores. De hecho, es posible que sus compañeros se sientan atraídos por ese tipo de transparencia.

Mantén conversaciones regulares con tu hijo acerca de la importancia de ser auténtico. Habla sobre cómo algunas personas tratan de enmascarar su debilidad y cubrir sus errores y señala que hacerlo puede interferir con su habilidad para tener relaciones genuinas. También puedes comentar fracasos famosos. Habla de personas como Thomas Edison. Aunque él es famoso por los inventos que funcionaron, inventó muchas cosas que fueron fracasos totales. Como dijo famosamente: "No he fallado diez mil veces, he encontrado exitosamente diez mil soluciones que no funcionan".

De la misma forma, Walt Disney falló muchas veces antes de ser exitoso. Muchas de sus caricaturas, como Mickey Mouse, fueron rechazadas por años y pocas de sus ideas eran populares. Busca más ejemplos de deportistas, empresarios, músicos y otras figuras históricas que se hayan recuperado exitosamente de sus fracasos.

Los niños que aprenden de sus errores se convierten en adultos sabios

Criado en Minnesota, mi esposo Steve jugó hockey cuando era niño. Un día cuando estaba en el tercer grado, llegó a casa después del entrenamiento y dijo: "¡Papá, no me caí ni una sola vez!" Su padre, Rob, le respondió: "Bueno, supongo que no te esforzaste mucho, entonces". Eso ayudó a Steve a ver desde una edad temprana que los errores no eran algo malo. En cambio, servían como prueba de que estaba tratando de alcanzar su mayor potencial.

Rob también le enseñó a la hermana de Steve, Cari, que los errores no eran tan malos. Cuando se cambió a una cama de "niña grande", sus padres estaban entusiasmados. Pero a Cari la asustaba caerse. Más que poner rieles en la cama o asegurarle que no se caería, Rob le dio una "práctica-de-caída-de-la-cama". Puso almohadas en el piso e hizo que Cari se cayera de la cama a propósito. Este ejercicio le enseñó que, si se caía por equivocación, ella estaría bien.

Cuando dejas que tu hijo cometa un error, le das la posibilidad de construir fortaleza mental. Cometer un error agita emociones incómodas y puede llevar a pensamientos negativos y conducta improductiva. Pero también puede ser la oportunidad de tu hijo para levantarse y volver a intentarlo. Al guiar a tu hijo cuando cometa errores, le enseñarás cómo convertir esos errores en lecciones vitales valiosas que llevará hasta la edad adulta.

Las personas mentalmente fuertes no repiten los mismos errores una y otra vez. Aceptan sus pasos en falso y aprenden de ellos. Entonces, toman ese nuevo conocimiento y siguen adelante, mejores que antes.

Soluciones y trampas comunes

Si bien es importante enviar el mensaje de que está bien cometer errores, también es importante no dejarlos salir del paso por mala conducta diciendo solamente: "Oh, perdón. No quería hacerlo". Claramente, hay una gran diferencia entre que te pisen el dedo gordo del pie por accidente, y tirar a su hermano de las escaleras. Marca la diferencia entre errores y decisiones deliberadas. Y no dejes a tu hijo crecer creyendo que las disculpas siempre arreglan los errores. A veces los errores pueden causar daño irreversible a las relaciones en la vida de las personas.

A veces es tentador estar centrado en los errores que se relacionan con las actividades académicas o atléticas. Una mala nota o un partido perdido pueden ser una clara señal para mejorar. Pero muchos errores son sociales y enseñar a tu hijo cómo reconocerlos y recuperarse de ellos resulta crucial.

Habla con tu hijo acerca de las interacciones con otros niños. Cuando vayas al parque, des una fiesta de cumpleaños o atiendas una fiesta familiar, platica extensamente sobre esos eventos.

Señala errores que lastiman los sentimientos de otras personas. Y recuerda que no siempre lo que *hace* tu hijo es un error, también lo que *no hace*. No incluir a un niño en un juego o no intervenir cuando otro está siendo molestado también son errores que debes tratar.

Otra trampa común es el fenómeno te-lo-dije. Si tu hijo no se pone la chamarra, no le digas: "Te dije que hacía frío", cuando regrese a ponerse algo más. En su lugar pregúntale qué fue lo que notó o qué aprendió de la experiencia o qué podría hacer diferente la próxima vez, pero no lo traigas a colación. Recordarle que tú tenías razón y él estaba equivocado enfatiza el error. Quieres que tu hijo aprenda de la experiencia, no que se sienta avergonzado por su causa.

Finalmente, cerciórate que tu hijo no esté haciéndose dependiente de ti para arreglar sus errores. He visto a niños que se apuran con sus tareas porque están seguros de que sus padres les dirán si cometieron algún error por descuido. Perdieron su incentivo para buscar sus propios errores antes de entregar su trabajo. Así que antes de asegurarle a tu hijo que vas a corregir sus cosas, pregúntale: "¿Estás seguro de que revisaste tu tarea?" y déjalo buscar sus errores.

LO QUE ES ÚTIL

* Conocer el tipo de errores que debes evitar
* Establecer las consecuencias cuando tu hijo no aprenda de las consecuencias naturales o de sus errores

* Reconocer la diferencia entre un error y una decisión deliberada
* Interrogar a tu hijo sobre sus éxitos y sus fracasos
* Enseñar a tu hijo a convertir sus errores en oportunidades de aprendizaje
* Hablar de tus errores y dar a tu hijo ejemplo de fracasos famosos
* Ver tu papel como el de un guía

LO QUE NO ES ÚTIL

* Dejar que tu hijo falle sin la guía apropiada
* Concentrarte en el resultado, más que en el proceso de aprendizaje
* Evitar errores para apresurar el camino de tu hijo al éxito
* Mandar el mensaje de que los errores son malos
* Ver tu papel como el de un protector

No confunden la
disciplina con el castigo

Jeff y Heidi trajeron a Dylan, su hijo de once años, a terapia porque esta-
ban exasperados con su conducta. Aunque siempre se había portado mal, su
rebeldía se había intensificado con la edad. Y ahora se rehusaba a escuchar
y las consecuencias parecían no afectarle.

Jeff y Heidi estaban tan ansiosos por ofrecer ejemplos de la mala conduc-
ta de Dylan que hablaban al mismo tiempo. Decían que Dylan se rehusaba
a hacer quehaceres, discutía sobre la hora de irse a acostar y constantemente
peleaba con su hermano. Heidi mencionó: "Aquí tengo un ejemplo de hoy
en la mañana. Derramó su jugo de uva en la alfombra. Se supone que no
debe llevar bebidas a la sala. Así que, en lugar de pedir ayuda para lim-
piarlo, sólo le puso una silla encima a la mancha".

Tan pronto como terminó su ejemplo, Jeff agregó: "Y ayer le dije que
no se podía levantar de la mesa hasta que hubiera terminado con su tarea.
Me di la vuelta por un minuto y ya había ido al cuarto de su hermano y
tratado de tomar uno de sus videojuegos portátiles. Lo atrapé antes de que
tuviera oportunidad de robárselo".

Cada vez que se portaba mal, le quitaban algo que le gustaba y le de-
cían que lo podría recuperar una vez que probara que podía "ser bueno".
Pero nunca se portaba bien el tiempo suficiente para recuperar nada. Así

que, lentamente, cada privilegio desapareció. "Tiene una cama con algunos cobertores en su cuarto, pero eso es todo hasta este momento. Tuvimos que quitarle todo lo demás", explicó Jeff. Dylan no tenía permitido usar ningún aparato electrónico y no podía ver a sus amigos fuera de la escuela.

Heidi dijo: "Solíamos darle nalgadas, pero ya se está poniendo muy grande para eso, así que no sabemos qué más hacer". Jeff intervino y comentó: "Mi padre solía usar el cinturón conmigo. Le sigo diciendo que tiene suerte que no lo haga con él. Pero tal vez tenga que hacerlo si no se compone".

Dylan miró el piso en silencio todo el tiempo que sus padres estuvieron hablando. Para involucrarlo en la discusión, le pregunté si había tenido problemas en la escuela: "No, realmente". Heidi dijo que ocasionalmente el maestro lo había regañado por hablar en clase y que se había tenido que quedar pocas veces en el recreo porque no había terminado la tarea, pero que nunca había requerido ninguna medida disciplinaria seria. Le pregunté a Heidi y a Jeff por qué creían que se portaba tan bien en la escuela y Heidi dijo: "Creo que le gusta la escuela, así que se comporta ante los profesores".

Después de una evaluación minuciosa, le expliqué a Jeff y Heidi que Dylan no tenía depresión, ansiedad, TDAH o ningún otro problema de salud mental. Y al principio, estaban decepcionados. Querían descubrir un problema subyacente o una "causa de raíz" para su conducta. Pero les expliqué que las buenas noticias eran que con unos ajustes a su práctica de crianza era posible que pudiera cambiar su conducta. Y estaban lo suficientemente desesperados para intentar cualquier cosa, así que aceptaron.

Había dos problemas principales que quería tratar:

1. **Dylan tenía pocos incentivos para seguir las reglas.** Sus padres le quitaron todo y no fueron claros en lo que necesitaba para que le regresaran sus cosas. Así que había dejado de intentarlo.
2. **Heidi y Jeff tenían una visión negativa de Dylan y eso estaba afectando su crianza.** Lo etiquetaron como un "niño malo", así que esperaban que se portara mal todo el tiempo.

Y había tres cosas que les recomendé para que trataran esos problemas:

1. **Pasar tiempo de calidad con Dylan.** Al principio insistieron en que no iban a jugar o hacer cosas divertidas con Dylan porque no se podía comportar. Pero les sugerí que pasaran tiempo positivo con él para que pudiera motivarse para comportarse mejor. Sólo quince minutos de atención completa por día jugando con la pelota o juegos de mesa podrían mejorar su conducta.

2. **Atrapar a Dylan siendo bueno.** Los alenté a que lo elogiaran por cualquier conducta buena que vieran, sin importar lo pequeña que fuera. Entonces para un refuerzo extra, deberían decir cosas buenas de Dylan entre sí o a la abuela o a alguien cuando Dylan estuviera escuchando. Si podía escuchar que sus padres decían que se estaba comportando bien, estaría más motivado para continuar con su buen trabajo.

3. **Dar a Dylan la oportunidad de comenzar de nuevo cada día.** Para ayudar a Dylan a estar motivado, necesitaba saber que podía ganar privilegios cada día. Si había tenido un buen día en la escuela, podía ver la televisión. O si había hecho su tarea, podía jugar con la computadora.

Heidi y Jeff esperaban que se necesitarían castigos más fuertes que realmente le "enseñaran a Dylan una lección". Pero cambiar sus interacciones con él y usar disciplina, en lugar de castigos, ayudó a cambiar su conducta.

Jeff pensó que la atención positiva que le estaban dando a Dylan era la intervención más efectiva de todas. Muchos de los problemas de conducta de Dylan surgían de sus intentos de ganar su atención (aun cuando fuera negativa). Tan pronto como le empezaron a dar dosis diarias de atención, se comportó mal con menos frecuencia.

Lentamente Heidi y Jeff tuvieron confianza en la habilidad de Dylan para hacer mejores elecciones. Y una vez que tuvieron confianza de que podía seguir las reglas, Dylan ganó confianza en sí mismo.

¿Aplicas castigos severos?

Es importante darle a tu hijo consecuencias efectivas cuando rompe las reglas. Pero aplicar castigos severos puede ser contraproducente. ¿Respondes positivamente a alguna de las siguientes afirmaciones?

- Trato de avergonzar a mi hijo para que se comporte.
- Me concentro en controlar a mi hijo, más que en enseñarlo a controlarse a sí mismo.
- Tengo una política de tolerancia cero ante el mal comportamiento.
- Castigo la mala conducta más que recompensar la buena conducta.
- Usualmente le digo a mi hijo: "¡Porque así lo digo yo!", cuando pregunta las razones sobre las que se basan mis reglas.
- No confío en que mi hijo tome buenas decisiones.
- Mi hijo miente para salir de problemas.
- Uso castigos corporales como mi forma principal de disciplina.
- Pienso que hacer sufrir a mi hijo por su mala conducta es la mejor forma de hacerlo mejor.
- Cuando estoy enojado digo o hago cosas a mi hijo de las que luego me arrepiento.

Por qué los padres confunden la disciplina con el castigo

Heidi y Jeff pensaron que tenían que dar castigos severos para lograr que Dylan mejorara su conducta. Mientras peor se hacía su comportamiento, más severos se hacían los castigos. Y quedaron atrapados en un círculo vicioso que parecía imposible de romper.

Encontrar consecuencias que enseñen, en lugar de consecuencias que castiguen puede ser complicado algunas veces. Sin embargo, cuando tienes problemas para reconocer la diferencia es posible que empeores las cosas.

LOS PADRES CREEN QUE LOS CASTIGOS FUNCIONAN MEJOR

Casi todos los días escucho a padres decir cosas como: "Ya no puedes castigar a los niños", o "Esto es lo que está mal con el mundo. No puedes castigar a los niños sin meterte en problemas". Tal vez escuchas esas cosas también. O tal vez eres uno de esos individuos que dice esas cosas. Estoy de acuerdo en que muchos de los niños actualmente no tienen suficiente disciplina. Pero no creo que la solución sea una disciplina más severa. Pienso que se trata de la disciplina más adecuada.

Hay una gran diferencia entre el castigo y la disciplina. La disciplina se ocupa de entrenar y enseñar a tu hijo de manera que lo prepare para el futuro. Sin embargo, el castigo se dedica a infligir una pena que causa sufrimiento.

Los castigos se enfocan en el error. Sirven para hacer que el niño se sienta mal por su mal comportamiento. La disciplina, por otro lado, le enseña a hacerlo mejor la siguiente vez.

Los castigos pueden ser físicos, como cachetadas, nalgadas o golpes aplicados con objetos. Pero el castigo también puede ser verbal, como gritar, insultar o humillar.

La humillación o la vergüenza públicas también caen en la categoría de los castigos. Anunciar en Facebook que tu hijo reprobó todas sus materias en su boleta de calificaciones para avergonzarlo constituye un castigo.

LOS CASTIGOS A VECES SURGEN DE LA DESESPERACIÓN

Cuando un lagarto se llevó a un niño de dos años de una playa del Walt Disney World en la primavera de 2016, la gente alrededor del mundo opinó sobre si los padres del niño eran "malos padres". Unos padres que acababan de perder a su hijo en un horrible accidente eran atacados por gente que insistía en que ellos nunca serían tan "negligentes" como ellos. Esa noticia vino inmediatamente después del incidente en que un niño cayó en la jaula de un gorila en el zoológico de Cincinnati. Lamentablemente, el gorila fue abatido por el personal del zoológico que temía que al niño lo pudiera matar el animal. El niño escapó del incidente sin ninguna herida grave.

Mientras el video del incidente se hacía viral, las redes sociales se veían inundadas con comentarios acerca de la "mala crianza" de los padres. A pesar de que había poca información sobre los momentos anteriores al incidente —como dónde estaban los padres en relación con el niño o cómo cayó— la gente comenzó a demandar que los padres fueran acusados de un delito. Aun cuando los investigadores declararon que los padres no iban a ser acusados de negligencia infantil o cualquier otro delito, continuaron siendo culpables a los ojos de la opinión pública.

Las noticias de esta clase dicen mucho del tipo de mundo en que vivimos. El internet parece darles a algunas personas una invitación abierta a juzgar a todos los padres en un foro abierto. Este tipo de juicios hace que se sientan como si estuvieran siendo constantemente examinados. Si tu hijo hace un berrinche en medio de la tienda, ¿qué es lo que otras personas pueden pensar de la educación que le das a tus hijos? En lugar de tomarse el tiempo en enseñar a un niño a controlarse a sí mismo, los padres desesperados buscan controlarlo por cualquier medio que sea necesario.

PUEDE SER TENTADOR USAR CASTIGOS

Infundir miedo y causar dolor pueden servir como soluciones de corto plazo. Desafortunadamente, los castigos también tienden a causar más problemas en el largo plazo. Pero para los padres a quienes sólo les interesa que su hijo los escuche en el momento o que se quede quieto al instante, los castigos pueden funcionar.

Aquí hay algunas razones comunes por las que los padres prefieren los castigos a la disciplina:

- **Los castigos necesitan un menor esfuerzo por parte de los padres.** Darle unas nalgadas a tu hijo, tal vez puede tomar unos 20 segundos de tu tiempo. Pero quitarle sus aparatos electrónicos por 24 horas, significa tratar con un niño aburrido toda la tarde.
- **Los castigos hacen sentir a algunos padres más en control.** Si puedes mantener a raya a tu hijo, ya sea con una mirada intimidatoria o con un rápido coscorrón, tú puedes sentirte fortalecido.
- **Los castigos te pueden hacer sentir mejor.** Gritarle a tu hijo porque te frustra que no se calme o darle unas nalgadas por avergonzarte en medio de la tienda puede que alivie algunas de tus emociones reprimidas.

Confundir la disciplina con el castigo puede ser malo para la autoestima de tu hijo

En el momento en que Heidi y Jeff empezaron a aplicarle castigos más severos a Dylan, su relación con él se deterioró y Dylan perdió interés en seguir sus reglas. Ellos estaban frustrados y abrumados por su falta de cumplimiento, pero el entorno punitivo estaba empeorando su conducta.

He visto muchos casos como el de los padres de Dylan —situaciones en las que los padres se sienten desesperados por forzar al niño para que se comporte. Pero también veo situaciones menos extremas que aún incluyen castigos severos. A pesar de que esos castigos eran pocos en número y frecuencia, pueden todavía causar daño a los niños.

LOS CASTIGOS CORPORALES PUEDEN SER CONTRAPRODUCENTES

En 1979 Suecia fue el primer país en prohibir el castigo corporal a los niños. Al principio, los opositores argumentaban que el país iba a terminar en un completo caos, pues los niños no podrían aprender una conducta apropiada. Pero al crecer la primera generación de niños, no hubo un aumento en el delito. De hecho, tanto los arrestos por robo como los delitos relacionados con las drogas disminuyeron. El uso de alcohol y el suicidio juvenil disminuyeron también.

Siguiendo a Suecia, muchos otros países también prohibieron el castigo corporal de los niños. Sin embargo, en los Estados Unidos dar nalgadas a los niños sigue siendo legal. De hecho, en 19 estados todavía se permite a las autoridades escolares pegarles a los niños cuando se comportan mal. En otros estados, pegarles a un niño con un objeto de madera es considerado abuso infantil. Sin embargo, no hay una línea clara que separe el castigo corporal del abuso físico. ¿Puede el novio de la madre darle unas nalgadas a sus hijos? ¿Puedes pegarle a tu hijo con un cinturón? ¿Está bien dejar marcas? Algunos estados establecen claramente lo que es aceptable, mientras otros lo dejan abierto a la interpretación.

Muchas diferencias culturales y religiosas influyen en si los padres dan nalgadas. Pero creo que casi todos los expertos están de acuerdo en que no está bien pegarle a tu hijo porque no puedes controlar tu carácter.

La Academia Americana de Pediatría, la Academia Americana de Psiquiatría de niños y adolescentes y la Asociación Americana de Psicología, son algunas de las organizaciones más importantes que se oponen al castigo físico a los niños. Múltiples estudios, incluyendo uno de la Universidad de Texas en Austin de hace 50 años, encontraron que:

• **Pegarle a un niño incrementa su agresión.** Los niños que reciben nalgadas son más propensos a resolver sus problemas agresivamente.

- **Pegarle a un niño hace que sus problemas de comportamiento empeoren.** Aunque dar una nalgada parece funcionar en el corto plazo, los estudios muestran que no son efectivas a largo plazo. Los problemas de comportamiento aumentan con el tiempo cuando los niños están sujetos a disciplina física.

- **Pegarle a los niños está vinculado a un CI más bajo.** Entre más a menudo se den nalgadas a los niños, más lento su desarrollo. Pero aun los niños que reciben el castigo de forma poco frecuente, suelen tener CI más bajos.

- **El castigo severo se ha asociado con un mayor riesgo de enfermedad mental.** Los niños que son sujetos a castigos físicos tienen más riesgo de trastornos emocionales, de ansiedad, de personalidad y problemas de abuso de sustancias. Ese riesgo incrementado empieza en la infancia y se extiende hasta la edad adulta.

De todos los estudios que se han conducido sobre los azotes, pocos han encontrado algún beneficio. Un estudio publicado en 2005 en la *Clinical Child and Family Psychology Review* encontró que ocasionalmente dar nalgadas a los niños entre los dos y seis años cuando se rehúsan a ir a su tiempo fuera es más efectivo que otras estrategias. Poner a un niño en aislamiento forzado también se encontró efectivo. Pero sólo porque fue efectivo en ese momento, no quiere decir que haga a los niños inmunes a los efectos de largo plazo del castigo corporal.

GRITAR TAMBIÉN PUEDE SER DAÑINO

Hay padres que se enorgullecen en decir: "Yo nunca le pego a mis hijos". Pero algunos de estos padres, en cambio, gritan e insultan a sus hijos.

Los estudios muestran que la disciplina verbal severa, como maldecir, gritar e insultar a tu hijo, puede ser tan dañina como las nalgadas. Un estudio de 2013 de la Universidad de Pittsburgh siguió a 967 estudiantes de secundaria por dos años. Los niños que fueron sujetos a disciplina verbal severa fueron más propensos a tener problemas de conducta y de salud mental.

Adicionalmente, los investigadores encontraron que gritar no es efectivo. Los niños seguían portándose mal. Aun cuando vivieran en hogares que fueran amorosos y cálidos, las palabras duras estaban dañando su motivación a seguir las reglas.

LA DISCIPLINA SEVERA CONVIERTE A LOS NIÑOS EN BUENOS MENTIROSOS

"¡Ella miente tanto que ya ni siquiera sabe cuándo está diciendo la verdad!", me explicaba una madre irritada. Me dijo que Olivia, su hija de diez años, mentía todo el tiempo. "Ella te puede decir, 'No, no me comí el cupcake', aun cuando tenga la cara llena de merengue". La semana anterior, cuando sus padres la confrontaron por el desorden en su cuarto, ella les dijo que seguramente unos ladrones habían entrado en la casa y habían desordenado su cuarto, porque ella lo había arreglado antes de salir a la escuela. "¿Puede creer eso?", exclamó su padre.

Olivia era tan escurridiza y embustera que sus padres no le creían nada de lo que decía. No sabían qué hacer con ella.

No obstante, cuando supe de sus prácticas disciplinarias, fue claro por qué Olivia no decía la verdad. Sus padres tenían temperamentos difíciles. Alzaban la voz y gritaban cuando estaban enojados. Y en el pasado, le habían dado nalgadas a Olivia por portarse mal.

También eran inconsistentes. Le quitaban la televisión un día y al siguiente le daban quehaceres extra. Una vez, cuando Olivia dijo que estaba limpiando su cuarto —cuando en realidad estaba viendo películas— su padre se enojó tanto que arrancó la puerta de las bisagras. Y nunca la volvió a colocar en su lugar.

No sorprende que Olivia mintiera. Quién sobre la tierra querría decir a sus padres: "Hola, hoy me porté mal", si había una buena probabilidad de que papá pudiera arrancar la puerta de las bisagras. Olivia sabía la diferencia entre decir la verdad y decir una mentira, pero la honestidad sólo le había ocasionado serios castigos. Así que aprendió que la mejor forma de evadir la furia de sus padres era decir una mentira.

Un estudio de 2011 de la Universidad de McGill encontró que los niños que son sujetos a una disciplina severa mienten más que otros niños. Y se hacen extraordinariamente buenos para mentir. A la edad de tres o cuatro, son capaces de decir mentiras sofisticadas en un intento de no meterse en problemas. Esto significa que el castigo severo causa que los niños tomen menos responsabilidad personal por su mala conducta que antes. Ellos invierten más energía en tratar de evitar ser atrapados, que en tratar de cambiar su comportamiento.

LA HUMILLACIÓN PÚBLICA CAUSA QUE LOS NIÑOS SE SIENTAN MAL POR QUIENES SON

Hay una perturbadora tendencia nueva entre los padres que buscan estrategias para que sus hijos se comporten, avergonzarlos para que obedezcan. Muchos padres están recurriendo a las redes sociales con la esperanza de que una humillación pública les enseñe una lección a sus hijos.

Una madre en California castigó a su hija pre-adolescente forzándola a estar en una esquina de una calle sosteniendo un cartel que decía: ESTABA FALTANDO AL RESPETO A MIS PADRES AL BAILAR TWERKING EN MI ESCUELA. También estaba la madre en Colorado que supo que su hija de 13 años se estaba haciendo pasar por una chica de 19 en Facebook. Ella se grabó confrontando a su hija, y en el video hizo que su ella admitiera que todavía ve Disney Channel. Acto seguido la madre publicó el video en las redes sociales.

Otros padres han comenzado a avergonzar a sus hijos con malos cortes de pelo. Incluso hay un barbero en Georgia que ofrece el "Benjamin Button Special", un corte diseñado para hacer que los niños que se portan mal se vean como ancianos.

Es interesante que muchos padres se preocupen por los efectos nocivos del acoso escolar y terminen acosando a sus propios hijos. Y así como cuando un niño es acosado por sus compañeros, ser acosado por un padre puede tener consecuencias trágicas.

Evidentemente éstos son ejemplos extremos. Pero muchos padres hacen estas mismas cosas en menor medida al publicar la fotografía del cuarto desordenado de un niño en Instagram o anunciando la mala conducta de otro en Facebook. Una búsqueda rápida en Youtube con la frase "child shaming (avergonzando a niños)" da más de 140 mil videos de padres haciendo que sus hijos sostengan carteles que dicen cosas como: SOY UN ACOSADOR.

Humillar públicamente a un niño puede causar serio daño psicológico. Y en realidad puede hacer que los problemas de conducta empeoren. Imagina que dos niños se enfrentan con la oportunidad de probar drogas. Un niño se siente bien consigo mismo y el otro piensa que es una mala persona. ¿Cuál de los dos crees que es más probable que tenga suficiente respeto por sí mismo para decir que no?

Claramente, avergonzar a tu hijo daña también tu relación con él. Tu hijo te verá como un ogro malo que inflige dolor y tortura. ¿Acaso no te gustaría más tener un hijo que respete tu opinión?

Qué hacer en su lugar

Heidi y Jeff tenían que interrumpir el patrón negativo en que habían caído con Dylan. Después de pasar más tiempo de calidad con ellos, Dylan se sintió más inclinado a respetar sus reglas. Sólo tomó unos pequeños cambios para que ellos comenzaran a ver grandes cambios en la conducta.

Un pequeño cambio en la forma en la que abordas la educación de tus hijos puede hacer una gran diferencia en la conducta de tu hijo y en tu relación con él. La buena noticia es que nunca es demasiado tarde para comenzar a usar estrategias disciplinarias más efectivas.

Mide tus habilidades como líder

Piensa en el peor jefe o supervisor para el que hayas trabajado. Tal vez hayas tenido un jefe horrible cuando tuviste tu primer trabajo en la preparatoria. O tal vez el jefe para el que trabajas ahora no es tan maravilloso. Pasa unos cuantos minutos pensando acerca de lo que hace esa persona un mal líder. Toma una hoja de papel y haz una lista con todos los adjetivos descriptivos que puedas imaginar, como "grosero", "inconsistente" o "demandante".

Cuando hayas terminado de recopilar tu lista, dobla esa hoja de papel. Ahora piensa en el mejor supervisor que hayas tenido. Tal vez tuviste un jefe que era comprensivo y gentil. O tal vez trabajaste para alguien que te alentaba y motivaba. Identifica tantos adjetivos descriptivos como puedas.

Cuando hayas terminado con las dos listas, piensa acerca de cómo esos dos supervisores afectaron la forma en que trabajabas. ¿Bajo cuál te desempeñaste mejor? Toma un minuto para pensar sobre qué lista describe cómo educas a tu hijo. ¿Cuántos de los puntos de la lista del "mal jefe" pueden usarse para describirte?, y ¿cuántos de la lista del "buen jefe" puede decir tu hijo que suenan como tú?

Ya sea en la oficina o en la casa, los buenos líderes inspiran a las personas a hacer su mejor trabajo. Si eres un buen líder para tu hijo, sacarás lo mejor de él. Pero si tu estilo de liderazgo es deficiente, él estará menos motivado para seguir tus indicaciones.

ESTABLECE REGLAS CLARAS

Imagina lo que sería manejar sin ningún signo que marque el límite de velocidad. Si vas demasiado rápido, serás detenido por la policía y el que ignores el límite de velocidad no te excusará del castigo.

Tener que adivinar el límite de velocidad sería ridículo, ¿verdad? Pero eso es lo que les hacemos frecuentemente a los niños. Esperamos que entiendan las reglas a partir de la observación. Pero las reglas cambian dependiendo de la situación. Y eso confunde a los niños.

Un niño de cuatro años puede tener problemas para comprender por qué puede gritarle a su amigo en el patio, pero que gritarle a ese mismo amigo en la biblioteca es causa para que los saquen. Y que correr para darle un abrazo a la abuela está bien en la casa, pero que correr para verla cuando está en el hospital hace que te enfades.

Cuando estés entrando a una situación nueva, deja claras tus expectativas de antemano. Dile: "En la biblioteca, necesitamos caminar despacio y hablar en voz baja", o "En el avión tenemos que sentarnos en nuestros asientos con nuestros cinturones de seguridad ajustados y tenemos que usar una voz media".

Crea reglas claras en tu casa y cuélgalas en un lugar visible. Mantén las reglas simples, no quieras crear un manual de normas de 200 páginas para tu hogar.

Aquí hay cinco tipos de reglas que todos los niños necesitan:

- **Reglas que promuevan la moralidad.** Crea reglas como "Hay que decir la verdad" y "Pregunta antes de tomar las pertenencias de alguien más".
- **Reglas que desarrollan hábitos saludables.** Establece reglas como "Hay que cepillarse los dientes cuando te levantas y antes de ir a la cama" y "Lava tus manos antes de la cena". Este tipo de reglas le da a tu hijo estructura y construye hábitos saludables en su rutina diaria.
- **Reglas que promuevan la seguridad.** Las reglas deben promover la seguridad física, como: "Usa un casco cuando uses tu bicicleta", así como seguridad emocional, como: "Usa palabras gentiles cuando hables con otras personas".
- **Reglas que alientan buenos hábitos sociales.** Crea reglas que ayuden a tu hijo a respetar a los otros diciendo cosas como:

"Debes tocar la puerta si está cerrada" y "Espera hasta que la gente haya terminado de hablar para decir algo".

- **Reglas que preparan a los niños para el mundo real.** Crea reglas que equipen a tu hijo para tratar con las responsabilidades de la vida real, como: "Veinticinco por ciento de tu mesada necesita ir a una cuenta de ahorro" y "Puedes ver la televisión cuando termines de hacer tus quehaceres y tu tarea".

Haz una lista de reglas de la casa que se apliquen a todos. Cada niño seguramente tendrá algunas reglas ligeramente diferentes en términos de hora de llegada y de acostarse, y no hay necesidad de enlistar cada una (a menos que creas que eso le pueda ayudar a tu hijo). Pero cerciórate de que tu hijo sepa las consecuencias que puede esperar si rompe las reglas.

CREA UN AMBIENTE DE APOYO

"¡Yo lo respetaré, cuando él pueda mostrarme algo de respeto!", exclamó Rick cuando sugerí que diera a Cameron, su hijo de doce años, un poco más de cuidados y mucha menos hostilidad. Rick y Cameron habían estado en desacuerdo por los últimos meses y su relación se había deteriorado al punto de que casi no se hablaban. Cameron era litigioso y desafiante casi todo el tiempo y ahora estaban en un punto muerto. Rick no estaba dispuesto a ceder hasta que Cameron cambiara su conducta. Pero no era probable que Cameron lo hiciera hasta que Rick le diera una razón para ello.

Mi trabajo con Rick no se enfocaba en darle a Cameron castigos más severos. En su lugar implicaba ayudarlo a mostrar a Cameron más amor y empatía. Al principio se resistía a ello, porque consideraba que el niño no se lo había ganado. Pero le mostré los estudios y lo reté a proveerle más comprensión, la que, a su vez, le dio a Cameron la motivación para cambiar su conducta.

Veo a muchos padres que piensan que demandar más respeto y distribuir castigos más severos cambiará la conducta de un niño. Pero con frecuencia ése no es el caso. En su libro *Tomar el control del TDAH*, Russel Barkley comparte la historia de un maestro que solía decir: "Los niños que necesitan más amor lo piden en las formas menos amorosas". Mostrar amor y proveer calidez puede ser las formas más efectivas y rápidas de apoyar los esfuerzos de tu hijo para controlar su conducta.

Algunos estudios vinculan la calidez de los padres con una serie de resultados positivos, como el ayudar a los niños a desarrollar una conciencia. Adicionalmente cuando los niños han sido expuestos a estrés extremo, la calidez y el afecto reducen la carga psicológica que puede tener en sus vidas.

Cultivar tu relación con tu hijo debe ser el primer paso en cualquier plan de gestión de conducta. Aquí hay ejemplos de cómo puedes mostrar a tu hijo calidez:

- **Ofrece consuelo.** Escucha a tu hijo cuando esté molesto, dale un abrazo cuando pase por un momento difícil y muestra empatía cuando se sienta mal.
- **Alienta a tu hijo.** Anima a tu hijo cuando está haciendo su mejor esfuerzo o cuando experimenta alguna inseguridad. Ayúdalo con una voz optimista, cuando la voz adentro de su cabeza no es positiva.
- **Pasen tiempo de calidad juntos.** La única forma de construir y mantener una relación sana con tu hijo es pasando tiempo de calidad juntos. Salgan a buscar aventuras y participen en actividades divertidas cada vez que puedan.
- **Atrapa a tu hijo portándose bien.** No sólo señales los errores de tu hijo y sus violaciones a las reglas. Ofrece elogio y refuerzos positivos por su buena conducta.

Cuando tu hijo sabe que tu amor no depende de su buen comportamiento y sabe que la casa es un lugar seguro para decir la verdad, tu disciplina será mucho más efectiva. Estará abierto a aprender de las consecuencias que le des.

USAR DISCIPLINA QUE ENSEÑE LECCIONES DE VIDA

Andy vivía con su mujer y sus tres hijos. Trabajaba duro para que su esposa pudiera ser una madre ama de casa. Aun cuando estaba extenuado por su demandante trabajo físico, cuando llegaba a casa en la noche, sabía que su esposa necesitaba un descanso en cuanto entraba por la puerta. Así que dedicaba sus noches a jugar con sus hijos, bañarlos y leerles. Empezó la terapia porque su hijo mayor tenía algunos problemas de conducta y quería aprender cómo ayudarlo. Era importante para él hacer todo lo que pudiera para ser el mejor padre posible.

Sólo había estado trabajando con él algunas semanas cuando expresó un aumento en su frustración acerca de la conducta de su hijo. Ninguna de sus prácticas disciplinarias parecía funcionar. Me comentó: "Justo esta semana le di una explicación de dos horas acerca de por qué debe ser más respetuoso con su madre. Cuando terminé le pregunté qué era lo que había aprendido. Y él me contestó: 'Aprendí que una vena salta en tu frente cuando realmente te enojas'".

Cuando les aplicas a los niños consecuencias inadecuadas a su desarrollo —como darle una plática de dos horas a un niño de ocho años—, su conducta no va a cambiar. De forma similar, cuando das castigos severos, tu hijo tal vez sólo se concentre en su enojo hacia a ti y no en el error que ha cometido.

Usa herramientas disciplinarias que enseñen a tu hijo a hacer una mejor elección la próxima vez. Así que más que darle una cachetada por pegarle a su hermano, mira su mala conducta como una oportunidad para enseñarle algo nuevo. Los tiempos fuera pueden enseñarle a cómo calmarse cuando está molesto. La restitución, como es prestarle a su hermano su juguete favorito por 24 horas, puede ayudarlo a aprender cómo hacer reparaciones.

Pregúntale a tu hijo: "¿Qué puedes hacer la próxima vez en lugar de pegarle a tu hermano?", o "¿Qué puedes hacer para ayudarte a ser paciente cuando estás esperando tu turno?" Confirma que tu hijo tiene las habilidades para manejar mejor su conducta. Si nunca le has enseñado cómo comunicarse de una forma sana o cómo manejar su enojo de forma segura, continuará teniendo problemas a pesar de las consecuencias que le apliques.

Cómo enseñar a los niños a hacer buenas elecciones

En el caso de Dylan y sus padres punitivos, él necesitaba un incentivo para comportarse. Unos cuantos cambios a sus prácticas educativas fue todo lo que tomó para cambiar su conducta.

Asegúrate de que tu disciplina sea una herramienta de enseñanza efectiva. Invierte tiempo y energía en ayudar a tu hijo a aprender modos mejores de comportarse y no necesitarás invertir mucha energía en lidiar con castigos más tarde.

ENSEÑA AUTODISCIPLINA

Más que insistir en controlar a tu hijo, dale las herramientas que necesita para controlarse a sí mismo. Enséñale cómo manejar su conducta. Cuando tenga las habilidades para hacer buenas elecciones por él mismo, será capaz de tomar decisiones sanas, aun cuando no estés para supervisarlo. Pregúntale a tu hijo: "¿Cómo crees que vas últimamente en cuanto a seguir las reglas?" Ten conversaciones abiertas sobre su conducta. Provee retroalimentación acerca de qué es lo que está haciendo bien y las cosas que quieres que mejore.

He aquí un ejemplo:

Padre: He notado que últimamente eres más amable con tu hermano. ¿Cómo crees tú que te ha ido?

Hijo: Creo que me ha ido bastante bien. No he peleado ni una vez
con él.

Padre: ¿Cómo has logrado eso? ¿Cuál es el secreto de tu éxito?

Hijo: Bueno, cuando me molesta, le digo que me dé un poco de espacio o me voy.

Padre: Oh, eso es una buena idea, tomar un descanso cuando lo
necesitas. Me he dado cuenta que has estado haciendo un buen
trabajo usando palabras para decirle que estás comenzando a
enfadarte.

Hijo: Sí, trato de decirle cuándo me enojo para no terminar golpeán-
dolo.

Padre: Eso es genial. No obstante, hay otra cosa en la que me gustaría que trabajáramos. Parece que estás teniendo problemas para
estar listo a tiempo para ir a la escuela en la mañana. Te distraes
con cosas cuando se supone que debes estarte preparando y
luego tenemos que salir corriendo en el último minuto. ¿Cómo
crees que podríamos trabajar sobre eso?

Hijo: No lo sé.

Padre: Pienso que te voy a poner un cronómetro. Así sabrás cuándo
debes haber terminado de desayunar y cuándo te debes cambiar,
¿Crees que eso puede ayudar?

Hijo: Probablemente.

Padre: Bueno, vamos a probarlo mañana. Si entonces tienes todo
hecho a tiempo, tendrás unos minutos para jugar con algo antes
de que sea tiempo de salir.

Hijo: Está bien.

Algunas veces, tan sólo decirle a un niño que estás desarrollando una
nueva meta para él, puede cambiar su conducta. Pregúntale qué piensa

que podría ayudarle a hacerlo mejor y te sorprenderás de la ideas creativas y útiles que te ofrecerá.

Enseña autodisciplina usando consecuencias positivas consistentes y consecuencias negativas. Proporciona refuerzos positivos por un trabajo bien hecho. Consecuencias positivas pueden incluir chocar los cinco, elogios o atención extra. Tan sólo reconocer la buena conducta de tu hijo y darle las gracias puede llegar muy lejos. A los niños les encanta cuando notas que están en el buen camino y el reconocerlo los alienta a seguir con el buen trabajo.

También necesita haber consecuencias negativas consistentes por la mala conducta. Mientras quitarle la televisión puede ser una consecuencia adecuada para un niño, otro no se verá afectado en absoluto. Considera qué es lo que le importa a tu hijo y qué consecuencia puede funcionar mejor.

MOTIVA A TU HIJO CON UN SISTEMA DE RECOMPENSAS

Algunas veces a los niños les falta la motivación interna para aprender nuevas destrezas o hacer sus quehaceres. Darles incentivos para hacerlo mejor puede ser la manera idónea para mejorar su conducta. Sin embargo, hay un antiguo mito en el campo de la psicología que dice que recompensar a los niños por su buena conducta disminuye su motivación intrínseca. En la ausencia de una zanahoria que lo motive no le interesará hacer lo correcto.

Sin embargo, algunos estudios muestran que justamente eso no es verdad. Siempre y cuando recompenses a tu hijo de un modo sano, estará más motivado para trabajar duro.

He aquí algunos consejos para hacer recompensas efectivas:

- **Establece una meta específica.** Más que decirle a un niño que puede ganar un regalo por "ser bueno", escoge una conducta específica, como tener las manos quietas.

- **Escoge entre de una a tres conductas a la vez.** Para los niños de preescolar, identifica una conducta que tratar. Los niños en edad escolar pueden trabajar en dos o tres conductas al mismo tiempo.
- **Deja claras las recompensas.** Dile a tu hijo por adelantado qué es lo que va a ganar y asegúrate de que haya entendido cómo hacerlo.
- **Provee recompensas de forma consistente.** Los niños más pequeños pueden necesitar una recompensa cada hora (como una estampa), mientras que los niños más grandes pueden esperar una semana para ganarla. Crea un calendario de recompensas que mantenga a tu hijo motivado e interesado.
- **Ayuda a tu hijo a ser exitoso desde el principio.** Si tu hijo piensa que es difícil ganar una recompensa, se dará por vencido antes. Asegúrate de que tenga un éxito inicial para que siga motivado para continuar.
- **Concéntrate en la conducta que te gustaría ver más frecuentemente.** Más que decir: "No grites", encuádralo de una forma positiva diciendo: "Usa una voz media". Entonces recompensa a tu hijo cuando exhiba la buena conducta.
- **Introduce un sistema de recompensas como algo positivo.** No le digas a tu hijo: "No puedes jugar videojuegos a menos de que te comportes". Enmárcalo de forma positiva diciendo: "Quiero ayudarte a que te lleves mejor con tu hermano. Cuando lo trates con respeto, puedes ganar tiempo para jugar videojuegos".

Aquí hay unos cuantos ejemplos de sistemas efectivos de recompensas:

- Un niño de cuatro años gana una estampa cada mañana, si se queda en su cama toda la noche.
- Un niño de seis años puede escoger cuál juego de mesa puede jugar con sus padres, si hace su tarea antes de la cena.

- Un niño de ocho años gana una hora de videojuegos a la salida de la escuela, si se alista sin discutir para tomar el camión en la mañana.
- Un niño de diez años gana un viaje al parque luego de que haga su cama durante cinco días seguidos.
- Un niño de doce años gana fichas por conducta respetuosa que puede intercambiar por recompensas, como un horario para acostarse más tarde el fin de semana o ir al cine.

Esto no quiere decir que no le des importancia cuando rompa las reglas, pero lo hará con menos frecuencia cuando sepa que hay una recompensa en juego. Y toma en cuenta que las recompensas no tienen que costar dinero. Puedes hacer que privilegios, como tiempo de juegos electrónicos, sean una recompensa por buena conducta.

Enseña a los niños de preescolar a comportarse mejor con el tiempo fuera

El tiempo fuera puede ser una forma efectiva de enseñar a los niños de preescolar a manejar su conducta. Si tu hijo se pone agresivo o sobreestimulado, envíalo a un corredor o a un cuarto lejos de la actividad. Durante los pocos minutos de tiempo de silencio, puede descubrir cómo calmarse. Ponlo en tiempo fuera por un minuto por cada año de edad. Así, mientras un niño de tres años necesita un tiempo fuera de tres minutos, un niño de cinco años puede manejar cinco minutos. Sólo hazle saber que el cronómetro no empezará a tomar el tiempo hasta que se quede quieto.

La meta final del tiempo fuera es que tu hijo reconozca cuándo se ha sobrepasado o sobreestimulado y sea capaz de tomar un descanso por sí mismo antes de meterse en problemas. Los tiempos fuera sólo funcionan con niños que tienen mucho "tiempo dentro".[19] De otra forma no se verán afectados por estar unos minutos lejos de todos. Así que asegúrate de darle a tu hijo suficiente tiempo de atención individualizada, durante el día.

Si tu hijo se rehúsa a tomar su tiempo fuera, quítale un privilegio. No fuerces físicamente a tu hijo: "Si no tomas el tiempo fuera, no podrás jugar con tu pelota por el resto de la tarde".

Enseña a niños en edad escolar a comportarse mejor con consecuencias lógicas

Las consecuencias lógicas se relacionan directamente con el mal comportamiento. Así que, si tu niño le pega a su hermano en la cabeza con su espada de plástico, quítale la espada por 24 horas. O si lo atrapas creando una cuenta de redes sociales después de que le dijiste que no podía hacerlo, quítale sus privilegios de computadora.

Explica a los niños cómo pueden recuperar sus privilegios. Decirle: "Te la regresaré cuando te vuelva a tener confianza", es muy vago. Haz tus expectativas tan claras como sea posible. Di algo como: "Puedes tener tus aparatos electrónicos de regreso cuando completes esos dos quehaceres extra que te asigné" o "Te regresaré tu videojuego cuando te pongas al corriente con las tareas atrasadas".

Aquí hay más ejemplos de consecuencias lógicas:

- Un niño de ocho años patea una pelota dentro de la casa y rompe una lámpara. Tiene que realizar quehaceres para ganar el dinero para reponerla.
- Un niño de nueve años se porta mal durante el trayecto al parque, por lo que regresas temprano del mismo.

---

[19] En inglés *time-in* implica la acción de un padre que se sienta al lado de su hijo, quien está en tiempo fuera (*time out*). (N. del T.)

- Una niña de diez años toma prestado el juguete favorito de su hermana sin permiso. Le tiene que prestar su juguete favorito por 24 horas.
- Un niño de once años pasea en bicicleta fuera de la colonia. Pierde los privilegios de usarla por 24 horas.

Enseña a los adolescentes habilidades para resolver problemas

Cuando tu hijo adolescente exhiba problemas de conducta, resuelvan juntos cómo remediar la situación. Esto es especialmente importante si tu hijo viola la misma regla más de una vez. Pide a tu hijo adolescente su contribución sobre qué puedes hacer para enfrentar el problema. Dile algo como: "Ésta es la segunda vez que sales tarde a la escuela. ¿Qué podemos hacer para asegurarnos de que te levantes de la cama y salgas por la puerta a tiempo?" Hagan lluvia de ideas juntos, como poner una alarma o ir a acostarse más temprano.

Por supuesto que es posible que aún necesites quitarle privilegios para ayudarlo a aprender a ser responsable. Pero alentarlo a desarrollar soluciones puede motivarlo a evitar cometer el mismo error la siguiente vez. También lo preparará para ser más independiente, de modo que pueda resolver problemas por su cuenta cuando no estás para darle consecuencias.

Los niños disciplinados se convierten en adultos con visión de futuro

Como un padre adoptivo temporal y como terapeuta, usualmente trato con algunos de los niños en adopción temporal más problemáticos. Éste fue el caso de Chloe. Era una niña de trece años que había estado en adopción temporal por años. Había vivido en tantos hogares que no podía contarlos y la habían echado de todos y cada uno de ellos. Muchos de los lugares en los que había estado eran casas de familiares, lo que significaba que varios de sus parientes se habían ofrecido a adoptarla en forma temporal. Pero ninguno de ellos había logrado tenerla más de unos cuantos meses, debido a sus problemas de conducta.

Steve y yo habíamos visto a Chloe una vez antes de que viniera a vivir con nosotros. Se había estado quedando con algunos familiares lejanos que se encontraban abrumados por su conducta y para darles un descanso vino a quedarse un fin de semana con nosotros en nuestra casa.

Chloe se comportó bien el fin de semana que se quedó con nosotros. Teníamos un niño más grande quedándose en nuestra casa en ese momento y se llevaron muy bien. De hecho, fue la visita perfecta. Pero una Chloe diferente emergió cuando su madre adoptiva llegó a recogerla el domingo en la tarde. Tan pronto como salió por la puerta, Chloe pasó en un instante de calmada, gentil y cooperativa a desafiante, grosera y discutidora.

Menos de un mes más tarde, recibí una llamada del tutor de Chloe asignado por el Estado. Dijo que ya no era una opción para Chloe el permanecer en su hogar adoptivo temporal actual. Los padres adoptivos decían que estaba fuera de control y necesitaba un lugar para quedarse —empezando esa misma noche. Luego de discutirlo con Steve, aceptamos que Chloe se mudara con nosotros. El plan era que se quedara con nosotros por un periodo de tiempo bastante corto. Había un familiar que vivía fuera del estado que quería acogerla, pero el proceso legal que implicaba tomaría varios meses.

Así que nuestra meta era mejorar su conducta en ese momento, con la esperanza de que la siguiente mudanza pudiera ser una exitosa ubicación definitiva. Necesitaba un hogar para siempre.

Creamos un sistema económico de fichas que le permitiría ganarlas por buen comportamiento. Entonces las fichas podrían intercambiarse por recompensas y privilegios.

Creamos tres metas diarias basadas en las conductas con las que más luchaba:

1. Usaré lenguaje respetuoso cuando le hable a las personas (a veces era grosera con las personas y las insultaba).
2. Tocaré con respeto solamente (tenía el hábito de golpear cuando se enojaba).
3. Pediré prestadas las cosas, en lugar de tomar las cosas sin permiso (robaba cosas en ocasiones).

Al final de cada día, revisábamos su conducta. Por cada meta que cumplía podía ganar una ficha. Eso significaba que podía ganar hasta tres fichas por día y 21 por semana.

Entonces identificamos los privilegios y recompensas que le interesaba ganar. Le asignamos a cada una un puntaje. Estar levantada treinta minutos extra en una noche sin escuela, por ejemplo, valía un punto. Pero ir a su restaurante favorito valía 30 puntos.

Quería asegurarme de que pudiera ganar una recompensa diaria si así lo deseaba, pero también pretendía darle la oportunidad de ahorrar para cosas de mayor valor. Ella me dio ideas sobre lo que pensaba que las recompensas debían valer, y les asignó valores en puntos bastante justos. Pero entonces preguntó: "¿Cuántos puntos vale el poder visitar a mi hermano?" La pregunta no sólo me rompió el corazón, sino que me mostró que el tiempo con su familia probablemente había sido usado como castigo en el pasado.

Le aseguré que visitar a su hermano (quien vivía en otro hogar temporal) no requería de ninguna ficha, las fichas eran sólo para privilegios extra. Usamos algunas piezas de un juego que se veían como monedas y comenzó a coleccionarlas en un frasco al lado de su cama. Cada día las contaba y platicaba sobre lo que quería ganar.

Su comportamiento ese verano fue una de las más maravillosas transformaciones que he visto. Salvo por una, ella ganó toda ficha posible. Parecía imposible pensar que usualmente la echaran de otros hogares temporales luego de unas semanas.

El sistema de fichas le mostró a Chloe —y a todos los adultos en su vida— que con los alicientes adecuados se podía comportar. Ella sólo necesitaba un poco de motivación extra para mantenerse en el camino. Y muchas de las recompensas que quería ganar eran cosas que probablemente ya tenía en sus hogares previos, como tiempo para usar sus aparatos electrónicos.

Unos pocos meses más tarde. Chloe se mudó con ese familiar que había expresado interés en ella. Y eventualmente, ese pariente adoptó tanto a Chloe, como a su hermano.

Cuando te concentras en enseñar a tu hijo cómo hacerlo mejor, más que a infligirle dolor por los errores que ha cometido en el pasado, tendrá las herramientas para alcanzar su mejor potencial. Ganará confianza en su habilidad para hacer elecciones sanas y se esforzará por ser mejor cada día.

Las personas mentalmente fuertes no viven en el pasado. Si bien reflexionan en él —para poder aprender de él—, no se castigan a sí mismos por sus errores pasados. En su lugar, mantienen su concentración en hacerlo mejor la próxima vez.

Soluciones y trampas comunes

Insultar la personalidad de tu hijo etiquetándolo como un imbécil, ladrón o idiota puede ser muy dañino. Cuando expongo que insultar puede ser perjudicial, algunos padres preguntan sarcásticamente: "¿Por qué? ¿Por qué puedo dañar su autoestima?" Pero en realidad es peor que eso. Llamar a tu hijo con palabras insultantes afecta sus creencias básicas sobre sí mismo.

Digamos que comienzas a llamar a tu hijo estúpido. Bueno, luego de un tiempo él comenzará a creer que *es* estúpido. Y un niño que cree que es estúpido no se desempeña bien en la escuela. Entonces, cuando saque malas calificaciones, su creencia de que es estúpido se reforzará. Es una espiral descendente.

Evita decir: "Me decepcionas". En cambio, manda un mensaje que diga: "Me decepciona que hayas hecho una mala elección". Muestra a tu hijo que lo sigues queriendo a pesar de su conducta.

Prestar atención a tus emociones y cómo pueden afectar tus decisiones, puede ayudarte a tomar las mejores opciones disciplinarias para tu hijo. Cuando te sientas bien, tal vez tengas la energía de abordar eficazmente algunos problemas de conducta. Pero en un día en el que te sientas cansado, estresado y abrumado puedes estar tentado a dejar pasar pequeños problemas de conducta hasta que eventualmente le grites a tu hijo que pare.

Cuando estés molesto, frustrado o enojado es una oportunidad para ser un ejemplo de cómo manejas estas emociones de manera sana. Si gritas, azotas la puerta o haces amenazas terribles porque no puedes controlar tu temperamento, le estarás enseñando a tu hijo a hacer lo mismo.

Toma un tiempo fuera cuando lo necesites. O si te sientes tan alterado por la conducta de tu hijo como para pensar incluso en una consecuencia, di: "Te voy a decir qué consecuencia será en unos minutos". Luego tómate unos minutos para calmarte, de modo que puedas dar una consecuencia efectiva.

A veces algunos padres caen en la trampa de hacer que todas sus prácticas disciplinarias giren alrededor de posesiones materiales. Comprar juguetes por buena conducta y quitarlos por mala conducta da demasiado énfasis a los bienes materiales. Algunos estudios muestran que dar demasiado énfasis a los bienes materiales puede enseñar a los niños a dar valor a sus posesiones. Los adultos materialistas son más propensos a ser compradores compulsivos, tener problemas con el juego, sus finanzas y menor satisfacción marital. Así, mientras es una buena práctica quitarle a tu hijo su bicicleta o sus aparatos electrónicos como una consecuencia, debes tener cuidado de que tu hijo no piense que ésas son las cosas más importantes en la vida. Busca consecuencias que impliquen experiencias o trabajos extra de vez en cuando, como una hora de llegada más temprano o más quehaceres.

LO QUE ES ÚTIL

* Ser un buen líder para tu hijo
* Crear un ambiente amoroso
* Mantener a raya tus emociones
* Establecer reglas claras
* Usar consecuencias positivas para alentar la buena conducta
* Proveer consecuencias negativas que enseñen autodisciplina
* Usar sistemas de recompensas
* Asegurarse que la disciplina tiene que ver con la enseñanza

LO QUE NO ES ÚTIL

* Infligir sufrimiento a tu hijo
* Aliviar tu frustración y enojo gritándole y castigando a tu hijo
* Usar castigos corporales
* Tratar de controlar a tu hijo, más que enseñarle a controlarse a sí mismo
* Quitarle sus privilegios indefinidamente
* Usar castigos severos que desmotiven a tu hijo

No toman atajos para evitar un malestar

Nicole llamó a mi oficina y dijo: "No estoy ni siquiera segura de a qué niño traer primero. Los tres no escuchan". Le sugerí que viniera ella misma para idear un plan juntas. Ella estuvo de acuerdo y programó una cita para la semana siguiente. Ella trabajaba de medio tiempo y fungía como la principal niñera de tres niños, de nueve, siete y cuatro años de edad. Su esposo, Brian, trabajaba largas jornadas, y ciertos días los niños ya estaban acostados antes de que él llegara a casa.

Nicole pasó sus tardes a la carrera entre prácticas deportivas hasta Boy Scouts. Para cuando se sentaban a cenar juntos, todos estaban exhaustos. Los niños discutían entre sí, y la de cuatro años hacía rabietas, y nadie escuchaba nada de lo que Nicole decía. Luego Nicole pasaba el resto de la tarde batallando para hacer que los niños hicieran su tarea, se bañaran, y recogieran su desorden.

Le pregunté cómo había respondido a su mala conducta y dijo: "Generalmente estoy muy cansada como para discutir con los niños. Si se rehúsan a recoger su desorden, sólo lo hago yo misma. Si lloran porque quieren algo, se los doy".

Cuando Brian está en casa, las cosas no van tan mal —dijo. Los niños lo escuchan más a él, probablemente porque no pasan tanto tiempo con él como conmigo.

Pero tras oír más acerca de la vida de Nicole, se hizo manifiesto cuáles eran sus problemas:

1. **Los niños regularmente se portaban mal.** Los hijos de Nicole batallaban para seguir las reglas, y a pesar de sus intentos para darles un esquema, ellos incumplían cuando les decía qué hacer.
2. **Nicole no terminaba las estrategias de disciplina que comenzaba.** Para el atardecer, Nicole ya estaba cansada. Y no tenía ganas de hacer cumplir sus reglas o determinar repercusiones cuando los niños se portaban mal.

Mis recomendaciones incluían:

1. **Establecer reglas claras y repercusiones en pareja.** Necesitaban identificar estrategias que la ayudasen a sentirse más vigorizada, incluso al final del día, de modo que pudiera consumar las sanciones para cuando los niños se portaban mal.
2. **Idear sanciones para la mala conducta.** Necesitaban un plan de disciplina y debían llevarlo a su término con sanciones negativas para cuando los niños no escucharan.
3. **Nicole necesitaba estrategias para recargar baterías.** Nicole necesitaba identificar estrategias que la ayudaran a sentirse más energizada, incluso al final del día, para que pudiera hacer cumplir las sanciones cuando los niños se portaban mal.

Nicole estuvo de acuerdo con mis recomendaciones. Ella y Brian crearon reglas domésticas y establecieron sanciones para los niños, y se sentía preparada para hacerlas cumplir.

Ella identificó estrategias que la ayudaran a recargar baterías. Brian estuvo de acuerdo en tratar de llegar más temprano a casa dos noches por semana para relevar a Nicole de sus deberes de crianza. Nicole también decidió hacerse un tiempo para ella. Más que ir directamente a la guardería para recoger a su hija, tomaría café con un amigo o atendería encargos propios al menos una tarde por semana. Construir un poco de tiempo a solas en su horario la ayudaría a sentirse menos agotada.

Una vez que empezó a mirar la disciplina como una inversión a largo plazo, estuvo menos tentada a tomar atajos. Supo que si podía enseñar a sus hijos a hacer sus tareas desde ahora, pasaría menos tiempo haciendo dichas tareas por ellos en un futuro.

Paulatinamente, el comportamiento de sus hijos cambió. Y Nicole no se sintió más en la necesidad de tomar cualquier atajo posible para sobrevivir al día.

¿Tomas atajos que resultan contraproducentes a largo plazo?

Tomar el camino de menor esfuerzo puede ser necesario —e incluso ventajoso— en ciertas ocasiones. Pero tomar atajos que evitan el malestar puede crear más problemas si no se es cauteloso. ¿Alguno de los siguientes puntos te suena familiar?

- Me rindo ante mi hijo cuando está sollozando o gritando.
- A veces no hago cumplir las reglas porque parece muy engorroso.
- Cuando las cosas se ponen difíciles, me doy por vencido.
- Dejo a mis hijos jugar con aparatos electrónicos más de lo que debería porque no quiero lidiar con su comportamiento.
- Estoy muy ocupado o muy cansado para ocuparme de los problemas de comportamiento de mi hijo.
- Evito hablar con mi hijo acerca de temas incómodos o embarazosos.
- Si me avergüenza el comportamiento de mi hijo, haré cualquier cosa para que deje de comportarse mal.
- Cuando se trata de apegarme a mis metas, no soy un gran modelo para mi hijo.

- Libero mi estrés en ocasiones de forma poco saludable, como bebiendo mucho o comiendo mucho.

Por qué los padres toman atajos

Como muchos padres, Nicole ha consumido su energía y paciencia para cuando termina el día. Por ello se concentró en sobrevivir el día con la menor resistencia posible por parte de sus hijos.

El tiempo y la energía son recursos limitados. Cuando sientes que no tienes suficientes, puedes estar tentada a tomar atajos, a pesar de sus ramificaciones a largo plazo.

LOS ATAJOS HACEN LA VIDA MÁS FÁCIL POR AHORA

El mundo de hoy en día está lleno de tentadores atajos que prometen rápidos y sencillos resultados. Hay pastillas dietéticas que te ayudarán a perder peso rápido. Hay pastillas que afirman ayudarte a ganar músculo de una noche a otra. Y hay demasiados esquemas del tipo "hazte rico rápido" que prometen éxito de una noche a otra. Cada uno toma atajos para evitar el malestar, en uno u otro momento. Tal vez te has bajado de la caminadora mucho antes de haber alcanzado tu objetivo, porque te sentías cansada. O tal vez tomaste un préstamo para que no tuvieras que ahorrar dinero para ir de vacaciones.

No son sólo las personas "promedio" quienes persisten en tomar atajos perjudiciales. Hay muchos atletas que han tratado de tomar atajos con miras al éxito. En vez de entrenar más tiempo, o más intensamente, algunos se voltean hacia las drogas ilegales para dotarse de una rápida ventaja competitiva.

¿Recuerdas a la velocista estelar Marion Jones? Era una heroína durante los Juegos Olímpicos de verano de 2000, cuando ganó tres medallas de oro y dos de bronce. Pero después, en 2006, dio positivo para esteroides. Fue despojada de sus medallas y vetada para competir en los Juegos Olímpicos de 2008. Y luego estaba Lance Armstrong. Conocido por sus increíbles habilidades como ciclista, era reverenciado como héroe cuando regresó al deporte tras vencer al cáncer. Pasó años negando los alegatos sobre el uso de drogas potenciadoras del desempeño. Tras haber ganado siete carreras consecutivas del Tour de France, finalmente admitió haber estado dopándose todo el tiempo.

Las celebridades acaudaladas a veces andan a la caza de atajos financieros y caen presas de esquemas "hazte rico rápido". El director Steven Spielberg y el actor Kevin Bacon invirtieron su dinero con Bernie Madoff, quien prometió ingentes réditos. A pesar de sus promesas "muy buenas para ser verdad", Bacon y Spielberg entregaron su dinero, que posteriormente perdieron en el esquema Ponzi de Madoff.

Las noticias están llenas de historias de personas que tratan asimismo de mitigar sus problemas de forma perjudicial. Acaso sea la ambición de tener más dinero, más éxito o de volverse más atractivos, hay un atajo para todo. Y muchos padres toman atajos cuando se trata de criar a sus hijos. Dar un dulce a un niño que grita podría ser una forma de detener su mal comportamiento mientras se está cenando en un restaurante pomposo. O dejar que tu hijo juegue con sus aparatos electrónicos por horas sin parar puede hacer tu vida un poco más fácil hoy. Mientras ciertos trucos de crianza tienen sentido, otros pueden ser muy dañinos para los hijos.

LA MAYORÍA DE LOS PADRES ESTÁN APANICADOS

Puedo sentir que todos los demás tienen una casa limpia, ropa pulcramente planchada y mucho tiempo libre para ser instructor de actividades deportivas y tomar control de su tiempo libre remunerado. Y cuando parece que el día no tiene suficientes horas, podrías felizmente tomar cualquier atajo que se te presente. Podrías estar tentado a dejar a tu hija ver la televisión por cinco horas, con tal de que permanezca tranquila, para que puedas terminar algunos trabajos. O tal vez sea más fácil ver hacia otro lado cuando tu hijo está por alcanzar otra galleta. Después de todo, estará jugando tranquilo mientras mastica.

En un intento de recuperar cierto control dentro de su crispada vida, algunos padres —especialmente las madres— abusan de estimulantes prescritos. Acaso estén buscando una rápida pérdida de peso fija o esperan obtener más energía, lo cual está convirtiéndose en un problema tan extendido que los estimulantes han sido apodados "los pequeños ayudantes de mamá". Cuando son consumidos por una condición legítima, como TDAH, los estimulantes podrían ser útiles. Pero cuando se abusa de ellos, pueden conducir a albergar problemas clínicos (por no hablar de dificultades legales).

A pesar de que quizá nunca llegues a tal extremo, hay una fuerte probabilidad de que tomes algún tipo de atajo perjudicial. Considera qué cosas podrías hacer ahora para deshacerte de tus afecciones actuales, aun cuando causen mayores problemas a lo largo del camino.

LOS ATAJOS CONDUCEN A PROBLEMAS A LARGO PLAZO

Trabajar más eficazmente en vez de más duro es una buena práctica. Y un atajo ocasional no es dañino. Alimentar a tu hijo con una dona mientras sales de prisa por la puerta de casa en la mañana no es gran cosa en tanto que lo hagas de vez en cuando. Pero si lo haces todos los días, tu hijo podría sufrir las consecuencias. Aunque es más fácil ceder tras la quinta ocasión en que tu hijo pregunta: "¿Puedo comer otra galleta?", permitirle hacer su voluntad es perjudicial. Aprenderá a darte lata cada vez más fuerte y con más insistencia y la próxima vez te costará el doble enseñarle que esas estrategias no son efectivas.

Hay dos tipos de atajos perjudiciales: los relacionados con problemas y los relacionados con emociones. Ambos proveen un alivio temporal en el momento, pero al último conducen a problemas mayores.

He aquí un ejemplo de ambos.

Durante toda una semana, Molly ha estado tratando de hacer que su hijo de trece años limpie su habitación. La ropa está esparcida por toda la habitación, hay basura por doquier y platos y vasos están diseminados por todo el piso. Está cansada de discutir con él para que lo limpie.

> **Atajo relacionado con problemas:** Ella podría limpiar la habitación de su hijo por él. Eso resolvería el problema por ahora.
>
> **Atajo relacionado con emociones:** En vez de discutir con él u obligarse a mirar su desorden, podría llevar a su familia a cenar fuera como una forma de escapar del problema. Ella se sentirá mejor temporalmente.

Ambos atajos ayudarán a Molly a sobrevivir el día. Sin embargo, ambos podrían tener ramificaciones a largo plazo.

Si Molly toma el atajo relacionado con problemas y limpia la habitación de su hijo por él, éste aprenderá que es normal ser irresponsable. Si ella emplea el atajo relacionado con emociones, su hijo aprenderá que su madre lo premiará por tener una habitación desordenada y lo llevará a cenar fuera. En cualesquiera de los dos casos, no aprenderá alguna lección importante de vida.

Los padres que toman atajos tienen hijos que toman atajos

Kathy trajo a su hijo de seis años, Sam, a terapia, diciendo: "Él no dormirá en su propia cama en la noche". Durante ya varios años se ha rehusado a dormir en su propia habitación, pero Kathy y su marido estaban cansados de que él invadiera su cama. "Él llora y grita si trato de hacerlo dormir en su propia cama. Incluso si logro que empiece a dormir en su cama, sólo pasan cinco minutos antes de que vuelva a nuestra habitación", explicó.

Kathy llegó a la cita siguiente sin Sam para que pudiéramos resolver el problema de hacerlo dormir en su cuarto. Ella accedió a dormir en un colchón en el piso de la habitación de Sam por algunas noches para acostumbrarlo a dormir en su propia cama. Regresó la semana siguiente y dijo: "Eso no funcionó. Lloró cuando le dije que debía dormir en su propia cama. ¿Qué no hay algún medicamento que se le pueda dar y que lo abata en la noche?"

Como con muchos padres con los que he trabajado por muchos años, Kathy estaba tan desesperada por cambiar el comportamiento de Sam que estaba dispuesta a probar todo, excepto la paciencia. Sam no tenía problemas para conciliar el sueño, sólo que no quería dormir en su propia cama. Y eso pasaba porque sus padres le habían permitido dormir en la cama de ellos por años.

Le expliqué que iba a tomar más de una o dos noches de trabajo en conjunto con Sam para lograr que durmiera en su propia cama. No había ningún atajo sano para lograrlo más rápido.

En cambio, la solución sería ser persistente y paciente. Le tenía que enseñar a Sam que podía dormir en su propia cama y seguramente tendría que avanzar paso a paso.

Afortunadamente, accedió a seguir intentándolo. Y ella y su marido emplearon una variedad de herramientas para ayudar a que Sam se acostumbrara a dormir en su propia cama, incluyendo una nueva rutina de acostarse y un sistema de recompensas. Pero lo más importante, tenían que ser contundentes en su mensaje cuando le dijeran a Sam que no podía dormir más en su cama.

Eso significaba encaminarlo de regreso a su habitación cuando tratara de introducirse en la cama de ellos, aun cuando fuera medianoche y ellos estuvieran cansados. Permitirle dormir en la cama de ellos tan sólo por una noche desharía el progreso que hubieran alcanzado. Por ello debían persistir firmemente. Y su persistencia rindió frutos una vez que Sam se ajustó a dormir en su propia habitación.

Su voluntad de apegarse al plan demostró a Sam que los cambios cuestan un gran trabajo y perseverancia. Y ésa era una lección de vida importante que Sam aprendió.

Tu hijo aprende cómo manejar el malestar observándote. Si tomas el camino más fácil cada vez que te enfrentas a circunstancias difíciles, él comenzará a tomar sus propios atajos.

- Un niño de diez años copia la tarea de su amigo porque le tomará horas entenderla por sí mismo.
- Un niño de doce años se rehúsa a practicar el piano porque está batallando en aprender las notas.
- Un adolescente de catorce años come refrigerios constantes entre comidas porque quiere evitar padecer hambre.
- Una adolescente de dieciséis años empieza a saltarse comidas porque quiere perder peso para el baile de graduación.
- Una joven de dieciocho años empieza a robar dinero de la caja registradora de su trabajo porque quiere comprarse un nuevo automóvil.

Ya sea que tu hijo moja su cepillo de dientes para que pienses que se cepilló los dientes o se apresura con su tarea para poder jugar fuera, los atajos resuelven los problemas por el momento. Las consecuencias a largo plazo pueden no ser manifiestas durante semanas, meses o incluso años a lo largo del camino. E incluso entonces, la mayoría de los niños no son capaces de relacionar dichas consecuencias con su comportamiento.

Qué hacer en su lugar

Al lidiar con el comportamiento de sus hijos, Nicole tuvo que reconocer cómo sus atajos estaban acrecentando sus problemas: no resolviéndolos.

Luego tuvo que establecer estrategias de crianza que apuntalaran sus objetivos a largo plazo. Insistir en que sus hijos hicieran sus deberes, haciéndolos responsables de ellos, y rehusar darse por vencida les ayudaría a aprender importantes lecciones de vida.

Busca alternativas a los atajos que tomas. Comprométete a desarrollar estrategias que sean las más saludables para tus hijos a largo plazo, y no sólo lo que es más fácil ahora mismo.

IDENTIFICA LOS ATAJOS QUE TOMAS

Cintia trajo a su hijo de nueve años, Daniel, a terapia, porque estaba enfadado y agresivo para con su hermano de seis años, Jackson. La pelea se había salido de control, y más recientemente, Daniel había empezado a golpear a Jackson. Ella dijo: "Creo que necesita clases del manejo de la ira". Pero tras oír un poco más sobre lo que estaba pasando, no sonaba a que Daniel estuviera golpeando a su hermano por rabia. Más bien, estaba usando la agresividad como un método para satisfacer sus necesidades.

A lo largo de los años, cada vez que Daniel y Jackson peleaban, Cintia usualmente intervenía y decía: "Daniel, sólo dale lo que quiere para que deje de llorar" o "Daniel, concédele ese juguete para que no grite". Ahora, Daniel estaba harto de ceder ante su hermano, de modo que había comenzado a tomar una posición al respecto puesto que su madre se rehusaba a intervenir.

Daniel no necesitaba clases de manejo de la ira. Más bien, Cintia necesitaba ayuda en determinar límites y en establecer repercusiones para Jackson. Eso significa no dejar que Jackson se saliera con la suya, incluso si gritaba.

Con el pasar del tiempo, Daniel consiguió confiar en que su madre manejaría la situación, sin pedirle que cediera ante las demandas de su hermano cada vez. Y al aumentar su confianza, su agresividad disminuía. Eso no significaba que ya no sintiera frustración a veces por su fastidioso hermano menor, pero ya no le pegaba para resolver el asunto.

Cintia se había habituado tanto a hacer que Daniel cediera ante su hermano que ni siquiera ella reconocía el atajo que estaba tomando. Aplacar a Jackson, aun cuando fuera injusto para Daniel, se había convertido en un hábito. Y últimamente, estaba enseñándole a Jackson que atosigar a su hermano y berrear eran maneras efectivas para obtener lo que quería.

Piensa en los atajos que tomas. ¿Cuáles podrían estarte ahorrando tiempo y energía a corto plazo mientras te causarán más pesar a largo plazo?

Aquí unas preguntas que hay que considerar:

- ¿Usas el castigo, en lugar de la disciplina porque toma menos esfuerzo?
- ¿Ignoras los problemas de comportamiento porque toma mucha energía abordarlos?
- ¿Haces las cosas por tus hijos, en vez de enseñarles a hacerlas por sí mismos?
- ¿Resuelves los problemas de tus hijos, en vez de enseñarles a cómo resolverlos ellos mismos?

CREA UN PLAN PARA EVITAR FUTUROS ATAJOS

Hazel, de siete años, tenía la voz más chillona que haya jamás oído. Y estaba volviendo locos a sus padres. Cada vez que decía cosas como: "Pero Mamá, no es justo" o "¡Quiero irme ahora!", sus padres entraban en acción. Hacían cualquier cosa que pudieran para hacer que dejara de chillar. Y ahora estaban pagándolo. Hazel había descubierto que chillar era una gran manera de hacer que sus necesidades fueran atendidas. Su esperanza para llevarla a terapia era que yo tuviera una cura mágica. Pero la solución no era tan indolora. Los padres de Hazel necesitaban cambiar su propio comportamiento si querían cambiar el comportamiento de Hazel.

Los exhorté a decirle a Hazel que, de ahora en adelante, ella adoptaría una "voz de niña grande" cuando pidiera algo. Y que si los atosigaba, les insistía y chillaba, no le responderían. En cambio, se alejarían y actuarían como si no pudieran verla o escuchar sus chillidos. Luego, tan pronto como dejara de chillar, le darían su atención elogiándola por estar tranquila. Pero bajo ninguna circunstancia cederían cuando ella chillara.

Accedieron al plan cuando abandonaron la oficina. Pero cuando regresaron la siguiente semana, dijeron: "Hazel no lo entendió. No sabe cómo comunicarse sin chillar". Hice algunas preguntas y entendí que cuando trataban de ignorarla, ella lloriqueaba más fuerte y por más tiempo. Y ellos empezaban a derrumbarse porque pensaban que Hazel no podía comunicarse de mejor manera.

Entonces les recordé que las cosas probablemente se pondrían peor antes de que se pusieran mejor. Ese lloriquear más fuerte y por más tiempo era un intento desesperado de Hazel para hacer el lloriqueo más efectivo, y hasta ahora estaba dando resultados. Los exhorté a hacer lo que estuviera en sus manos para ignorar el lloriqueo de Hazel. Y si conseguían hacerlo durante una semana, seguramente verían algunos cambios en su comportamiento. Aun cuando dichos cambios parecerían ser para bien al principio, ellos debían apegarse al plan, pues con el pasar del tiempo las cosas mejorarían.

El lloriqueo de Hazel disminuyó una vez que sus padres tuvieron un plan delimitado, y fueron capaces de apegarse a él. Fue duro para ellos al principio. Esencialmente tenían que "desenseñarla". Había aprendido que lloriquear le ayudaría a obtener lo que quería. Y tenían que dejar de tomar atajos que reafirmaran esa creencia.

Si te has enfrascado en el hábito de tomar atajos, desarrolla un plan que te ayude a dejarlo. De otro modo, probablemente estarás atrapado en los mismos patrones de comportamiento de siempre.

Hazte las siguientes preguntas:

- ¿Qué necesito para dejar de tomar este atajo?
- ¿Qué puedo hacer de forma diferente?
- ¿Cómo puedo apegarme a mi plan aunque sea muy difícil de realizar?
- ¿Cuándo es más probable que tome un atajo y cómo puedo hacer un plan de antemano ante esas situaciones?

ENCUENTRA MANERAS SALUDABLES DE RECARGAR BATERÍAS

Reconocemos que las baterías de nuestros aparatos deben ser recargadas con regularidad. Pero, por alguna razón, esperamos que nosotros mismos permanezcamos encendidos todo el tiempo. Y bien, tal como nuestros teléfonos inteligentes, en algún momento debemos detenernos y cargar nuestras baterías para funcionar en el mejor modo posible.

Cuando te sientes con energía, con menor probabilidad voltearás hacia los atajos para sobrevivir al día. Por ello es importante encontrar maneras saludables de recargar tus baterías.

Haz de tu cuidado personal una prioridad. Estarás fungiendo como modelo para tus hijos sobre la importancia del cuidado de uno mismo y al mismo tiempo estarás cerciorándote de que estás dando pasos hacia convertirte en el mejor padre que puedas ser. Descubre qué actividades te ayudan a sentirte recargado. Aquí unos ejemplos:

- Hacer ejercicio
- Encontrar un pasatiempo
- Pasar tiempo con amigos
- Leer un libro
- Salir a una cita por la noche
- Escribir en una revista

Algunos padres sienten que no tienen tiempo para procurarse a sí mismos o se sienten que es muy egoísta de su parte hacer actividades sin sus hijos. Pero involucrarse en el cuidado de uno mismo es la clave para evitar atajos perjudiciales.

Imagina un automóvil casi sin gasolina. El conductor mira un mapa y descubre que la gasolinera más cercana está a ochenta kilómetros si continúa por la autopista. Si toma un atajo, podría llegar atravesando treinta y dos kilómetros, pero esa ruta implica tomar un camino desolado y sinuoso que sólo pocas personas recorren. El conductor podría estar tentado a tomar el atajo porque no está seguro de tener la suficiente gasolina.

Puede que la crianza sea similar. Necesitas de suficiente gasolina en tu tanque para que puedas tomar la mejor ruta hacia tu destino. Si estás echando a andar con poco combustible, es posible que tengas que apoyarte en atajos. La mejor manera de llenar tu tanque de crianza es procurarte a ti mismo. Luego tendrás la energía para aguantar el largo y arduo camino que te ayudará a formar un hijo responsable.

Cómo enseñar a los hijos a resistirse a atajos tentadores

En el caso de Nicole y sus maleducados hijos, les estaba enseñando malos hábitos. Llorar, chillar y discutir hacía que sus necesidades fueran atendidas. Debía comprometerse a enseñarles habilidades más apropiadas para que pudieran crecer y convertirse en adultos responsables.

En el capítulo ocho discutimos la importancia de no escudar a los hijos del dolor. Pero no es suficiente solamente dejar que tu hijo experimente el dolor. También tienes que asegurarte de que no tome atajos perjudiciales para lidiar con su dolor.

AYUDA A TU HIJO A FIJARSE METAS DESAFIANTES

Cerciórate de que tu hijo siempre esté trabajando en algún tipo de meta. La clave es idear metas desafiantes pero realistas. Aquí algunos ejemplos:

- **Metas de condición física:** "Quiero ser capaz de correr un kilómetro sin parar". (Trata de mantener la atención fuera del peso, pues no se trata de que tu hijo piense que estar sano es tan sólo un número en una báscula.)
- **Metas educativas:** "Quiero leer cincuenta libros durante las vacaciones de verano".
- **Metas financieras:** "Quiero ahorrar dinero suficiente para comprar una nueva patineta".
- **Metas de hábitos:** "Quiero terminar todas mis tareas antes de la cena por una semana".
- **Metas sociales:** "Quiero entablar amistad con alguien con quien pueda pasar tiempo fuera de la escuela".

Una vez que tenga una meta para sí mismo, ayúdalo a trabajar en alcanzarla. Los niños por lo regular empiezan sintiéndose entusiasmados por una meta, pero tienden a perder la emoción rápidamente. He aquí cómo puedes ayudar a tu hijo a alcanzar su meta:

- **Exhorta a tu hijo a poner por escrito su meta.** Las metas puestas por escrito son más probables de ser alcanzadas. Cuelga la meta de tu hijo en un lugar visible en su habitación, que le recuerde lo que está tratando de alcanzar.
- **Divide la meta en objetivos más pequeños.** Pensar en una gran meta puede ser abrumador. Ayuda a tu hijo a identificar los pequeños pasos que puede tomar ahora para ayudarlo a trabajar hacia su objetivo.

- **Encuentra una manera de dar seguimiento al progreso de tu hijo.** Haz una tabla, pon marcas en un calendario o dale un diario para tener registro de sus progresos. Esto le enseñará a hacerse responsable de sí mismo y puede mantenerlo motivado.

Trabajar hacia sus metas puede ser incómodo a veces. Y estará tentando a tomar atajos cuando el andar se torne complicado.

Dótalo de una guía y de apoyo para hacerle probar el éxito. Cada vez que supere un obstáculo o alcance una nueva marca, ganará seguridad en su habilidad para perseverar.

AYUDA A TU HIJO A IDEAR UN MANTRA CONSTRUCTIVO

Ya sea un día o un mes dentro del proceso, tu hijo probablemente luchará por seguir trabajando hacia su meta. En ese punto podría estar tentado a claudicar o a tomar un atajo.

Ayudar a tu hijo a continuar trabajando hacia su meta cuando no tiene ganas le enseña que es más fuerte de lo que cree. Cuanto más practica en momentos difíciles, tanto más aprenderá que puede comportarse diferente de cómo se siente.

Los niños están mejor equipados para ahuyentar pensamientos negativos cuando cuentan con un útil mantra en su debido puesto. He aquí algunos ejemplos:

- **"Debo seguir moviendo mis pies".** Si tu hijo está tratando de correr un kilómetro o está quejándose de que sus piernas están muy cansadas mientras caminan alrededor de la tienda de comestibles, dile que se concentre en dar un paso más a la vez.
- **"Puedo esperar".** Cuando tu hijo está esperando en una larga fila o cuando está tentado a interrumpir una conversación, recordarse a sí mismo ser paciente puede ayudarlo a tolerar la espera.

- **"Soy un niño fuerte".** Si tu hijo está a punto de obtener su turno o está por someterse a algo difícil, recordarse a sí mismo que es fuerte puede ayudarlo a ser valiente.

- **"Sólo un panquecillo".** Si le dijiste a tu hijo que sólo podía comer un panquecillo, puede recordárselo a sí mismo una y otra vez para resistir la tentación cuando quiera comer otro.

Ayuda de forma dinámica a tu hijo a desarrollar una pequeña frase que pueda repetirse a sí mismo cuando las cosas se pongan difíciles. Un mantra útil puede impedir que tu hijo piense cosas como: "¡No tolero esto!" o "Esto es muy difícil. Me rindo". Ese tipo de pensamientos lo conducirá a tomar un atajo.

Fortalece sus esfuerzos mediante el empleo de dicha frase cuando esté batallando. Si te escucha decir: "¡Sigue haciéndolo!", le recordará decirse a sí mismo que puede continuar.

Enseña a los prescolares a usar el "efecto Batman"

Los prescolares aman tomar todo atajo que puedan. Después de todo, son impacientes e impulsivos por naturaleza. Por ello esperar en la fila, tomar turnos y seguir las reglas puede ser difícil. Entonces no te sorprendas si tu hijo prescolar interrumpe cada cierto tiempo porque no quiere esperar su turno para hablar. Es también común entre las niñas prescolares tomar una galleta tras haberles dicho que no porque no quiere esperar hasta después de la cena para tomar una recompensa.

Pero la buena noticia es que la gratificación diferida es una habilidad que puede ser enseñada. Con la práctica, el músculo de autocontrol de tu hijo se perfeccionará. Empieza enseñándole desde edad temprana que puede posponer el sentirse bien ahora para que se pueda sentir de maravilla más tarde. Mientras gana seguridad en su habilidad para retrasar la gratificación, tendrá menos probabilidades de tomar atajos perjudiciales.

Una de las mejores formas de hacerlo es usar el "efecto Batman". En un estudio de 2016 publicado en *Child Development*, los investigadores encontraron que los niños persistían en sus tareas cuando pretendían ser un personaje hacendoso como Batman, Dora la exploradora o Bob el constructor. En una serie de experimentos, se les proporcionó a los niños tareas aburridas y repetitivas que demandaban su total atención. Se les dio la opción de tomar un descanso para jugar videojuegos o seguir trabajando. Los niños que adoptaron el rol de un personaje trabajaron por más tiempo en las tareas aburridas.

Por ello, cuando tu hijo se enfrente a una tarea aburrida o difícil, dile: "Apuesto que un superhéroe conseguiría ordenar esta habitación!" Ocasionalmente inspecciónalo y pregúntale: "¿Cómo va todo allí dentro, Superman?"

Cuando tu hijo imagina ser uno de sus positivos personajes de ficción favoritos, emulará su ética de trabajo. Dado que los personajes trabajadores se resisten ante los atajos perjudiciales, será más probable que tu hijo persevere.

Enseña a tus hijos en edad escolar a involucrarse en experimentos de conducta

La desconfianza en uno mismo puede conducir a los niños en edad escolar hacia cuestionar su habilidad para permanecer en el curso. Un niño podría pensar: "Nunca seré capaz de esperar hasta el viernes para obtener mi recompensa" o "No importa cuántas veces estudie las palabras para el deletreo. Sólo que es muy difícil". Los niños que experimentan desconfianza en sí mismos habitan en su desazón hasta que finalmente ceden. Dejan de buscar soluciones sanas y persiguen formas inmediatas que les ayuden a sentirse mejor. Si tu hijo se da por vencido (o tú cedes) cada vez que insiste en que no podría en absoluto aguantar otro minuto de malestar, estará subestimando sus capacidades.

Enséñale a desafiar sus pensamientos negativos llevando a cabo un experimento conductual. Cuando oigas que dice cosas como: "No puedo hacerlo", dile que tome un pequeño descanso o algunos respiros profundos y que lo intente de nuevo. Exhórtalo a comprobar que sus pensamientos negativos están errados.

Un ejercicio simple para demostrar esto es preguntarle qué tan lejos cree que pueda correr. Si es como los demás niños, podría sobrestimar sus capacidades en un principio. Pero luego, cuando empiece a sentirse cansado, podría darse por vencido de inmediato.

Corre alrededor de un circuito con él, si puedes. Pídele que te diga cuando empiece a sentir que sus piernas están muy cansadas como para ir más allá, o cuando tenga ganas de abandonar porque no puede recobrar el aliento. Luego, exhórtalo a continuar, sólo un poco más, para demostrarle que es más fuerte de lo que cree.

Háblale acerca de este ejercicio después y discute con él sobre cómo nuestros cerebros a veces intentan hacer que abandonemos antes de lo necesario. A pesar de que no haya alcanzado el objetivo que se propuso a sí mismo, discutan cómo puede continuar y seguir intentándolo tenazmente sin tomar atajo alguno.

Enseña a los adolescentes la verdad acerca de los atajos

Los años de la adolescencia están llenos de oportunidades para tomar atajos perjudiciales. Y la presión por parte de los compañeros puede jugar un factor importante en la decisión de un adolescente sobre involucrarse en una actividad desagradable. Tu hija de dieciséis años podría estar saltándose comidas porque quiere perder peso para el baile de graduación o tu hijo de dieciocho años podría verse tentado a tomar la prescripción de un amigo porque lo ayudarán a quedarse despierto toda la noche estudiando.

Adviértele a tu hijo adolescente acerca de los peligros de tomar atajos en la vida. Pero decirle: "No fumes porque es perjudicial" o "Aléjate del alcohol porque es malo beber" puede resultar contraproducente. Si el amigo de tu hijo adolescente dice: "Me emborraché este fin de semana y fue muy divertido", tu hijo pensará que no has de saber de lo que está hablando porque la experiencia de su amigo fue positiva.

Reconoce que los atajos pueden ofrecer un alivio temporal. Luego advierte a tu hijo adolescente acerca de los peligros de éstos. Di: "Tomar alcohol puede ser divertido a veces. Pero es ilegal para ti beberlo. Y no es bueno para tu cerebro en desarrollo y podría conducirte a tomar decisiones de riesgo". O di: "Jugar videojuegos toda la noche te hará sentir mejor por ahora porque no tendrás que preocuparte por el trabajo de la escuela. Pero si no terminas tu trabajo esta noche, tan sólo te hará sentirte más ansioso mañana".

Dar una visión equilibrada puede que ayude a que tu hijo adolescente te considere más atendible porque verá que tenías razón en cuanto a la ventaja de tomar un atajo. Entonces, será más probable que tenga en mente las advertencias que le hiciste también. Eso podría ser decisivo para ayudarlo a tomar las decisiones más sanas por sí mismo.

Los niños que aprenden a resistirse ante atajos perjudiciales se convierten en adultos tenaces

Los niños de ahora son nativos digitales. Nunca han sabido lo que es ordenar algo de un catálogo y esperar semanas a que llegue. Y nunca han tenido que esperar a que una película llegue al videoclub antes de poder verla. Pueden obtener acceso instantáneo a todo, desde sus amigos hasta las preguntas de sus trivias en cuestión de segundos. Por ello, cuando se trata de tomar decisiones en sus vidas, se ven tentados a tomar atajos. Quieren que todo ocurra en un instante.

Por ello es esencial que los niños tengan ejemplos que les enseñen la importancia de permanecer en el curso, aun cuando sea difícil. Cuando saben que pueden con tomar la autopista en vez del atajo más fácil, adquieren confianza en su habilidad por cumplir sus propósitos, sin importar cuánto tiempo les lleve.

La famosa prueba del malvavisco de la Universidad de Stanford arrojó luz sobre la importancia de la gratificación diferida. Los investigadores dieron a elegir a los niños entre comer un malvavisco ahora o una recompensa mayor (como dos malvaviscos o una menta con chocolate) veinte minutos más tarde. Los niños esperaron en una habitación solos, poniendo a prueba su autocontrol.

Los investigadores encontraron que a los niños que mostraban suficiente autocontrol para esperar por la recompensa mayor a la edad de cuatro años generalmente les iba mejor en la vida. Tenían puntajes SAT más altos y tenían menos probabilidad de padecer sobrepeso o consumir drogas treinta años más tarde.

Enseñar a tu hijo tenacidad podría ayudarlo ahora a resistir la tentación de tomar atajos más tarde en su vida. Un niño que entiende la importancia del autocontrol podría ser capaz de apegarse a sus metas por más tiempo, y tiene más probabilidad de persistir cuando las cosas se pongan difíciles.

Las personas mentalmente fuertes no esperan resultados inmediatos. Ya sea que estén pagando una deuda o mejorando su estado físico, saben que el cambio no sucede de una noche a otra. Permanecen en la carrera y resisten a los atajos perjudiciales a lo largo del camino.

Resolución de problemas y trampas comunes

A pesar de que podría ser tentador a veces, no seas cómplice con tu hijo de tomar un atajo. Aunque podrías terminar su tarea de matemáticas en diez minutos, no la hagas por él. Y sólo porque eres ingeniero no significa que puedes hacerle su proyecto para la feria de ciencias. Si te conviertes en su cómplice en tomar un atajo, le estarás enviando el mensaje equivocado. Dará por hecho que algunos atajos son pertinentes para esquivar el trabajo duro.

Otra trampa común es que los padres no siempre son constantes en darle a sus hijos premios para convencerlos de retrasar la gratificación. Si dices: "Emparejaré la suma de dinero que ganes para tu bicicleta al final de mes", es esencial que cumplas lo prometido. De lo contrario, tu hijo no tendrá incentivo alguno para trabajar con miras hacia otras recompensas que le prometas en el futuro.

Puede que también sea difícil a veces distinguir entre un "mejorador del humor" como el que presentamos en el capítulo 9 y un atajo perjudicial. La diferencia depende en cómo afectará a tu hijo a largo plazo. Por ejemplo, si tu hijo tiene un día difícil en la escuela y regresa a casa de mal humor, ir a dar un corto paseo en bicicleta es un útil mejorador de humor.

Cuando se sienta feliz, tendrá mayor capacidad de concentrarse en su tarea. Pero montar su bicicleta toda la noche para evitar estudiar para el examen que detesta, es un atajo perjudicial.

Por ello pregúntate: "¿Lo que está haciendo ahora lo ayudará o lo perjudicará a largo plazo?" Un mejorador de humor contribuirá a su objetivo a largo plazo, mientras que un atajo saboteará su esfuerzo a largo plazo.

QUÉ ES ÚTIL

* Ayudar a tu hijo a ponerse propósitos desafiantes.
* Construir credibilidad junto con tu hijo sobre los peligros de los atajos.
* Ayudar a tu hijo a emprender periodos de prueba de una conducta.
* Recargar baterías para que puedas dar lo mejor de ti.
* Asistir a tu hijo en la creación de un mantra.
* Enseñar la gratificación diferida.
* Reconocer lo tentador que es ceder ante los atajos.

QUÉ NO ES ÚTIL

* Ceder ante el mal comportamiento de tu hijo.
* Ser cómplice de tu hijo en tomar atajos.
* Dejar que tu hijo se rinda ante sus propósitos sin tener una guía.
* Ignorar los atajos perjudiciales de tu hijo.
* Criticarte a ti mismo negativamente.
* Estar concentrado en los logros a corto plazo sin mirar tus objetivos a largo plazo.

No pierden de vista
sus valores

Kyle, de quince años, fue expulsado de un programa especial que le permi-
tía tomar clases universitarias mientras cursaba todavía el bachillerato por-
que había sido sorprendido haciendo trampa. Los padres de Kyle lo trajeron
a consulta por dos razones: querían averiguar "en qué habían fallado" y
estaban preocupados por su futuro. La madre de Kyle dijo: "Lo educamos
mejor como para esto. Siempre le inculcamos ser honesto". Pero ahora sus
padres estaban cuestionando todo. Les inquietaba que la única razón por
la que había estado obteniendo buenas calificaciones fuera que había estado
haciendo trampa todo el tiempo.

Me encontré con Kyle por algunas sesiones para escuchar más sobre lo
que había sucedido y para averiguar cómo planeaba avanzar. Dijo que
sabía que hacer trampa estaba mal y que nunca habría debido hacerlo.
Estaba decepcionado de sí mismo y molesto de que había desperdiciado la
oportunidad de obtener créditos universitarios gratis. Kyle admitió haber
hecho trampa algunas ocasiones antes, pero dijo: "No más que otro chico de
mi edad". Dijo que la mayoría de sus amigos habían hecho trampa de vez
en cuando y que nunca se había enterado de que sorprendieran a alguien.
Por ello nunca imaginó que su profesor lo descubriría.

Mientras conversábamos sobre qué lo había llevado a la decisión de
hacer trampa, dijo: "Sin contar con mucho tiempo para hacer un buen

trabajo escrito, habría reprobado ese proyecto. Y mis padres se hubieran decepcionado si hubiera reprobado".

Los padres de Kyle habían enviado el mensaje de que el alto rendimiento era esencial. A pesar de que habían pronunciado frases como "Hazlo lo mejor que puedas", su actitud daba a entender que lo mejor que pudiera no era siempre lo suficientemente bueno. Habían contratado tutores para darle una ventaja competitiva y lo habían inscrito en un costoso curso de preparación para el examen SAT. Y habían invertido mucho tiempo en hablarle sobre las escuelas de la Ivy League.

Constantemente lo elogiaban por ser listo. Se jactaban con amigos y familiares sobre que era un alumno excepcional que siempre obtenía diez. Su hincapié en su rendimiento le enseñó a Kyle que sus calificaciones eran más importantes que cualquier otra cosa. Sabía que sus padres esperaban que obtuviera tantos créditos universitarios como fuera posible mientras seguía en bachillerato. Así que pensó que hacer trampa era la mejor opción.

Los principales problemas parecían ser:

1. **Kyle había hecho trampa.** No podía regresar y cambiar este hecho. Pero podía decidir cómo enfrentarlo. Necesitaba crear un plan para seguir avanzando.
2. **Kyle estaba confundido sobre los valores familiares.** No estaba exactamente seguro sobre qué precio estaba dispuesto a pagar por sus logros.

Mis recomendaciones incluían:

1. **Kyle y sus padres debían poner en claro sus valores.** Los padres de Kyle necesitaban decidir qué esperaban de él. Y Kile también necesitaba trabajar en identificar sus valores.
2. **La familia debía cerciorarse de que su comportamiento era acorde con sus valores.** Una vez que hubiesen identificado sus

valores, la familia necesitaba asegurarse de que sus prioridades representaran sus convicciones.

Los padres de Kyle se unieron a la siguiente sesión de la terapia y examinamos sus valores familiares. Aunque querían que él tuviera éxito académicamente, dijeron que era más importante para él que fuera honesto. Abordamos algunas maneras en que su comportamiento pudo haber enviado señales confusas.

Para avanzar, toda la familia tenía que examinar de cerca sus valores. ¿Acaso sus padres valoran la honestidad sobre el rendimiento? No quería que ellos respondieran sólo con aquello que consideraban socialmente apropiado. Estaba en sus manos decidir qué era lo más importante en sus vidas.

Exhorté a Kyle a pasar más tiempo reflexionando sobre sus propios valores. Quizá las cosas que más valoraba no estaban en conexión con los valores de sus padres.

La familia regresó la semana siguiente y todos ellos dijeron que valoraban más la honestidad sobre el rendimiento. Pero vieron cómo habían confundido sus prioridades a lo largo de los años. Siempre hablaban sobre buenas calificaciones y alto rendimiento. En cambio, el tema de la honestidad rara vez salía a colación. Vieron cómo su insistencia en las buenas calificaciones había enviado mensajes ambiguos sobre que estarían decepcionados si él fracasaba.

Y los padres de Kyle admitieron que probablemente los habría irritado que las calificaciones no fuesen buenas. Pero ahora se habían dado cuenta de que una mala calificación hubiera sido preferible a hacer trampa.

Juntos, estaban comprometidos a reordenar sus prioridades. A pesar de que Kyle estaba a pocos años de convertirse en un adulto, querían pasar esos años tratando de vivir de acuerdo con sus valores para que pudieran enseñarle lo que era importante en la vida. Pasé las subsiguientes semanas ayudándolos a idear un plan.

En algún momento llegaron al punto en que fueron capaces de sentirse agradecidos por este acontecimiento. Les iba a costar más dinero porque

Kyle no iba a obtener créditos universitarios gratuitamente; sin embargo, ahora estaban conscientes de que ser honestos y buenas personas era más valioso que el dinero.

¿Estás criando de acuerdo con tus valores?

Todo lo que haces, desde cómo gastas tu dinero hasta cómo inviertes tu tiempo, dice todo sobre qué es lo importante en tu vida. A veces, las prioridades de los padres se confunden y sin darse cuenta mandan mensajes equivocados a sus hijos sobre los valores. ¿Responderías "sí" a cualquiera de las siguientes afirmaciones?:

- No estoy seguro de cuáles son mis valores personales.
- No sé cómo impartir a mis hijos los valores.
- Es casi imposible priorizar las cosas importantes en mi vida.
- Si le preguntara a mi hijo acerca de los valores familiares, no tendría idea de lo que le estuviera diciendo.
- Me descubro compitiendo con otros padres y pierdo de vista mis propios valores.
- Envío a mi hijo señales confusas sobre lo que realmente importa.
- Raramente reflexiono sobre si mi hijo está aprendiendo mis valores familiares.
- A veces me concentro tanto en lo que está pasando que me olvido de dar un paso atrás y mirar desde ahí todo el panorama.
- Cuando estoy tomando decisiones de crianza, no pienso mucho sobre las lecciones de vida que quiero que mi hijo aprenda.

Por qué los padres pierden de vista sus valores

A pesar de que no era intencional, los padres de Kyle le enseñaron a pensar que su reputación era más importante que su carácter. Querían arreglarle a su hijo una vida feliz y exitosa. Pensaron que al pagar por tutorías y cursos de preparación para el examen SAT lo ayudarían a ser más competitivo entre sus iguales. Nunca imaginaron que tener éxito lo pondría bajo tan grande presión que lo impelería a hacer trampa.

Si no tienes claros tus valores, podrías estar enviándole a tu hijo mensajes confusos sobre lo que es importante en la vida. E incluso si conoces tus valores, a veces es difícil vivir de acuerdo con ellos.

ES FÁCIL DEJARSE LLEVAR POR LA COMPETENCIA

Mi amiga Sarah llamó hace unas semanas y dijo: "Mi hija es una malcriada". Sarah le había ofrecido a su hija de ocho años, Morgan, una fiesta de cumpleaños, y observar el comportamiento de su hija en dicho evento era una experiencia que le había abierto los ojos. Cuando una de las amigas de Morgan se presentó con una tarjeta, Morgan corrió hacia ella y le dijo: "¿No me trajiste un regalo? ¿Sólo me trajiste una tarjeta? Eso es muy grosero". La niña, evidentemente avergonzada, le explicó que había una tarjeta de regalo dentro del sobre.

Sarah dijo que se había apresurado y se disculpó con la niña pequeña y con su mamá, pero su madre supo que una disculpa no era suficiente. "¡No le pasó por la cabeza a Morgan que *ella* había sido la grosera!", exclamó. Contó que había estado tentada a reñir a su hija por ser malagradecida y por actuar como una malcriada consentida pero luego se le prendió el foco y se dio cuenta de que: "Soy yo la que le enseñó a ser así". Supo que tenía que hacer serios cambios en la forma en que estaba educando a su hija.

Sarah pasó meses planeando la fiesta de cumpleaños de Morgan. Se sumergió en Pinterest para empaparse de ideas de fiestas y pasó semanas comprando recuerdos de la fiesta y creando decoraciones caseras que transformaron el patio trasero en un complejo vacacional tropical.

Dijo: "Aparentemente, debería pasar más tiempo asegurándome de que estoy educando a una hija amable en vez de preocuparme sobre si impresiono a sus amigos con recuerdos de la fiesta". Reconoció que no se trataba sólo de esa fiesta. Era un problema con su modo de criar que se evidenciaba en otras áreas de su vida.

Obviamente, Sarah no está sola en este problema. Es fácil sorprenderse a uno mismo en el aspecto competitivo de la crianza. Las redes sociales hacen esto muy tentador.

Solía tenerse la mentalidad que afirmaba que toda una aldea participa en la crianza de un niño. Amigos, vecinos, familiares lejanos y los adultos de la comunidad se integraban y contribuían. Y la mayoría de los adultos sentían cierta responsabilidad en garantizar que los niños fueran bien criados. Pero en la era de las redes sociales, parece haber una competencia en la carrera por criar al "mejor de los hijos". Los padres están presumiendo los regalos navideños de sus hijos, sus trofeos deportivos y sus logros académicos.

Y en lugar de decir: "Gracias a todos los que me ayudaron a criar a mi hijo", muy a menudo dicen: "Miren lo grandioso que es mi hijo: gracias a mí". Luego otros padres sienten la presión por asegurarse de que su hijo es igualmente exitoso.

Las redes sociales nos han llevado a una paradoja interesante: los conflictos de la crianza se han vuelto más públicos. Sin embargo, en vez de apoyarnos unos a otros, las personas se humillan unas a otras. Publica una foto de tus hijos disfrutando de una comida en un restaurante de comida rápida y alguien muy probablemente te advertirá sobre los peligros de la comida procesada. Si tu hijo sufre una herida en el campo de juego, alguien con seguridad te culpará por ser irresponsable. Deja a tus hijos jugar afuera por sí mismos, probablemente escucharás cuán peligroso es dejar a los hijos sin vigilancia.

Desafortunadamente, humillar y competir de forma enfermiza provoca que algunos padres hagan predicciones sobre sus valores. Y mientras es bueno examinar tu práctica como padre y considerar alternativas, si cambias la forma en que estás criando, ha de ser porque decides que es lo mejor para ti y tu familia. No porque te preocupes sobre lo que pensarán otros padres.

Es difícil mostrar por el internet que tu hijo posee buenos valores. ¿Cómo puedes publicar una foto de él practicando buenos valores? ¿O siendo generoso? Es más fácil jactarse de sus logros al mostrarlo sosteniendo su último trofeo o su más reciente premio.

LOS PADRES MIRAN A SUS HIJOS A TRAVÉS DE UN CRISTAL COLOR ROSA

La gran mayoría de los padres da por hecho que los hijos son mejores de lo que realmente son. Esto puede llevarlos a darse palmaditas en la espalda por un trabajo bien hecho al dar por sentado que han inculcado buenos valores a su descendencia.

Y bien, estudios muestran que los padres miran a sus hijos a través de un lente distorsionado. Aquí algunos ejemplos:

- **Los padres sobrestiman los logros de sus hijos.** Basándonos en reportes de los padres, el GPA promedio para los estudiantes de bachillerato está entre 8 y 8.5. Pero los datos de los expedientes académicos a nivel nacional muestran que el GPA promedio está de hecho entre 7.5 y 8.
- **Los padres no están conscientes de que sus hijos son sexualmente activos.** De acuerdo con lo que reportan algunos padres, sólo 17 por ciento de los adolescentes son sexualmente activos. Pero los reportes de los Centros para el Control y Prevención de Enfermedades revelan que 42 por ciento de los chicos

y 43 de las chicas en bachillerato han declarado que mantienen relaciones sexuales.

- **Los padres se olvidan de que sus hijos están bebiendo.** Basándonos en reportes de los padres, sólo uno de cada diez alumnos de bachillerato consume alcohol. Sin embargo, estudios muestran que 72 por ciento de los alumnos de bachillerato ha consumido alcohol, y 42 por ciento admite que ha bebido en los últimos treinta días.

- **Los padres subestiman la talla de sus hijos adolescentes.** De acuerdo con reportes de los padres, 13 por ciento de los hijos están "con un poco de sobrepeso" y sólo 3 por ciento tienen "severo sobrepeso". Sin embargo, de acuerdo con los Centros Nacionales de Estadísticas sobre Salud, más de un tercio de los niños estadounidenses tienen sobrepeso y 17 por ciento están obesos.

Claramente, muchos padres piensan que su hijo es mejor que el promedio, aunque esto sea estadísticamente imposible. Creen que su hijo es más listo, más sano, y que toma mejores decisiones que los demás niños. Es esta visión rosa de los hijos la que lleva a los padres a la conclusión de que sus hijos han adoptado sus valores.

Es fácil dar por hecho que si tu hijo es bien portado y va bien en la escuela, debe contar con un conjunto claro de valores. Muchas familias ocupadas dan por sentado que sus hijos han adoptado sus valores. Pero sólo porque a tu hijo le va bien por fuera, no necesariamente significa que ha asimilado tus valores.

Perder de vista tus valores trastoca la brújula moral de tu hijo

En el caso de Kyle, sus padres enviaron señales confusas a lo largo de los años. Aunque decían una cosa, su comportamiento decía otra. Kyle imaginó que debía tener éxito a toda costa, aun cuando esto significara hacer trampa, y su decisión de hacerlo le salió cara.

Es probable que todos los padres pierdan de vista sus valores algunas veces. Cuando lo haces, es esencial dar pasos hacia la resolución del problema. De otro modo, tu familia podría sufrir severas consecuencias.

LOS HIJOS ESTÁN CONFUNDIDOS ACERCA DE LOS VALORES DE SUS PADRES

Una vez un padre trajo a su hijo a mi consultorio debido a que el niño mentía todos los días. No obstante, al abordar algunos de sus problemas de comportamiento, supe que su padre a menudo compraba los boletos destinados a niños menores de doce años a su hijo de trece años. Cuando le señalé que mentir para obtener una entrada más económica le estaba enviando a su hijo el mensaje de que la deshonestidad estaba bien, dijo: "Sí, pero nos ahorra tres dólares cada vez que vamos al cine". Si bien puede que eso sea verdad, estaba pagando un precio más caro en términos de las lecciones de vida que le estaba enseñando a su hijo.

Los hijos aprenden mucho más a partir de lo que haces, que de lo que dices. Y tu hijo no va a ver una fuerte diferencia entre mentir para entrar al cine a un precio más módico (o al bufé o al parque de diversiones), y hacer trampa en un examen de matemáticas. La deshonestidad es deshonestidad.

Pero es fácil para los padres dejarse llevar tanto por las circunstancias y por sus objetivos personales que pierden de vista las lecciones de vida que le están enseñando a sus hijos.

Si vas a cualquier evento deportivo para niños es probable que encuentres evidencias de que algunos adultos han perdido de vista lo que es importante en la vida. Los padres gritan a los árbitros de las Pequeñas Ligas por "haber tomado una decisión injusta" y los instructores gritan a los pequeños por haber cometido errores en el campo de futbol. Y no es sólo uno o dos "malos" padres quienes son personas cortas de valores.

Hay muchos padres en las gradas quejándose de que sus hijos no participan suficiente tiempo en el juego o diciendo groserías acerca de las decisiones de los instructores.

A pesar de que posiblemente algunos padres digan: "Sólo haz lo mejor que puedas" o "No importa quién gane o pierda", es su comportamiento el que dice mucho sobre lo que realmente creen.

Una encuesta de 2014 por parte del Proyecto Harvard para hacer del cuidado de los hijos algo común, arrojó que la máxima prioridad de los padres y de los maestros era que los niños fueran empáticos. Los encuestados consideraron la amabilidad como algo más importante que el rendimiento. Pero ése no es el mensaje que los niños están recibiendo. Cerca de 80 por ciento de los adolescentes dijo que sus padres y sus maestros valoraban su rendimiento o la felicidad más valiosos que la amabilidad. Fue tres veces más probable que los adolescentes estuvieran de acuerdo con la afirmación: "Mis padres están más orgullosos si obtengo buenas calificaciones en mis clases que si soy un miembro empático de la comunidad en mi grupo y en la escuela".

En el momento es fácil olvidar lo importante. Pero es en esos pequeños momentos que los niños aprenden lo realmente importante para ti en la vida.

¿Cómo tratar a alguien que ha cometido un error? ¿Cómo respondes cuando un cajero te devuelve más cambio? ¿Qué haces cuando alguien te trata miserablemente? Tu comportamiento habla más alto que tus palabras.

LA FALTA DE VALORES ESTÁ EN LA RAÍZ DE MUCHOS PROBLEMAS

Noventa y seis por ciento de los padres dicen "un fuerte carácter moral" es muy importante, si no es que esencial, para el futuro de sus hijos. Sin embargo, muchos de ellos no dedican tiempo suficiente para ayudar a sus hijos a desarrollar la fibra moral que necesitan para convertirse en buenas personas.

Cuando la mayoría de los padres piensa en la falta de valores en la formación de algunos niños, visualizan niños que se unen a pandillas, consumen drogas fuertes y terminan en la cárcel. Los noticieros están llenos de relatos de niños que se enredan en una vida de crimen y violencia porque padecieron una terrible vida en casa. Pero ellos no son los únicos niños que parecen carecer de una brújula moral. Adolescentes, futuros universitarios, atletas estrella, y niños con "buenos padres" también están un poco perdidos en estos días. He aquí algunas estadísticas acerca de la juventud de hoy:

- 43 por ciento de los adolescentes de dieciséis y diecisiete años admite haber hecho trampa durante los exámenes en la escuela.
- Uno de cada cuatro alumnos es maltratado por sus compañeros durante un ciclo escolar determinado.
- Cerca de la mitad de los alumnos de secundaria y bachillerato reporta haber sido acosado sexualmente al menos una vez por sus compañeros.

Ésas son las cosas que les suceden a los jóvenes cuando aún están en bachillerato, viviendo bajo la vigilante mirada de sus padres. ¿Qué crees que sucede cuando se marchan a la universidad o se incorporan a la fuerza laboral?

Cuando los niños sólo siguen las reglas por no querer meterse en problemas, es probable que no se comporten cuando piensan que no serán descubiertos. Por ello es importante considerar si tu hijo ha asimilado tus valores. ¿Está siguiendo las reglas porque le pediste que lo hiciera? ¿O está abocado a hacer lo correcto aun cuando nadie está observándolo?

Qué hacer en cambio

No fue suficiente para los padres de Kyle decir que valoraban la honestidad. Tenían que hacer cierta exploración interna para averiguar si era realmente verdad. Pasaron años viviendo como si los rendimientos fueran más importantes que cualquier otra cosa. Si querían vivir conforme con sus valores, tenían que realizar algunos cambios.

Eso no significa que no pudieran hacer del aprovechamiento académico una prioridad. Pero tenían que ser precavidos para no seguir enseñándole a Kyle que sus calificaciones eran el epítome del éxito. Reconocieron que habían perdido de vista sus valores y que necesitaban reacomodar sus prioridades. Si quieres educar a un hijo con fuertes convicciones morales, es esencial que le enseñes tus valores activamente.

PIENSA EN TUS VALORES

Es fácil decir: "Quiero un hijo gentil y generoso". Pero es más difícil garantizar que tu comportamiento se ajuste a esos valores. Considera cómo responderías ante las siguientes situaciones:

- Tu hijo adolescente dice que le dio su chamarra a un niño en la escuela, cuya familia no puede paga una. ¿Lo felicitarías por su generosidad o lo regañarías por haber regalado una chamarra que tú habías pagado?
- ¿Qué preferirías: que la maestra de tu hijo dijera que es el niño más amable en su grupo o que es el alumno más listo de matemáticas que ella jamás haya visto?
- Si tu hijo adolescente tuviera que escoger entre hacer trabajo de jardinería para una empresa que le pagaría, o hacer dicho trabajo para un vecino anciano que no está en condiciones de pagar, ¿cómo preferirías que pasara su sábado?

- Si tu hijo te pide que le compres una marca de zapatos específica porque los otros niños la usan, ¿se la comprarías para quedar bien o lo exhortarías a comprar otra cosa para que se destaque de los demás?
- Si tu hijo estuviera a la mitad de sus tareas cuando un amigo le ha llamado llorando, ¿querrías que se tomara un tiempo para charlar o preferirías que terminara primero su tarea?

Resignarte a tus verdaderos valores es un poco molesto. "Valoro el rendimiento sobre la amabilidad" puede parecer poco apropiado para decirlo ante los demás. Pero para algunos padres, es la realidad.

PREGÚNTATE QUÉ LECCIONES DE VIDA LE ESTÁS ENSEÑANDO A TU HIJO

Un día, unos padres de una niña de diez años con la que había estado trabajando por un tiempo, vinieron a mi oficina preguntando si debían permitir que su hija abandonara el equipo de futbol. Habían transcurrido algunas semanas de la temporada y decía que no quería jugar más. La madre estaba feliz de dejarla abandonarlo. Pero el padre pensó que debía aguantarse. Estaban buscando una tercera opinión para el desempate.

Le expliqué que no había una sola respuesta correcta cuando se trata de problemas de crianza como éste. En cambio, dependía de ellos examinar sus valores y decidir qué lecciones de vida querían que su hija aprendiera. Si querían que aprendiera que es importante honrar los compromisos y terminar lo que había empezado, le podían decir que tenía que terminar la temporada. Eso podría enseñarle que sus compañeras de equipo contaban con que ella estaría en el equipo. El posible lado negativo sería que en un futuro ella dudaría en probar nuevas cosas por el miedo a tener que continuar, aunque no le gusten.

Si, en cambio, querían que aprendiera que es importante probar nuevas cosas y continuar cuando algo no se ajusta a nosotros, podían dejar que lo abandonara. Permitírselo podría ayudarle a ver que la vida está llena de oportunidades y que hay que decidir cuáles son las mejores para ti. Además, podría aprender que el deporte durante la juventud consiste en divertirse, y si no es divertido, no hay necesidad de seguir jugando.

El lado negativo podría ser el que no aprendiera a perseverar cuando las cosas se ponen duras. Quizá no quiere esforzarse por ser mejor durante la práctica, lo cual podría redundar en que disfrute más del juego. O quizá pensó que iba a tener éxito inmediato y sólo lo está dejando porque no fue así.

Muchas de las decisiones de crianza no tienen una respuesta correcta o incorrecta. Tu respuesta debe depender de la lección de vida que crees que tu hijo necesita aprender. Lo que está bien para una familia y para un hijo en específico puede no ser la mejor opción para cualquiera.

Piensa qué valores son los más importantes para ti, como la amabilidad, la amistad, el servicio a la comunidad, el rendimiento, y las creencias espirituales. Claramente, esto no es una lista exhaustiva de cada valor que considerarías más cercano y apreciado en tu corazón. Pero por ahí podrías comenzar. Añade algo de lo que más valoras e intenta pensar qué cosas crees que sean las más importantes.

No puedes empezar a enseñarle a tu hijo tus valores hasta que no sepas con certeza cuáles son. Luego, una vez que tengas claro qué es lo más importante para ti, las decisiones de crianza difíciles se vuelven más fáciles.

CREA LA MISIÓN DE TU FAMILIA

Las organizaciones usualmente redactan una misión que delimita las razones por las que existen. Dicha misión las ayuda a tomar decisiones que cumplen sus propósitos. Por motivos similares, tiene sentido que las familias redacten su misión. Ponerla por escrito y volver a ella con frecuencia puede ayudarte a tomar importantes decisiones de vida.

La misión de tu familia es lo que la hace diferente. Sin un propósito claro, son un grupo de gente que casualmente vive bajo el mismo techo.

Cuando crean una misión, se unen para trabajar en un objetivo común y tienen un propósito compartido.

Los adultos en el hogar deben hablar sobre el propósito de su familia en privado, hacer una lluvia de ideas sobre lo que consideran que es la misión de su familia. Después, tener una reunión familiar para obtener aportes por parte de los niños. Hagan las siguientes preguntas:

- ¿Qué nos hace una familia?
- ¿Qué clase de cosas somos capaces de lograr como familia?
- ¿Cómo podemos usar lo que tenemos para hacer del mundo un lugar mejor?
- ¿Cómo podemos ayudar a otras personas?
- ¿Qué clase de cosas son las más importantes para nosotros?

Escriban los aportes de cada uno. Luego, emplea algo de tiempo para redactar una pequeña misión que defina qué es lo más importante para su familia. Manténgalo simple y fácil de recordar. Si lo hacen muy largo o complicado, derrotarán al propósito. He aquí algunas misiones familiares de muestra:

- Nuestro objetivo es amar a Dios y servir a otros. Trabajamos para ayudarnos unos a otros a ser mejores al crear una atmósfera de amor y aprendizaje. Nos esforzamos por esparcir esperanza y gozo.
- Nuestra familia cree en el trabajo duro. Buscamos ser honestos, amables y empáticos. Estamos agradecidos por lo que tenemos y nos amamos los unos a los otros siempre.
- En nuestra casa, creamos recuerdos. Mantenemos actitudes positivas, nos tratamos unos a otros con respeto y nos mantenemos unidos todo el tiempo.
- Soñamos a lo grande. Trabaja duro. Ama mucho. Ríe a menudo. Y sírvele a los demás con alegría.

Una vez que hayan terminado su misión, publíquenla en un lugar visible. He trabajado con familias que diseñan carteles con una bonita tipografía y los cuelgan de la pared. Incluso he visto que algunas familias graban las misiones en una pared de su casa mediante esténciles.

Sólo recuerden, puede que quieran cambiar la misión familiar algún día. A la par que sus hijos crecen o su familia requiere un cambio, podrían hallar que su actual misión necesita ser editada. Siéntanse libres de cambiarla cuanto sea necesario. Cuando están tomando decisiones como familia, regresen a su misión familiar. ¿Acaso sus siguientes vacaciones familiares apoyan la misión familiar? ¿Están siguiendo hábitos que sirven a su propósito? ¿Están usando su tiempo en una forma que llena su misión?

DECIDE CÓMO TRANSMITIR TUS VALORES

Alguna vez trabajé con un padre que solía llevar a sus hijos a la escuela a diario. Pero un día su hijo se quejó de que era humillante llegar a la escuela en su "viejo automóvil". Después de eso, su padre le permitió caminar a la escuela. No para castigarlo por haber sido grosero. Su padre quería que se diera cuenta de que el transporte es un privilegio, al igual que ir a la escuela. Quería que apreciara el contar con un vehículo.

Piensa sobre los valores que quieres entregar a tu familia. ¿Qué esperas que tu hijo le enseñe a tus nietos algún día?

También es importante considerar cómo aprendiste tus valores. Y cómo puedes enseñar a tu hijo —quien tendrá experiencias muy diferentes en la vida— los valores que te son más entrañables y apreciados. Quizá aprendiste sobre la importancia del trabajo duro porque fuiste criado por padres que trabajaban largas jornadas. Y quieres enseñarle a tu hijo el trabajo duro, pero al mismo tiempo no quieres estar en la oficina todo el tiempo porque quieres pasar tiempo con tu familia. O tal vez perdiste a uno de tus padres a edad temprana. Y eso te ayudó a ver la importancia de la familia. ¿Cómo puedes enseñarle a tu hijo a gozar de su familia sin que sufra las mismas dificultades?

RECONOCE TUS ERRORES

Cuando pierdes de vista tus valores en uno u otro momento, reconoce que has perdido el camino. Señala el problema a tu hijo y discúlpate cuando sea necesario.

He aquí algunos ejemplos de maneras en las cuales un padre puede abordar el asunto:

- "Lamento mucho haberle gritado a tu entrenador esta noche. Perdí los estribos e hice mal. Siempre te digo que no importa si ganas o pierdes y esta noche perdí de vista lo importante. No lo volveré a hacer".
- "Quiero disculparme por algo que he estado haciendo últimamente. Te amonesto por no comer sano. Pero no he sido un buen ejemplo. He estado consumiendo comida rápida durante el almuerzo. Desde mañana, eso cambiará. Es importante para mí cuidar mejor de mi cuerpo y quiero que todos estemos sanos".
- "Hemos estado tan absorbidos por nuestros trabajos últimamente que no hemos pasado mucho tiempo juntos como familia. Eso no está bien. La familia es lo más importante. Empezaré a llegar más temprano a casa por las tardes y haré menos trabajo desde casa".

Si no abordas las incongruencias entre lo que dices y lo que haces, tu hijo se confundirá. Pero no puedes sólo decir que cambiarás. Tienes que hacerlo efectivamente si quieres que tu hijo aprenda una importante lección de vida.

Cómo enseñar a los hijos a vivir conforme con sus valores

En el caso de Kyle y su decisión de hacer trampa, no tenía claro si valoraba más el éxito o la honestidad. Sus padres nunca se dieron un tiempo para específicamente enseñarle sus valores.

Inculcar tus valores en tus hijos no debe ser una actividad pasiva. Sé deliberado en relación con las lecciones de vida que quieres que tus hijos aprendan.

COMPARTE CÓMO TOMASTE DECISIONES IMPORTANTES

Puede que tu comportamiento aislado no siempre envíe un mensaje claro a tu hijo acerca de tus valores. A veces necesitas explicar qué intervino en tus decisiones.

Considera las siguientes situaciones:

- Un padre valora a su familia. Para darle a sus hijos la mejor vida posible, trabaja setenta horas a la semana para que su esposa pueda estar en casa con sus hijos. Él ama a sus hijos y quiere asegurarse de que tendrán la oportunidad de ir a la universidad. Quiere enseñarles que el trabajo duro es la clave para el éxito.
- Otro padre valora a su familia. Por ello trabaja veinte horas a la semana. Su familia no tiene mucho dinero. Pero pasan tiempo juntos. Quiere que sus hijos sepan que las posesiones no son importantes. Es el tiempo de calidad en familia lo importante en la vida.

La gente puede apresuradamente juzgar qué padre en efecto ama más a su familia. Mientras una persona podría dar su fallo por el padre que trabaja mucho para asegurarse de que sus hijos tendrán un buen futuro, alguien más podría decir que los está descuidando. Alguien más podría decir que el padre que trabaja a tiempo parcial ama más a su familia y que está criando a sus hijos "correctamente". Pero otra persona podría decir que es perezoso y que no le importa lo suficiente su familia como para trabajar duro por ellos.

Explica el proceso de pensamiento detrás de tus decisiones. ¿Qué factores intervinieron para que tomaras un nuevo empleo? ¿Acaso querías ganar más dinero? ¿Ofrecía horarios más flexibles que te concederían más tiempo con tu familia? ¿Es un puesto por el que te sientes más emocionado?

HÁBLALES SOBRE LOS VALORES DE LOS DEMÁS

Si tu hijo dice que la casa de su amigo es más grande que la suya o que el vecino maneja un mejor coche, háblale al respecto. Explica tus valores en relación con el dinero y habla sobre cómo decides en qué momento hacer adquisiciones.

Muchos de los niños con los que va a la escuela probablemente tendrán diferentes reglas en sus casas. Cuando tu hijo diga: "¡Eso no es justo! Mis amigos tienen permitido hacer eso", aprovecha la ocasión para hablarle de tus valores.

He aquí algunos ejemplos:

Hijo: Mamá, ¿cómo es posible que la familia de Hayden no vaya a la iglesia?

Padre: Puede que la familia de Hayden tenga diferentes creencias a las nuestras. En nuestra familia, es importante practicar nuestra fe, y creemos que la forma de hacerlo es yendo a la iglesia.

Hijo: Los padres de Alex no están casados.

Padre: Hay muchas razones por las que los adultos no se casan, si bien fue importante para tu madre y para mí el casarnos. Queríamos casarnos antes de tener hijos.

Hijo: ¿Por qué los padres de Alex no lo quisieron así?

Padre: No estoy seguro. Quizá casarse legalmente no era importante para ellos.

Hijo: ¿Eso significa que nunca se casarán?

Padre: No necesariamente. Si algún día cobra importancia para ellos, quizá lo hagan.

Hijo: ¿Cómo es que Izzy vive en una casa tan bonita y nosotros no?

Padre: Buena pregunta. Probablemente sus padres ganan más que nosotros. O tal vez estén dispuestos a tomar un mayor préstamo del banco que nosotros. O puede que sea importante para ellos vivir en una casa bonita.

Hijo: ¿Por qué no es importante para ti? ¡Sería divertido vivir en una mansión!

Padre: Tendríamos que trabajar más si quisiéramos una casa más bonita. Y preferimos pasar más tiempo juntos como familia y hacer las cosas que nos gustan que en el trabajo.

Cuando tu hijo entienda tus valores, naturalmente se juntará con amigos que compartan dichos valores. Pero, desde luego, habrá ocasiones en que elija a un amigo o dos con valores muy diferentes. Y aunque esos amigos podrían influir en él, tendrán mucho menos influencia sobre él que tú, siempre y cuando estés enseñándole tus valores asertiva y sanamente.

Educa a los prescolares con tus valores

Comienza introduciendo a tu hijo prescolar en tus valores hablándole sobre las razones detrás de algunas de tus acciones. Di: "Le estoy comprando a tu abuela algunas flores, y juntos, se las llevaremos porque es importante ser generosos", o di: "Vamos a pasear al perro de la vecina, porque ella se rompió la pierna y es importante ayudar a los demás".

Involucra a tu hijo al realizar esas actividades cuando sea posible. Ya sea que le estés enseñando lo que es el trabajo duro o el servicio comunitario, él empezará a asimilar dichos valores cuando para ti es una prioridad involucrarlo.

Asimismo, elogia su comportamiento cuando esté en armonía con dichos valores. No escatimes en cumplidos por buenas conductas como por "levantar tus juguetes". Más bien, elógialo por ser un ejemplo de una conducta congruente con tus valores, como el ser amable, trabajador, honesto o generoso.

Fijar tradiciones familiares puede ser una de las mejores maneras de mostrarle a tu prescolar que son un grupo cohesionado. Ya sea que seas un padre soltero de un solo hijo o tengas una familia de segundo matrimonio con hijos de todas las edades, identifica alguna actividad familiar que puedan hacer juntos. Una tradición puede ser tan simple como comer pizza todos los viernes o celebrar un juego familiar una vez al mes. No tiene por qué ser extravagante o costoso. Más bien debe consistir en hacer algo como familia.

Enseña a tu hijo en edad escolar a tomar decisiones acordes con sus valores

Cuando se les pregunta si hacer trampa o bulear está mal, la mayoría de los niños en edad escolar dirán que sí. Ello es debido a que saben que eso quieren escuchar los adultos. Pero en realidad, muchos niños están haciendo trampa, buleando, y trasgrediendo muchos otros estándares morales. Por ello es importante darle a tu hijo oportunidades para practicar el vivir de acuerdo con tus valores. La forma en que gasta su dinero, el lenguaje que emplea cuando habla con sus amigos, y las decisiones que toma sobre cómo pasa el tiempo te mostrarán el tipo de valores que está desarrollando.

He aquí un ejemplo de cómo podrías hablar con tu hijo:

- **Padre:** Estoy molesto porque me enteré de que participaste en la vandalización del campo del otro equipo después de terminado el partido.
- **Hijo:** Lo sé, fue un error estúpido.
- **Padre:** ¿Qué te hizo pensar que sería una buena idea?
- **Hijo:** No lo sé.
- **Padre:** Bueno, ¿qué pasaba por tu mente mientras lo hacías?
- **Hijo:** Mis amigos lo estaban haciendo y me dijeron que lo hiciera. Por ello pensé que no sería gran cosa.
- **Padre:** ¿Qué opinas de las personas que destruyen la propiedad ajena?
- **Hijo:** Usualmente pienso que no son muy buenas personas.
- **Padre:** Correcto. Ahora dime, ¿tenías miedo de no parecer audaz si no hacías lo que todos tus amigos hacían?
- **Hijo:** Creo que sí.
- **Padre:** ¿Qué es más importante, parecer audaz o ser una buena persona?
- **Hijo:** Ser una buena persona.
- **Padre:** Sí. Pero parece que te confundiste hoy, ¿eh? Sé que a veces es difícil, pero es importante recordar lo que más importa. Ser bueno va antes de parecer audaz todo el tiempo, ¿de acuerdo?

Cada vez que la conducta de tu hijo no es coherente con tus valores, considéralo una señal de que necesita más ayuda en ese aspecto. Imparte una sanción cuando sea necesario y crea un plan de cómo puedes hacer cambios para reafirmar mejor tus valores.

Enseña a tu hijo cómo lidiar con dilemas morales

Es importante que tu hijo adolescente no simplemente repita como perico tus valores porque le inculcaste que esas cosas son importantes. Más bien ayúdale a convertirse en un pensador crítico que es capaz de averiguar cómo abordar las tentaciones de la adolescencia. Las drogas, el alcohol, el sexo, el abuso, e involucrarse en conversaciones inapropiadas dentro de las redes sociales son algunos de los problemas a los que los adolescentes podrían enfrentarse. Es importante que entienda las consecuencias de sus decisiones y que conozca qué terrenos pisas en términos de tus valores.

Simplemente con decirle a tu hijo adolescente: "Espero que digas no a las drogas y al alcohol", puedes recorrer un largo camino. Los padres que piensan: "Todos los chicos prueban la marihuana en un momento o en otro", tienden a tener hijos que fuman marihuana. Pero un padre que afirma rotundamente: "Espero que digas que no", pone en claro sus valores.

Es muy común entre los adolescentes rebelarse un poco, en uno u otro momento. Unas veces se rebelan contra la autoridad, pero otras simplemente se rebelan contra su propia infancia al tratar de demostrar que no son más el mismo niño que solían ser.

Puedes impedir que tu hijo adolescente se rebele ante asuntos mayores dándole mayor libertad en asuntos menores. Déjalo elegir cómo lleva su cabello o permítele escoger su propio estilo de ropa (siempre y cuando sea apropiado). Si lo dejas expresar su independencia en seguros aspectos menores, será menos proclive a rebelarse de gran manera a lo largo del camino.

Reconoce que a veces no hay una clara respuesta buena o mala y por ello es importante conocer tus valores. Por ejemplo, si un amigo le confía a tu hijo adolescente un asunto potencialmente peligroso, ¿debería permanecer leal a su amigo? ¿O debería romper dicha confianza y hablarlo con un adulto? ¿O qué debes hacer si un maestro comete un error de evaluación en favor de tu hijo adolescente? O, ¿qué harías si están con un amigo que roba algo de una tienda?

Usa los más recientes encabezados de las noticias para suscitar conversaciones sobre varios problemas sociales y políticos. Está abierto a escuchar la opinión de tu hijo adolescente —aun cuando no estés de acuerdo— y examinen el punto de vista de otras personas.

Los niños que entienden sus valores se convierten en adultos que adoptan el cambio

Malala Yousafzai fue criada en Paquistán. Su padre era dueño de varias escuelas y era un activista educativo. Desde edad temprana, Malala valoraba la educación.

En 2009, los talibanes lanzaron un edicto que postulaba que las niñas no podían asistir más a la escuela. Comenzaron a destruir las escuelas del área local.

Malala se convirtió en una feroz abogada de la educación de las niñas. En consecuencia, los talibanes lanzaron una amenaza de muerte en su contra. Pero ella no se retrajo.

En 2012, cuando Malala tenía quince años, un hombre armado le disparó mientras viajaba de la escuela a su casa. A pesar de una herida de bala en la cabeza, Malala sobrevivió. Y continúa hablando sobre la importancia de la educación. Su aplomo y su defensa de la educación le han valido atención internacional y se convirtió en la persona más joven en recibir el Premio Nobel de la paz.

Ahora, como joven adulto, Malala continúa su misión. Abrió una escuela para refugiadas sirias en Líbano y continúa luchando por una educación libre y de calidad para los niños de todo el mundo.

Y aunque se espera que tu hijo nunca se enfrente a los mismos peligros que Malala, es importante que sepa que puede alzarse y hacer lo correcto. Un hijo que entiende sus valores querrá producir un cambio positivo en el mundo, aun cuando no sea una actividad que dé popularidad.

Las personas mentalmente fuertes no rehúyen el cambio. Más bien, se vuelven agentes de cambio que están inspirados para crear una vida mejor para sí mismos y un mejor mundo para otras personas.

Resolución de problemas y trampas comunes

En ocasiones, puede que haya una discrepancia entre lo que dices y lo que haces. Al menos así le parecerá a tu hijo.

Por ejemplo, si vas a la casa de un vecino a cenar y la comida sabe horrible, aun así, es probable que mandes una nota de agradecimiento por haber pasado un momento entrañable. O, si un conocido te pregunta: "¿Te gusta mi nuevo automóvil?", probablemente digas que sí, aunque no seas fanático de él.

Si le has enseñado a tu hijo a valorar la honestidad, has de indicarle que no hay necesidad de ser tan brutalmente honesto como para herir los sentimientos de los demás. Más bien, enséñale a tu hijo que tú también valoras la amabilidad y el respeto.

Otra trampa común es que a veces los padres dan por hecho que su hijo ha adoptado sus valores porque se porta bien o porque tiene buenas calificaciones. Pero sólo porque un niño no se meta en problemas no significa que esté comportándose de acuerdo con tus valores.

Si le has enseñado a valorar la amabilidad, por ejemplo, sus buenas calificaciones no indican que se tomará la molestia por entablar amistad con el chico nuevo de la escuela o que se alzará en favor de los niños que están siendo molestados.

Puede que todavía haga trampa en los exámenes o puede que esté mintiendo sobre adónde se dirige.

No simplemente des por hecho que tu hijo está bien porque no has oído lo contrario. Haz del estar vigilante una prioridad, y del continuo buscar momentos de aprendizaje.

Finalmente, la tecnología hace que muchos padres pierdan de vista sus valores. Los momentos en familia se convierten en todos mandando mensajes de texto a otras personas. O las vacaciones familiares se convierten más bien en verse impecable en las fotos que vas a publicar en las redes sociales en vez del disfrute genuino de la compañía de uno y otro.

No importa cuánto siga evolucionando la tecnología, cerciórate de que estás siendo fiel a tus valores. Periódicamente da un paso atrás y revisa tus actividades para cerciorarte de que están acordes con tus creencias.

QUÉ ES ÚTIL

* Conocer tus valores.
* Evaluar si tu comportamiento es coherente con tus valores.
* Buscar momentos de aprendizaje para inculcar tus valores.
* Hablar sobre dilemas morales.
* Dar a tu hijo la oportunidad de vivir de acuerdo con tus valores.
* Señalar ejemplos de momentos en que tu hijo se comportó de acuerdo con tus valores.
* Crear una misión familiar.

QUÉ NO ES ÚTIL

* Enviar mensajes confusos sobre lo que es importante para ti.
* Revolver tus prioridades.
* Ser poco claro sobre lo que realmente valoras.
* Esperar que tu hijo aprenda pasivamente tus valores.
* Dar por hecho que la buena conducta de tu hijo significa que ha adoptado tus valores.
* Sorprenderte participando en competencias de crianza de los hijos.

Conclusión

Cuando Rick Hoyt nació en 1962, la privación de oxígeno le conllevó serios problemas de salud. Rick fue diagnosticado como cuadripléjico espástico con parálisis cerebral. Los doctores le dijeron a sus padres, Dick and Judy, que lo internaran. Dijeron que no había esperanzas para su recuperación y que sería siempre un "vegetal". Dick y Judy se rehusaron a seguir la recomendación del doctor. Llevaron a Rick a casa y decidieron criarlo como un niño "normal". Mientras crecía, lo llevaban a ir en trineo y a nadar. Le enseñaron el alfabeto y vocabulario básico. Y en algún momento, se dieron cuenta de que sus ojos los seguían alrededor de la habitación. Aun cuando no podía caminar o hablar, pensaron que era muy listo.

Dick y Judy estaban desesperados por encontrar una manera de ayudar a su hijo a comunicarse. Cuando tenía diez años, unos ingenieros de la Universidad Tufts crearon para él una computadora especializada. Rick era capaz de elegir la letra dando un golpecito a su silla de ruedas con su cabeza. Sus primeras palabras fueron: "¡Vamos, Bruins!"

Dick y Judy lucharon para integrarlo en la escuela pública. Cuando Rick tenía trece años, finalmente consiguieron que los administrativos vieran más allá de sus limitaciones físicas y le permitieron inscribirse en la escuela.

En 1977, Rick le dijo a su padre que quería participar en una carrera de ocho kilómetros en beneficio de un jugador de lacrosse que había terminado con parálisis tras un accidente. Dick, de mediana edad y fuera de forma, accedió a empujar a Rick en su silla de ruedas y ambos terminaron en penúltimo lugar. Pero esa noche Rick dijo: "Papá, cuando estoy corriendo, parece que no fuera un discapacitado". Y esas palabras inspiraron a Dick a seguir compitiendo.

Dick tenía una silla de ruedas especialmente construida para poder empujar a Rick más fácilmente, y comenzaron a correr juntos. Ahora, cuarenta años más tarde, han corrido más de mil 100 carreras juntos. Han completado maratones, triatlones, e incluso han corrido a lo largo de Estados Unidos en cuarenta y cinco días.

Ahora, ya septuagenario, Dick dice que no está todavía listo para retirarse. El equipo Hoyt continúa participando en carreras por todo Estados Unidos.

Dick y Judy Hoyt pudieron haberse dado por vencidos con respecto a su hijo, en detrimento de él. Pero no lo hicieron.

Desafiaron a Rick a convertirse en su mejor variante. Y el niño que alguna vez fue tildado de "vegetal" creció para convertirse en un hombre con un diploma en educación especial por la Universidad de Boston.

Ayudar a tu hijo a volverse mentalmente fuerte no se trata de hacerlo el mejor en todo, sino de darle las habilidades y las herramientas que necesita para volverse la mejor versión de sí mismo.

Los padres mentalmente fuertes crían hijos mentalmente fuertes

Tu pasión para trabajar en construir tu propia fortaleza mental será el único factor más importante en exhortar a tu hijo para crecer más fuerte. Cuando tu hijo sabe que haces del crecimiento personal una prioridad, seguirá tu modelo. Tu hijo siempre está pendiente de ver qué decisiones tomas. La forma en que tratas a los demás, la forma en que gastas tu dinero, y la forma en que consumes tu tiempo podría contenerse en volúmenes de libros. Y por supuesto, verá cómo lidias con los errores y con los contratiempos también. Para ser un buen ejemplo no tienes que fingir tener la fortaleza mental de un superhéroe. Más bien, haz que tu hijo sepa que eres un ser humano falible. Y que a pesar de que luches contra pensamientos negativos, emociones incómodas y comportamiento improductivo, estás empeñándote para ser hoy un poco mejor de lo que fuiste ayer.

Sé el instructor de la fortaleza mental de tu hijo

Así como es importante enseñar a tu hijo a cuidar su cuerpo, es asimismo importante enseñarle a cuidar su mente. La mejor forma de hacerlo es siendo su instructor. Dale ejercicios para practicar. Ofrécele retroalimentación y guía. Dale ánimos cuando esté dando lo mejor de sí. Y provéelo de correcciones cuando exceda los límites.

Tu meta última ha de ser ejercitarlo al margen de tu trabajo como instructor, de modo que con el pasar del tiempo, tu rol debe mutarse. En vez de decirle qué hacer, comienza preguntándole qué piensa que debe hacer. En vez de darle las respuestas, enséñale a encontrarlas por él mismo. En algún momento, aprenderá cómo ser su propio instructor. Será capaz de cambiar sus patrones de pensamiento negativo y reconocerá su comportamiento improductivo. Y será capaz de controlar sus emociones, de modo que éstas no lo controlen a él.

El mayor reto al que te podrías enfrentar es encontrar el balance correcto. Tienes que permitirle a tu hijo experimentar suficientes batallas para que desarrolle fortaleza mental. Y debes permitirle aguantarse durante momentos difíciles para que pueda apreciar integralmente los buenos momentos.

Ayudar a tu hijo a construir fortaleza mental es una travesía, no un destino. Pero los altibajos de la niñez y la travesía para volverse más fuerte serán tumultuosos. Cuando veas a tu hijo batallando o cuando pienses que no has hecho progreso alguno, recuérdate a ti mismo que ser un instructor de fortaleza mental es un proceso que dura una vida.

Ser mentalmente fuerte no significa que tendrás todas las respuestas. Por ello no temas reconocer cuando no estás seguro de cómo ayudar a tu hijo a tratar con un problema específico o dificultad. Pedir ayuda no es un signo de debilidad. De hecho, pedir apoyo muestra que estás motivado para ser mejor.

Ten en cuenta que construir fortaleza mental no hará a tu hijo inmune a la depresión, la ansiedad o a problemas de salud mental. Si su humor o su comportamiento está interfiriendo con su educación, familia, amigos o con su esparcimiento, habla con su doctor. Canalizarlo hacia un profesional puede ser lo correcto.

Evitar las trece cosas que los padres mentalmente fuertes no hacen garantizará que no te estés implicando en los hábitos que arrebatarán a tu hijo fortaleza mental. Cuando te rehúsas a hacer dichas cosas, estarás ayudando a tu hijo a construir el músculo mental que necesitará para convertirse en la más fuerte y la mejor versión de sí mismo.

Referencias

Introducción

"*American Psychological Association* Survey Shows Teen Stress Rivals That of Adults", (11 de febrero de 2014), accesado el 2 de marzo de 2017. http://www.apa.org/news/press/releases/2014/02/teen-stress.aspx.

Howie L. D., P. N. Pastor y S. L. Lukacs, "Use of Medication Prescribed for Emotional or Behavioral Difficulties Among Children Aged 6–17 Years in the United States, 2011–2012", *NCHS Data Brief*, núm. 148, Hyattsville, MD, National Center for Health Statistics, 2014.

Capítulo 1

Abbott, Jim y Tim Brown, *Imperfect: An Improbable Life*, Nueva York, Ballantine Books, 2012.

Aquino, K., "Structural and Individual Determinants of Workplace Victimization: The Effects of Hierarchical Status and Conflict Management Style", *Journal of Management* 26, núm. 2 (2000), 171–93.

Campbell, Bradley y Jason Manning, "Microaggression and Moral Cultures", *Comparative Sociology* 13, núm. 6 (2014), 692–726.

Chorpita, Bruce F. y John R. Weisz, *Match-ADTC: Modular Approach to Therapy for Children with Anxiety, Depression, Trauma, or Conduct Problems*, Satellite Beach, Florida, PracticeWise, 2009.

Dyer, John R. G., Christos C. Ioannou, Lesley J. Morrell, Darren P. Croft, Iain D. Couzin, Dean A. Waters y Jens Krause, "Consensus Decision Making in Human Crowds", *Animal Behaviour* 75, núm. 2 (2008), 461–70.

Hiroto, Donald S. y Martin E. Seligman, "Generality of Learned Helplessness in Man", *Journal of Personality and Social Psychology* 31, núm. 2 (febrero de 1975), 311–27.

Horwitz, Steven, "Cooperation Over Coercion: The Importance of Unsupervised Childhood Play for Democracy and Liberalism", *SSRN Electronic Journal*, 22 de junio de 2015.

"Our Mission", Kids Kicking Cancer, accesado el 13 de enero de 2017. http://kidskickingcancer.org/our-mission/.

Schwartz, David, Kenneth A. Dodge y John D. Coie, "The Emergence of Chronic Peer Victimization in Boys' Play Groups", *Child Development* 64, núm. 6 (diciembre de 1993), 1755–72.

Seligman, M. E. P., "Learned Helplessness", *Annual Review of Medicine* 23, núm. 1 (febrero de 1972), 407–12.

Viano, Emilio, *Crime and Its Victims: International Research and Public Policy Issues: Proceedings of the Fourth International Institute on Victimology*, (NATO Advanced Research Workshop), Nueva York, Hemisphere Pub. Corp., 1989.

Capítulo 2

Betancourt, Laura M., Wei Yang, Nancy L. Brodsky, Paul R. Gallagher, Elsa K. Malmud, Joan M. Giannetta, Martha J. Farah y Hallam Hurt, "Adolescents with and without Gestational Cocaine Exposure: Longitudinal Analysis of Inhibitory Control, Memory and Receptive Language", *Neurotoxicology and Teratology* 33, núm. 1 (enero y febrero de 2011), pp. 36–46.

Cavassuto, Maria, "Jennifer Lopez and Felicity Huffman: Men Don't Feel 'Mommy Guilt' with Their Kids", *Variety*, (mayo 27 de 2016), accesado el 13 de enero de 2017. http://variety.com/2016/tv/news/jennifer-lopez-felicity-huffman-mommy-guilt-1201784050/.

Froh, Jeffrey J., William J. Sefick y Robert A. Emmons, "Counting Blessings in Early Adolescents: An Experimental Study of Gratitude and Subjective WellBeing", *Journal of School Psychology* 46, núm. 2 (2008), 213–33.

Lack, Evonne, "Top 7 Mommy Guilt Trips¾and How to Handle Them", *BabyCenter*, 14 de febrero de 2017. Accesado el 2 de marzo de 2017. https://www.babycenter.com/0_top-7-mommy-guilt-trips-and-how-to-handle-them_3654967.bc.

Oudekerk, Barbara A., Joseph P. Allen, Elenda T. Hessel y Lauren E. Molloy, "The Cascading Development of Autonomy and Relatedness from Adolescence to Adult-hood", *Child Development* 86, núm. 2 (23 de octubre de 2014), 472–85.

"Parenting/TODAY Moms Survey: Are Your Children Spoiled?", *Parenting*. Accesado el 13 de enero de 2017. http://www.parenting.com/article/are-your-children-spoiled?

Passanisi, Alessia, Irene Sapienza, Silvia Budello y Flavio Giaimo, "The Relationship Between Guilt, Shame and Self-Efficacy Beliefs in Middle School Students", *Procedia¾Social and Behavioral Sciences* 197, (25 de julio de 2015), 1013–17.

Ratnapalan, S. y Batty, H., "To Be Good Enough", *Canadian Family Physician* 55, núm. 3 (2009), 239–240.

Sani, Giulia M. Dotti y Judith Treas, "Educational Gradients in Parents' ChildCare Time Across Countries, 1965-2012", *Journal of Marriage and Family* 78, núm. 4 (19 de abril de 2016), 1083–96.

Capítulo 3

Ang, Rebecca P. y Noradlin Yusof, "The Relationship Between Aggression, Narcissism, and Self-Esteem in Asian Children and Adolescents", *Current Psychology* 24, núm. 2 (junio de 2005), 113–22.

Brummelman, Eddie, Sander Thomaes, Stefanie A. Nelemans, Bram Orobio De Castro, Geertjan Overbeek y Brad J. Bushman, "Origins of Narcissism in Children", *Proceedings of the National Academy of Sciences,* (2015), 201420870.

Brummelman, Eddie, Sander Thomaes, Stefanie A. Nelemans, Bram Orobio De Castroy Brad J. Bushman, "My Child is God's Gift to Humanity: Development and Validation of the Parental Overvaluation Scale (POS)", *Journal of Personality and Social Psychology* 108, núm. 4 (abril de 2015), 665–79.

Decety, J., "The Functional Architecture of Human Empathy", *Behavioral and Cognitive Neuroscience Reviews* 3, núm. 2 (2004), 71–100.

Ojanen, Tiina, Danielle Findley y Sarah Fuller, "Physical and Relational Aggression in Early Adolescence: Associations with Narcissism, Temperament, and Social Goals", *Aggressive Behavior*, (marzo y abril de 2012).

Ornaghi, Veronica, Jens Brockmeier e Ilaria Grazzani, "Enhancing Social Cognition by Training Children in Emotion Understanding: A Primary School Study", *Journal of Experimental Child Psychology,* 119 (marzo de 2014), pp. 26–39.

Pfeifer, Jennifer H., Marco Iacoboni, John C. Mazziotta y Mirella Dapretto. "Mirroring Others' Emotions Relates to Empathy and Interpersonal Competence in Children", *NeuroImage* 39, núm. 4 (febrero de 2008), pp. 2076–85.

Shiota, Michelle N., Dacher Keltner y Amanda Mossman, "The Nature of Awe: Elicitors, Appraisals, and Effects on Self-Concept", *Cognition & Emotion* 21, núm. 5 (19 de julio de 2007), pp. 944–63.

Stucker, Matthew, "Girl Costs Father $80,000 with 'SUCK IT' Facebook Post", *CNN* (4 de marzo de 2014). Accesado el 2 de marzo de

2017. http://www.cnn.com/2014/03/02/us/facebook-post-costs-father/.

Twenge, Jean M. y W. Keith Campbell, *The Narcissism Epidemic: Living in the Age of Entitlement*, Nueva York, FreePress, 2009.

Capítulo 4

Burstein, Marcy y G lda S. Ginsburg, "The Effect of Parental Modeling of Anxious Behaviors and Cognitions in School-Aged Children: An Experimental Pilot Study", *Behaviour Research and Therapy* 48, núm. 6 (junio de 2010), pp 506–15.

"In U.S., 14% of Those Aged 24 to 34 Are Living With Parents", Gallup Inc. (13 de febrero de 2014). Accesado el 13 de enero de 2017. http://www.gallup.com/poll/167426/aged-living-parents.aspx.

"National Child Kidnapping Facts", *Polly Klaas Foundation*. Accesado el 7 de marzo de 2017. http://www.pollyklaas.org/about/national-child-kidnapping.html

Lester, Kathryn J., Andy P. Field y Sam CartwrightHatton, "Maternal Anxiety and Cognitive Biases Towards Threat in Their Own and Their Child's Environment", *Journal of Family Psychology* 26, núm. 5 (octubre de 2012) pp., 756–66.

Parker, Kim, "Who Are the Boomerang Kids?", Pew Research Center's Social & Demo-graphic Trends Project (15 de marzo de 2012). Accesado el 13 de enero de 2017. http://www.pewsocialtrends.org/2012/03/15/who-are-the-boomerang-kids/.

Phillip, Abby, "Family Taught Boy About 'Stranger Danger' By Kidnapping Him at Gun-point, Police Say", *The Washington Post* (6 de febrero de 2015). Accesado el 13 de enero de 2017. https://www.washingtonpost.com/news/morning-mix/wp/2015/02/06/mo-family-charged-with-teaching-boy-about-stranger-danger-by-kidnapping-him-at-gunpoint/.

Reese, Diana, "Update: McDonald's Denies Firing South Carolina Mom Sent to Jail for Taking Daughter to Park While at Work",

The Washington Post (23 de julio de 2014). Accesado el 1 de marzo de 2017. https://www.washingtonpost.com/blogs/she-the-people/wp/2014/07/23/south-carolina-mom-goes-to-jail-loses-job-for-ta-king-daughter-to-park-while-at-work/?utm_term=.afb89b8a4c0f.

Sandberg-Thoma, Sara E., Anastasia R. Snyder y Bohyun Joy Jang, "Exiting and Returning to the Parental Home for Boomerang Kids", *Journal of Marriage and Family* 77, núm. 3 (28 de febrero de 2015), 806–18.

"School Violence: Data & Statistics", Centers for Disease Control and Prevention (30 de noviembre 2016). Accesado el 13 de enero de 2017. http://www.cdc.gov/violenceprevention/youthviolence/schoolviolence/data_stats.html.

Seligman, Laura D. y Thomas H. Ollendick. "Cognitive-Behavioral Therapy for Anxiety Disorders in Youth", *Child and Adolescent Psychiatric Clinics of North America* 20, núm. 2 (2011), pp. 217–38.

Skenazy, Lenore, "I Let My 9-Year-Old Ride the Subway Alone. I Got Labeled the 'World's Worst Mom'", *The Washington Post* (6 de enero de 2015). Accesado el 13 de enero de 2017. https://www.washing-tonpost.com/posteverything/wp/

2015/01/16/i-let-my-9-year-old-ride-the-subway-alone-i-got-labeled-the-worlds-worst-mom/.

"The Burden of Stress in America", (2014). Accesado el 12 de enero de 2017. http://www.rwjf.org/content/dam/farm/reports/surveys_and_polls/2014/rwjf414295.

"Young Do Not Feel Grown Up Until 29, Survey Shows", *The Telegraph* (3 de septiembre de 2015). Accesado el 13 de enero de 2017. http://www.telegraph.co.uk/news/newstopics/how aboutthat/11840925/Young-do-not-feel-grown-up-until-29-survey-shows.html.

http://www.slate.com/articles/news_and_politics/explainer/2007/01/800000_missing_kids_really.html

Capítulo 5

Barton, Alison L. y James K. Hirsch, "Permissive Parenting and Mental Health in College Students: Mediating Effects of Academic Entitlement", *Journal of American College Health* 64, núm. 1 (2016), 1–8.

Jago, R., T. Baranowski, J.C. Baranowski, D. Thompson y K. A. Greaves, "BMI From 3–6 Y of Age Is Predicted by TV Viewing and Physical Activity, Not Diet", *International Journal of Obesity* 29, núm. 6 (26 de junio de 2005), pp. 557–64.

Lamborn, Susie D., Nina S. Mounts, Laurence Steinberg y Sanford M. Dornbusch, "Patterns of Competence and Adjustment among Adolescents from Authoritative, Authoritarian, Indulgent, and Neglectful Families", *Child Development* 62, núm. 5 (1991), p. 1049.

Langer, S. L., A. L. Crain, M. M. Senso, R. L. Levy y N. E. Sherwood, "Predicting Child Physical Activity and Screen Time: Parental Support for Physical Activity and General Parenting Styles", *Journal of Pediatric Psychology* 39, núm. 6 (2014), pp. 633–42.

Underwood, Marion K., Kurt J. Beron y Lisa H. Rosen, "Continuity and Change in Social and Physical Aggression from Middle Childhood through Early Adolescence", *Aggressive Behavior* 35, núm. 5 (septiembre y octubre de 2009), pp. 357–75.

Williams, Lela Rankin, Kathryn A. Degnan, Koraly E. Perez-Edgar, Heather A. Hen-derson, Kenneth H. Rubin, Daniel S. Pine, Laurence Steinberg y Nathan A. Fox, "Impact of Behavioral Inhibition znd Parenting Style on Internalizing and Externaliz-ing Problems from Early Childhood through Adolescence", *Journal of Abnormal Child Psychology* 37, núm. 8 (2009), 1063–75.

Capítulo 6

Breheny Wallace, Jennifer, "Why Children Need Chores", *The Wall Street Journal* (Marzo 13, 2015). Accesado el 3 de marzo de 2017. https://www.wsj.com/articles/why-childrenneed-chores-1426262655?mod=WSJ_hpp_MIDDLENexttoWhatsNewsThird.

Brummelman, Eddie, Sander Thomaes, Meike Slagt, Geertjan Over-beek, Bram Orobio De Castro y Brad J. Bushman, "My Child Redeems My Broken Dreams: On Parents Transferring Their Unfulfilled Ambitions onto Their Child", *PLoS ONE* 8, núm. 6 (19 de junio de 2013).

Chua, Amy, "Why Chinese Mothers Are Superior", *The Wall Street Journal* (8 de enero de 2011), Accesado el 2 de marzo de 2017. https://www.wsj.com/articles/SB10001424052748704111150457605 9713528698754.

Chua, Amy, *Battle Hymn of the Tiger Mother*, Nueva York, Penguin, 2012.

"Epi-Aid 2015-003: Undetermined Risk Factors for Suicide among Youth, ages 10–24", (2014). Accesado el 3 de marzo de 2017. http://www.fairfaxcounty.gov/hd/hdpdf/va-epiaid-final-report.pdf.

Flett, Gordon L., Kirk R. Blankstein, Paul L. Hewitt y Spomenka Koledin, "Components of Perfectionism and Procrastination in College Students", *Social Behavior and Personality: An International Journal* 20, núm. 2 (1992), 85–94.

Harding, Jim, "Father Jailed for Sharpening Helmet", *Chicago Tribune* (20 de abril de 1997). Accesado el de marzo de 2017. http://art cles. chicagotribune.com/1997-04-20/sports/9704 200367_1_cito-helmet-sharpening.

Hopkinson, Christina. "My Arrogance Nearly Killed My Baby: Christina Hopkinson Thought She Was the Perfect Mother, Until Her Son Nearly Starved When Breast-feeding Went Horribly Wrong." Accesado el 5 de marzo de 2017. http://www.dailymail.co.uk/femail/aticle-2990435/New-mother-Christina-Hopkinson-says-competitive-parenting-nearly-killed-baby.html#ixzz4aCtlim5P.

Jenni, Oskar G., Aziz Chaouch, Jon Caflisch y Valentin Rousson, "Infant Motor Milestones: Poor Predictive Value for Outcome of Healthy Children", *Acta Paediatrica* 102, núm. 4 (2013), doi:10.1111/apa.12129.

Mcbride, H. E. A. y L. S. Siegel, "Learning Disabilities and Adolescent Suicide", *Journal of Learning Disabilities* 30, núm. 6 (noviembre y diciembre de 1997), 652-59.

Norman, Neil, "Dark Side of Oz: The Exploitation of Judy Garland", *Express* (5 de abril de 2010), Accesado el 2 de marzo de 2017.

Ramey, Garey y Valerie Ramey, "The Rug Rat Race", (abril de 2010). Accesado el 2 de marzo de 2017. doi:10.3386/w15284.

Ruiz, Michelle, "6-Year-Old Cece Price Is a Famous Internet Comedian, but Her Mom Won't Rest Until She's on TV", *Cosmpolitan* (8 de junio de 2015). Accesado el 2 marzo de 2017. http://www.cosmopolitan. com/entertainment/a40048/cece-price-internets-most-fascinating/.

Sherry, Simon B., Joachim Stoebery Cynthia Ramasubbu. "Perfectionism Explains Variance in Self-Defeating Behaviors Beyond Self-Criticism: Evidence from a Cross-National Sample", *Personality and Individual Differences* 95 (junio de 2016): 196–99.

Törnblom, Annelie Werbart, Andrzej Werbart y PerAnders Rydelius, "Shame Behind the Masks: The Parents' Perspective on Their Sons' Suicide", *Archives of Suicide Research* 17, núm. 3 (2013),pp. 242–61.

Wang, Yanan, "Morning Mix CDC Investigates Why So Many Students in Wealthy Palo Alto, Calif., Commit Suicide", *The Washington Post* (16 de febrero de 2016). Accesado el de marzo de 2017. https:// www.washingtonpost.com/news/morning-mix/wp/2016/02/16/ cdc- investigates-why-so-many-high-school-students-in-wealthy-pa-lo-alto -have-committed-suicide/?utm_term=.7b5e89083a65.

Capítulo 7

Bryan, Christopher J., Allison Master y Gregory M. Walton, "'Helping' Versus 'Being a Helper': Invoking the Self to Increase Helping in Young Children", *Child Development,* (octubre y novimiembre), 2014.

Bryan, Christopher J., Gregory M. Walton, Todd Rogers y Carol S. Dweck, "Motivating Voter Turnout by Invoking the Self", *Procee-*

dings of the National Academy of Sciences of the United States of America 108, núm. 31 (2011).

Gardner, Phil, "Parent Involvement in the College Recruiting Process: To What Extent?", *Collegiate Employment Research Institute* (2007). Accesado el 13 de enero de 2017. http://ceri.msu.edu/publications/pdf/ceri2-07.pdf.

Peluchette, Joy Van Eck, Nancy Kovanic y Dane artridge, "Helicopter Parents Hovering in the Workplace: What Should HR Managers Do?", *Business Horizons* 56, núm. 5 (septiembre y octubre de 2013), 601–9. doi:10.1016/j.bushor.2013.05.004.

Rogers, Fred, "Tragic Events", The Fred Rogers Company. Accesado el 3 de marzo de 2017. http:// www.fredrogers.org/parents/special-challenges/tragic-events.php.

Wallace, Jennifer Breheny, "Why Children Need Chores", *The Wall S treet Journal* (13 de marzo de 2015). Accesado el de enero de 2017. http://www.wsj.com/articles/why-children-need-chores-1426262655.

Capítulo 8

Ciarrochi, Joseph, Amy Y. C. Chan y Jane Bajgar. "Measuring Emotional Intelligence in Adolescents", *Personality and Individual Differences* 31, núm. 7 (2001), 1105–19.

Dufton, L. M., M. J. Dunn y B. E. Compas, "Anxiety and Somatic Complaints in Children with Recurrent Abdominal Pain and Anxiety Disorders", *Journal of Pediatric Psychology* 34, núm. 2 (24 de junio de 2008), 176–86.

Eslami, Ahmadali, Akbar Hasanzadeh y Farid Jamshidi, "The Relationship Between Emotional Intelligence Health and Marital Satisfaction: A Comparative Study", *Journal of Education and Health Promotion* 3, núm. 1 (febrero de 2014), 24.

Gilleland, J., C. Suveg, M. L. Jacob y K. Thomassin, "Understanding the Medically Unexplained: Emotional and Familial Influences on

Children's Somatic Functioning", *Child: Care, Health and Development* 35, núm. 3 (mayo de 2009), 383–90.

Howard, Jennifer, "Faculty on the Front Lines", *Chronicle of Higher Education* (otoño de 2015). Kerr, Matthew A. y Barry H. Schneider, "Anger Expression in Children and Adolescents: A Review of the Empirical Literature", *Clinical Psychology Review* 28, núm. 4 (abril de 2008), pp. 559–77.

Sarah Maraniss Vander Schaaff, "How Should Parents Discuss Major World Catastrophes with Their Children?", *The Washington Post* (26 de marzo de 2014). Accesado el 13 de enero de 2017. https://www.washingtonpost.com/opinions/when-the-protective-shell-around-your-kids-cracks/2014/03/26/a0dd0c9c-b43a-11e3-8020-b2d790b3c9e1_story.html?tid=a_inl.

Shamsuddin, Noorazzila y Ramlee Abdul Rahman. "The Relationship between Emotional Intelligence and Job Performance of Call Centre Agents", *ProcediaSocial and Behavioral Sciences,* 129 (15 de mayo de 2014), pp. 75–81.

"Students Who Feel Emotionally Unprepared for College More Likely to Report Poor Academic Performance and Negative College Experience", The Jed Foundation (7 de octubre de 2015). Accesado el 13 de enero de 2017. https://www.jedfoundation.org/firstyearcollege-experience-release/.

Umberger, Wendy A y Judy Risko, "'It Didn't Kill Me. It Just Made Me Stronger and Wiser': Silver Linings for Children and Adolescents of Parents with Chronic Pain", *Archives of Psychiatric Nursing* 30, núm. 2 (abril de 2016), 138–43. doi:10.1016 /j.apnu.2015.08.001.

Wegner, Daniel M., David J. Schneider, Samuel R. Carter y Teri L. White, "Paradoxical Effects of Thought Suppression", *Journal of Personality and Social Psychology* 53, núm. 1 (1987), 5–13.

Worland, Justin, "Why a Free Speech Fight is Causing Protests at Yale", *Time* (10 de noviembre de 2015). Accesado el 13 de enero de 2017. http://time.com/4106265/yale-studentsprotest/.

Capítulo 9

Bushman, Brad J., "Does Venting Anger Feed or Extinguish the Flame? Catharsis, Rumination, Distraction, Anger, and Aggressive Responding", *Personality and Social Psychology Bulletin* 28, núm. 6 (1 de junio de 2002), pp. 724–31.

Supportive Relationships and Active SkillBuilding Strengthen the Foundations of Resilience: Working Paper No. 13, Center on the Developing Child at Harvard University (2015). www.developingchild.harvard.edu.

Dufton, L. M., M. J. Dunn y B. E. Compas, "Anxiety and Somatic Complaints in Children with Recurrent Abdominal Pain and Anxiety Disorders", *Journal of Pediatric Psychology* 34, núm. 2 (24 de junio de 2008), pp.176–86.

Friedersdorf, Conor, "The Perils of Writing a Provocative Email at Yale", *The Atlantic* (26 de mayo de 2016). Accesado el de marzo de 2017. https://www.theatlantic.com/politics/archive/2016/05/the-peril-of-writing-a-provocative-email-at-yale/484418/.

Jones, Damon E., Mark Greenberg y Max Crowley, "Early Social-Emotional Functioning and Public Health: The Relationship Between Kindergarten Social Competence and Future Wellness", *American Journal of Public Health* 105, núm. 11 (2015), pp.2283–90.

Capítulo 10

Barker, Jane E., Andrei D. Semenov, Laura Michaelson, Lindsay S. Provan, Hannah R. Snyder y Yuko Munakata, "Less-Structured Time in Children's Daily Lives Predicts Self-Directed Executive Functioning", *Frontiers in Psychology* 5 (17 de junio de 2014).

Haimovitz, Kyla y Carol S. Dweck, "What Predicts Children's Fixed and Growth Intelligence Mind-Sets? Not Their Parents' Views of Intelligence but Their Parents' Views of Failure", *Psychological Science* 27, núm. 6 (25 de abril de 2016), pp. 859–69.

Kornell, Nate, Matthew Jensen Hays y Robert A. Bjork, "Unsuccessful Retrieval Attempts Enhance Subsequent Learning", *Journal of Experimental Psychology: Learning, Memory, and Cognition* 35, núm. 4 (julio de 2009), pp. 989–98.

Lemoyne, Terri y Tom Buchanan, "Does 'Hovering' Matter? Helicopter Parenting and Its Effect on Well-Being", *Sociological Spectrum* 31, núm. 4 (9 de junio de 2011), pp. 399–418.

Reed, Kayla, James M. Duncan, Mallory LucierGreer, Courtney Fixelley Anthony J. Ferraro, "Helicopter Parenting and Emerging Adult SelfEfficacy: Implications for Mental and Physical Health", *Journal of Child and Family Studies* 25, núm. 10 (Junio 6, 2016), p. 3136–49.

Schiffrin, Holly H., Miriam Liss, Haley Miles-Mclean, Katherine A. Geary, Mindy J. Erchull y Taryn Tashner, "Helping or Hovering? The Effects of Helicopter Parenting on College Students' Well-Being", *Journal of Child and Family Studies* 23, núm. 3 (2014), p. 548–57.

Voorhis, F. L. V., "Costs and Benefits of Family Involvement in Homework", *Journal of Advanced Academics* 22, núm. 2 (febrero de 2011), p. 220–49.

Capítulo 11

Aacap. "Corporal Punishment", Corporal Punihment (30 de julio de 2012). Accesado el 2 de marzo de 2017. https://www.aacap.org/aacap/Policy Statements/2012/Policy_Statement_on_Corporal Punishment.aspx.

Barkley, Russell, *Taking Charge of ADHD*, Nueva York, The Guilford Press, 2013.

Deci, E. L., R. M. Ryan y R. Koestner, "The Pervasive Negative Effects of Rewards on Intrinsic Motivation: Response to Cameron (2001)", *Review of Educational Research* 71, núm. 1 (primavera de 2001), p. 43–51.

"Denver Mom Shames Daughter for Facebook Posts, Racy Photos in Video Going Viral", KNXV (20 de mayo de 2015). Accesado el 2 de marzo de 2017. http://www.abc15.com/news/local-news/wat-cooler/denver-mom-shames-daughter-for-facebook-posts-racy-photos-in-video-going-viral.

Fredén, Jonas, "Smacking Children Banned", Sweden.se (14 de diciembre de 2015). Accesado el 2 de marzo de 2017. https://sweden.se/society/smacking-bannedsince-1979/.

Gershoff, Elizabeth T, "Spanking and Child Development: We Know Enough Now to Stop Hitting Our Children", *Child Development Perspectives* 7, núm. 3 (10 de septiembre de 2013), p. 133–7.

Gershoff, Elizabeth T. y Andrew Grogan-Kaylor, "Spanking and Child Outcomes: Old Controversies and New Meta-Analyses", *Journal of Family Psychology* 30, núm. 4 (junio de2016), p. 453–69.

Gómez-Ortiz, Olga, Eva María Romera y Rosario Ortega-Ruiz, "Parenting Styles and Bullying. The Mediating Role of Parental Psychological Aggression and Physical Punishment", *Child Abuse & Neglect* 51 (enero de 2016), p. 132–43.

Larzelere, Robert E. y Brett R. Kuhn. "Comparing Child Outcomes of Physical Punishment and Alternative Disciplinary Tactics: A Meta-Analysis", *Clinical Child and Family Psychology Review* 8, núm. 1 (2005), p. 1–37.

Mackenbach, Joreintje D., Ank P. Ringoot, Jan Van Der Ende, Frank C. Verhulst, Vincent W. V. Jaddoe, Albert Hofman, Pauline W. Jansen y Henning W. Tiemeier, "Exploring the Relation of Harsh Parental Discipline with Child Emotional and Behavioral Problems by Using Multiple Informants. The Generation R Study", *PLoS ONE* 9, núm. 8 (13 de agosto de 2014).

Payne, Ed., "Try 'Old Man' Haircut for Misbehaving Kids", *CNN* (5 de febrero de 2015). Accesado el 2 de marzo de 2017. http://www.cnn.com/2015/02/05/us/feat-barbershames-misbehaving-kids/.

"Physical Punishment and Mental Disorders: Results from a Nationally Representative US Sample", *Pediatrics* 130, núm. 2 (junio de 2012).

Rapaport, Daniel, "California Mother Publicly Scolds Daughter for Twerking", *ABC News* (10 de septiembre de 2013). Accesado el 2 de marzo de 2017. http://abcnews.go.com/blogs/ headlines/2013/09/ california-mother-publicly-scolds-daughter-for-twerking/.

Richins, Marsha L. y Lan Nguyen Chaplin, "Material Parenting: How the Use of Goods in Parenting Fosters Materialism in the Next Generation", *Journal of Consumer Research* 41, núm. 6 (9 de febrero de 2015), pp. 1333–57.

Simons, Dominique A. y Sandy K. Wurtele, "Relationships between Parents' Use of Corporal Punishment and Their Children's Endorsement of Spanking and Hitting Other Children", *Child Abuse & Neglect* 34, núm. 9 (septiembre de 2010), pp. 639–46.

Smith, Brendan L., "The Case Against Spanking" (abril de 2012). Accesado el 2 de marzo de 2017. http://www.apa.org/monitor/2012/04/ spa king.aspx.

Straus, Murray A. y Mallie J. Paschall, "Corporal Punishment by Mothers and Development of Children's Cognitive Ability: A Longitudinal Study of Two Nationally Representative Age Cohorts", *Journal of Aggression, Maltreatment & Trauma* 18, núm. 5(23 de julio de 2009), 459–83.

Suchman, Nancy E., Bruce Rounsaville, Cindy Decostey y Suniya Luthar, "Parental Control, Parental Warmth, and Psychosocial Adjustment in a Sample of Substance-Abusing Mothers and Their School-Aged and Adolescent Children", *Journal of Substance Abuse Treatment* 32, núm. 1 (enero de 2007), pp. 1–10.

Talwa, Victoria y Kang Lee, "A Punitive Environment Fosters Children's Dishonesty: A Natural Experiment", *Child Development* 82, núm. 6 (24 de octubre de 2011), pp. 1751–58.

Wang, Ming-Te y Sarah Kenny, "Longitudinal Links Between Fathers' and Mothers' Harsh Verbal Discipline and Adolescents' Conduct

Problems and Depressive Symptoms", *Child Development* 85, núm. 3 (3 de septiembre de 2013), pp. 908–23.

"Where We Stand: Spanking", HealthyChildren.org. (21 de noviembre de 2015). Accesado el 2 de marzo de 2017. https://www.healthychildren.org/English/familylife/family-dynamics/communication-discipline/Pages/Where-We-Stand-Spanking.aspx.

Capítulo 12

Mischel, W., Y. Shoda y M. Rodriguez, "Delay of gratification in children", *Science* 244, núm. 4907 (26 de mayo de 1989), pp.933–8.

Mischel, Walter, Yuichi Shoda y Philip K. Peake, "The Nature of Adolescent Competencies Predicted by Preschool Delay of Gratification", *Journal of Personality and Social Psychology* 54, núm. 4 (abril de 1988), pp.687–96.

Murray, Joanne, Anna Theakston y Adrian Wells. "Can the Attention Training Technique Turn One Marshmallow into Two? Improving Children's Ability to Delay Gratification", *Behaviour Research and Therapy* 77 (febrero de 2016), pp. 34–39.

Shoda, Yuichi, Walter Mischel y Philip K. Peake, "Predicting Adolescent Cognitive and Self-Regulatory Competencies from Preschool Delay of Gratification: Identifying Diagnostic Conditions", *Developmental Psychology* 26, núm. 6 (noviembre de 1990), pp. 978–86.

"Study Focuses on Strategies for Achieving Goals, Resolutions", Dominican University of California. Accesado el 13 de enero de 2017. http://www.dominican.edu/dominicannews/study-highlights-strategies-for-achieving-goals.

White, Rachel E., Emily O. Prager, Catherine Schaefer, Ethan Kross, Angela L. Duckworth y Stephanie M. Carlson, "The 'Batman Effect': Improving Perseverance in Young Children", *Child Development* (2016).

Capítulo 13

"Culture of American Families: Executive Report - IASC" (2012). Accesado el 13 de enero de 2017. http://www.iasc-culture.org/survey archives/IASC CAF ExecReport.pdf

"Are Teens Cheating Their Way to Higher GPA?" Gallup Inc. (15 de abril de 2003). Accesado el 13 de enero de 2017. http://www.gallup. com/poll/8200/teens-cheating-their-way-higher -gpas.aspx.

"Sexual Risk Behaviors: HIV, STD, & Teen Pregnancy Prevention", Centers for Disease Control and Prevention (18 de julio de 2016). Accesado el 2 de marzo de 2017. https://www.cdc.gov/healthyyouth/sexualbehavi rs/.

"Student Reports of Bullying and Cyber-Bullying: Results From the 2013 School Crime Supplement to the National Crime Victimization Survey", *PsycEXTRA Dataset.*

"The Children We Mean to Raise", Making Caring Common. Accesado el 13 de enero de 2017. http://mcc.gse.harvard.edu/the-children-we-mean-to-raise.

Yousafzai, Malala y Christina Lamb, *I Am Malala: The Girl Who Stood Up for Education and Was Shot by the Taliban*, Nueva York, NY, Back Bay Books, 2015.

Conclusión

"About-Team-Hoyt", Team Hoyt. Accesado el 13 de enero de 2017.

Agradecimientos

Nunca imaginé que mi artículo original "Trece cosas que las personas mentalmente fuertes nunca harían" se convertiría en un libro, mucho menos en dos. Estoy agradecida con mi agente, Stacey Glick, quien leyó el artículo y me sugirió que escribiera un libro.

Y muchas gracias a mi talentoso y dedicado equipo en Harper-Collins. Amy Bendell, Alieza Schvimer, y Lisa Sharkey son sólo algunas de todos los asombrosos profesionales que contribuyeron a hacer que este libro fuera realidad.

Gracias a todos los lectores de mi primer libro que preguntaron cómo enseñar a los niños la fortaleza mental. Muchos de sus comentarios y preguntas dieron forma a las ideas sobre las que escribí.

También estoy agradecida con mis pacientes e hijos adoptivos que he conocido a lo largo de los años, quienes me han enseñado valiosas lecciones sobre fortaleza mental.

Y gracias a mis amigos, familiares, maestros y mentores, que han fungido como ejemplos de fortaleza mental a lo largo de mi vida.

13 cosas que los padres mentalmente fuertes no hacen de Amy Morin
se terminó de imprimir en febrero de 2018
en los talleres de
Litográfica Ingramex, S.A. de C.V.
Centeno 162-1, Col. Granjas Esmeralda, C.P. 09810,
Ciudad de México.